西方思想史
十二讲

彭刚 —— 著

TWELVE LECTURES ON

WESTERN
INTELLECTUAL
HISTORY

人民文学出版社

图书在版编目(CIP)数据

西方思想史十二讲/彭刚著.—北京:人民文学出版社,2022(2025.3重印)
ISBN 978-7-02-016065-5

Ⅰ.①西… Ⅱ.①彭… Ⅲ.①思想史—西方国家 Ⅳ.①B5

中国版本图书馆CIP数据核字(2021)第241395号

责任编辑　曾雪梅　陈　悦
责任印制　张　娜

出版发行　人民文学出版社
社　　址　北京市朝内大街166号
邮政编码　100705

印　　刷　三河市宏盛印务有限公司
经　　销　全国新华书店等

字　　数　266千字
开　　本　880毫米×1230毫米　1/32
印　　张　12.625　插页3
印　　数　8001—11000
版　　次　2022年4月北京第1版
印　　次　2025年3月第3次印刷

书　　号　978-7-02-016065-5
定　　价　49.00元

如有印装质量问题,请与本社图书销售中心调换。电话:010-65233595

导　论

本书的目的是通过了解人类思想在过往的经历，进而了解至今为止在世界格局中仍然占据优势地位的西方文明，及其思想观念发生和发展的若干层面。

之所以要了解历史，是因为我们今天的处境是由过去人类的行为、选择、取舍逐步导致的，不了解过往就不能了解当下。

有一种说法叫作："每一代人都有自己的历史。"历史如果只是过去已经发生的事，那就不会变化了。比如鸿门宴上是项羽发慈悲放过了刘邦，而不是刘邦放过了项羽。又比如是秦始皇而不是别人统一了中国，这是不能改变的。那么，为什么还说每一代人都有自己的历史呢？这种说法不就意味着历史是会给不同时代的人们呈现出不同的面目吗？可以从几个不同的方面来理解这个说法。

首先，史料的不断发现会改变我们对过往的认识。

我们考察历史依靠的是过往人们的活动所留下的史料，史料可以是记载过去人们所作所为的文字材料，也可以是物质遗存包括考古发现。举一个例子，清华历史系有一个重要的亮点，就是"清华简"的收藏、保护、整理和研究。这些年出土的文物特别多，其中一个原因是现在盗墓行为很猖獗。有的盗墓贼专业水平不亚于职业的考古工作者，却因为利益驱使有着千百倍的热情去发掘文物。前些年在香港的文物走私市场出现了一批竹简，清华的古文献权威李学勤先生看到了，觉得非常有价值，后来这批竹简由校友花钱买下来捐给了清华。这一批被命名为"清华简"的竹简，后来被证明具有重大价值。这些材料的出现可以在很多方面改写我们对上古中国文化的认识。比如在里面发现了古文《尚书》中后世没有流传的篇章，有类似于《竹书纪年》的古史记载，还有一些类似于后世的计算尺的东西，能够表明在很早的时候中国人已经有了分数的概念。以前我们说中国古文明辉煌灿烂，但在数学方面却似乎比巴比伦文明、古埃及文明要略逊一筹，现在发现其实也并不逊色。我们更有理由面对别的文明说："我们的祖上比你们阔多了。"因此，之所以说每代人都会有不同的历史，其中一个原因就是总是有新的材料不断出现，对同一个历史片段人们会产生与前人不同的认识。

其次，历史事件虽然一旦如此这般发生就不再变化，但其影响却在持续地发生变化。

比如孔子的行为、言谈早在两千五百年前就定格了，但他的影响却在后世不断地变化。在过去的一个世纪之内，他的行情的变化就令人瞠目结舌。由"五四"时期、"文革"时期、改革开放初期再到现在一直不断地变化。从"打倒孔家店"到"批林批孔"，从改革开放初期很多人大谈所谓东亚四小龙的经济奇迹和儒学的关系，再到今天他的塑像出现在我们校园里的近春园小岛上，对孔子的理解和评价经历了巨大的变化和起伏。这一切,很大程度上都可以归之于刚才我们说到的那一点,那就是,历史人物和历史事件虽然已经过去,但其影响并没有消失,而且还在不断地发生变化。

再者,说每一代人都有自己的历史,还因为我们总是从当下的价值观出发来看待过去。

社会不断变化,每一代人的眼光都在不断变化,以此作为参照来观察过去,过去便也在不断变化。因此,真正的历史虽然是过去,但不是僵死的过去,而是一个活生生的过去(living past)。

这一层意思可以换一个说法,意大利思想家克罗齐①有过一个命题:"一切历史都是当代史。"② 这句话有着多重的内涵。

一、历史确实是发生在过去的,然而我们研究历史的方式与物理、化学不一样,物理现象、化学现象发生在我们眼前,而且可以在受控的实验条件下不断重现。而历史上的事件一经发生了就不会再重复,我们只能凭借史料在头脑当中重建这个事件,比如凭借司马迁的《史记》在头脑中重建鸿门宴的图景,而在这一过程中的任何思想活动其实都是当下的。

二、人类过往发生的事情太多了,数不胜数、无穷无尽。且不说人类过往的事件,就连我们自己过去所经历的很多事情已经无法再想起了,那么我们为什么要关心过去当中一些特定的事件是而不是其他呢?因为我们对过去的关怀总是和我们当前生活中的兴趣、关注

---

① 克罗齐(Benedetto Croce,1866—1952),意大利文艺批评家、历史学家、哲学家。
② 英译本为:Every true history is contemporary history.

点相联系的。

比如说历史学研究可能讨论这样的问题：曹雪芹到底是什么人，生活在什么时代？莎士比亚到底是什么人，他会不会是英国历史上的女王伊丽莎白一世的一个笔名？——的确还真有人提出过这样一种比较离谱的观点。贝多芬写出某一首交响曲时是不是真的已经聋了？他在钢琴创作方面的突破是否是因为当时工业技术的突破，让人们有能力造出更加复杂、更加高级的钢琴？但是，人们不大会问1805年北京城第一个寿终正寝的人是谁？虽然从理论上说这个问题完全有可能解决。之所以如此，是因为我们今天还看莎士比亚，还读《红楼梦》，还听贝多芬。我们对《红楼梦》还感兴趣，进而我们对创造了这个无比精致复杂的虚构世界的人的生平感兴趣。

又比如当代历史学研究开拓的新视野、新领域非常之多，目前在国内国外，环境史都成为一门高速发展的学科。为什么我们突然开始关心环境史？是因为原来缺乏这方面的资料吗？并非如此。一直就有各种史料表明，上古时期，中原地带有很多竹林，人们还能骑大象作战。今天的主流见解是人类行为导致了当下全球变暖，引发了诸多问题。但在长时期的历史过程中，气候的显著变化影响了人类的生存环境，又是不争的事实。今天这么多人之所以关心环境史，是因为环境问题已经开始影响到人类所居住的家园的前景，而人们又总是从当下的眼光来看待过去。

所以我们今天学习这门课程，看这种至今依然占有世界优势地位却又面临重重危机的文明过往的经历，以及曾经出现的一些伟大的头脑及其思考过的一些深刻的问题，这不仅是扩充和改善我们的知识结构，而且与我们的当下有着各种各样或直接或间接的关系。

20世纪初，与罗素①一起奠定了现代数理逻辑基础的怀特海，也是一位重要的哲学家。他有一句名言，说两千年来的哲学史不过是对柏拉图一连串的注脚。如果不是因为过往人们的思考与后世会有活生生的关联，如果过往人们的观念世界只能保存在博物馆里供人观赏，怀特海的说法就不能成立了。

我对这本书的内容有两方面的期待：

一方面是知识性的，希望能帮助受过良好教育的人形成西方文化史和思想史的一个基本框架。思想史和文化史上某些重大事件、重要人物、重要著作的基本面貌——这些是知识性的，是作为一个受过良好教育的人的知识结构当中应该具有的一部分。

另一方面是希望通过思想史、文化史和哲学史上的一些基本素材，给我们思考自己和当代所面临的问题提供一个大的背景。把已经故去的思想家、思想史和文化史上重要人物的著作里面所思考的问题表呈出来。那些问题对于我们今天是不是依然还成其为问题，或者和我们今天的生存处境是不是还有某种相关性。我们会在这方面也做一些努力。

---

① 罗素（Bertrand Russell，1872—1970），英国哲学家、数学家、逻辑学家、历史学家、文学家。

目录

第一讲 苏格拉底与柏拉图 /1

古希腊的文化成就和政治概况 / 3

古希腊的哲学成就 / 7

苏格拉底和《申辩篇》/ 11

柏拉图的《理想国》/ 20

第二讲 奥古斯丁 /37

理性和信仰 / 40

奥古斯丁的生平 / 44

奥古斯丁的善恶观念 / 51

奥古斯丁的时间观念 / 63

第三讲 马基雅维利 /69

地理大发现和文艺复兴 / 73

马基雅维利的生平 / 83

《君主论》的内容及特点 / 86

后世对马基雅维利的评价 / 106

第四讲 宗教改革 /117

马丁·路德的宗教改革 / 120

加尔文的宗教改革 / 127

英国的宗教改革 / 130

宗教改革的深远影响 / 132

第五讲　科学革命 /143

从哥白尼到牛顿 / 154

科学革命的意义及影响 / 163

第六讲　笛卡尔 /173

经验主义和理性主义 / 176

笛卡尔的生平 / 184

《谈谈方法》的内容 / 189

第七讲　古典自由主义的滥觞 /201

严复、赫胥黎和《天演论》/ 204

霍布斯和洛克 / 214

《独立宣言》与《人权宣言》/ 234

第八讲 启蒙运动概说 /243

18 世纪的法国 / 247

法国大革命 / 254

启蒙、理性和进步 / 259

第九讲 孟德斯鸠 /275

孟德斯鸠的生平与创作 / 280

孟德斯鸠的政治思想 / 286

孟德斯鸠思想的影响 / 304

第十讲 卢梭 /307

卢梭的复杂性 / 311

卢梭的创作与生平 / 314

卢梭的基本思想 / 323

第十一讲　功利主义 /341

功利主义的流变 / 347

功利主义的意义 / 356

第十二讲　康德的道德学说 /359

王国维与康德 / 361

康德的生平 / 366

康德的基本理论立场 / 369

康德的道德学说 / 375

后　记 / 390

新版补记 / 392

第一讲

苏格拉底与柏拉图

人啊,认识你自己。

——苏格拉底

作为开篇第一讲,我们会有比较大的篇幅来谈两点:一、作为西方文化的母体,古希腊在文化史上的一些基本特征。二、古希腊是西方文明早期达到的一个巅峰,在哲学思想上具有辉煌的创造,所以我们也要看看哲学的童年是一种什么样的形态。

古希腊的文化成就和政治概况

每当我们谈到西方古典文化的成就,必然会提起希腊罗马。在15世纪的地理大发现之前,世界上各个主要的文明,虽然相互之间也有所交流、有所沟通,但是总体而言,它们又基本上是独立发展的。虽然最近几十年考古学和历史学的研究表明,古代文明并不像以前人们以为的那样相互隔绝、相互孤立,而是彼此之间有很大影响;但总体说来,在古典时期,人类几个大的文明基本上是独立地发展起来的。人类这些文明虽然基本上是独立发展起来的,但也有一个非常有趣的现象,那就是在公元前5世纪左右,对后世有非常大影响的几个重要文明——中国文明、印度文明、希腊文明、巴比伦文明等,它们几乎都是在同一时期,突然兴盛发达起来了。

20世纪一个德国哲学家,叫作雅斯贝尔斯①。他曾经有一套理论说,在世界古典历史上,有一个时期可称之为"轴心时期"。他所谓的"轴心时期",指的是在公元前8至前2世纪,尤其是在公元前5世纪左右,各个古典文明突然都有了一个飞跃,实现了一个突破。好像这些文明,不约而同地在这个时期发展起来了。的确,在公元前5世纪左右,就在中国,是一个先秦诸子百家争鸣、古典文明辉煌灿烂的时代。直到今天,对我们文化传统影响最深远的一些基本思想已经成形。

比如说在印度,我们今天有一个词叫"邪魔外道","外道"就是从印度来的词,因为有正道,然后才有外道。中国诸子百家兴起的那个时代,在印度也是一个"外道"流行的时代,是很多后来成为正统的或者后来被视为异端的宗教和神学流派兴盛发达的时期。

也是在公元前5世纪,古希腊文明达到了巅峰状态。希腊文明成为整个世界文明中在今天还占据主导地位、呈强者姿态的西方文明的萌芽期或者说是童年时期。这是一个非常有趣的现象。

从各个古典文明相互比较的角度来看,中国文明的独特之处就在于她的绵延不断。这个文明没有中断过,今天的中国人,历经历史上很多次大融合,大概已经没有什么特别纯粹的血统,但是这个文明尽管经受了很多磨难,其种族仍旧繁衍下来了。她的基本血统、她的整

---

① 雅斯贝尔斯(Karl Jaspers,1883—1969),德国存在主义哲学家、神学家、精神病学家。

个民族，没有断绝。

与此相对，今天的印度人，和历史上创造了古典印度文明的印度人；今天的希腊人，和柏拉图那个时代的希腊人，他们中间就是断绝了的。它们不是一个绵延不断的文化，不是一个绵延不断的同一血缘的民族。每个古典文明繁荣兴盛的时候，在政治、经济、社会文化等各个方面所呈现出来的形态，都是非常不同的。

在我们所要涉及的公元前5世纪左右这段时期，古希腊文明在政治上、文化上，已经发展了很久。

我们今天要谈到雅典文明，提及古希腊文明达到巅峰时期的雅典，都会注意到这个时期，雅典制度是一种民主制度，是世界历史上最早的民主制度，这种制度是当时其他古典文明所不具备的。当然，这样一种民主制度的特点就在于那个时候整个希腊文明——尤其是雅典文明——的社会经济形态是奴隶制的。希腊基本的政治单位是城邦（polis），就是以一个城市作为中心形成一个政治单位，一个城市就是一个国家（city-state）、一个城邦。当然，那个时代没有我们现代意义上的国家和国家意识。各个城邦之间，虽然有着一种统一的意识，我们都是希腊人，我们都是文明世界，希腊之外就是波斯，就是别的野蛮民族，是不那么文明的民族；但是各个政治体之间，各个城邦之间，很少能够形成相互统属的关系，各个城邦有着不同的政治制度。

斯巴达和雅典是这个时候希腊最主要的两个城邦。像斯巴达，就是由一群寡头说了算，长期都是这样的情形。而雅典在比较早的时候，就有了相对成熟的民主制度，这个民主制度是以奴隶制作为基础的。城邦里面相当大的一部分人是作为最底层劳动力的奴隶，丧失了人身自由，完全作为创造财富的劳动力来使用；还有一部分人，不是雅典本地人，是外邦人或者说是雅典的外来人口。

柏拉图的学生亚里士多德，本身就不是雅典人，是外邦人，后来才到雅典，所以他对雅典缺乏他的老师和他老师的老师（苏格拉底）那样的认同感，大概和这也有点关系。除了外邦人，除了奴隶，除了妇女和儿童，雅典大概还有2万名左右的成年男子，他们是拥有全部政治权利的雅典公民，重大事务都是由他们说了算，重大决策都是由他们通过各种表决方式来决定，这在人类历史上是一个非常奇特的现象。一方面，雅典是一种典型的奴隶制社会经济形态；另一方面，在一定的人口当中，又的的确确实现了当家做主意义上的民主。

古希腊在文化精神方面的成就，和这样一种政治上的局面，当然是无法分割开的。我们今天经常会看到这样的谚语——"希腊的光荣，罗马的伟大。""罗马的伟大"，意思是指罗马在技术条件非常落后的情况下，创造了一个横跨欧亚非三大洲的庞大帝国；而"希腊的光荣"，指的主要就是它的文化创造和精神产物达到了人类文化史上比较早的一个高峰。

这是我们对古希腊的文化成就和政治概况，所做的一点简单介绍。

古希腊的哲学成就

古希腊在文化上的成就是多方面的,我们今天主要涉及的,是它在哲学方面所取得的一些成就。

"哲学"这个词,对于我们中国文明来说,是一个舶来品。"军事""政治""技术"等这些今天我们日常生活离不开的词,都是一百多年前才从西方,经过日本转手传入的。今天虽然我们会看到一本一本书,在谈中国哲学、谈印度哲学,但"哲学"这个词本身不是中国传统里面所具有的。Philosophy 这个词由两个组成部分,前一半是 philo,意思是爱、热爱、追求;后一半 sophy 是从 sophia 这个词变过来的,意思是智慧。所以"哲学"这个词,原本是一个动词,它指的是爱智慧,追求智慧。那么哲学是什么?它是现成的知识吗?一个人或一本书来告诉你,世界的本原是什么;人生的意义是什么;一个人应该追求什么样的生活,他的人生才谈得上完满和幸福;如果有这样的可以传授的现成的知识,它是智慧吗?它是哲学吗?黑格尔说,哲学是西方文明,尤其是从希腊文明开始的独特的精神产品,是别的民族所不具备的。这个看法,当然很多人不同意,但是无论如何,希腊的确是哲学的故乡。

如果我们看亚里士多德的《形而上学》,会看到经常有各种各样非常有趣的评论,从他长篇的晦涩难懂的文字里面流露出来。比如他爱说,智慧是从哪里产生的?智慧是从好奇开始的。亚里士多德的这个说法，是和古希腊人当时爱用的另外一种说法相对应出现的，另外一种说法是悠闲出智慧。也就说一个人如果整天忙忙碌碌，为了日常的衣食住行，完全把自己的精神空间给占据了，那么智慧是无法出现的。只有当人无所事事或者不被下一顿饭从哪里来这样的事情压迫得那么紧，能够从最紧迫的物质需要的压力当中解放出来，他才能够悠闲地思考一些和实际生活没有密切相关的问题，所以悠闲才能出智慧。

好奇是人类的天性，人们会对各种各样的问题感到好奇。有些问题比较简单，比如一个人为什么会喜欢另外一个人；比如风吹过来，一片树叶为什么会动了。还有一些问题就比较麻烦，比如说，我们生活在这么一个世界里面，每一个个体所能占据的时间和空间都是微不足道、极其有限的，然而他分明能够感受到，好像有一个无限的、永恒的东西，和自己相对照而存在。或者，他会觉得世间的一切最后都是恒变不居的，万事万物好像都是容易败坏的，比如我面前的桌子，虽然看着非常坚固，但是我完全可以肯定，要不了多久它会变形、会旧、会坏。日月山川、江河大地，也绝对不是永恒不变的，世间一切都是变幻不定的。在这个变幻不定的背后，有没有什么东西是永恒的、恒居不变的？也就是说我们生活在一个世界里面，我们每个人都充满了变动，充满了由生到死，由小到老这样变化的人生，那么这个世界最后是完完全全变化不定的，还是这背后有某些不变的、永恒的东西，可以被我们作为生存的依据？亚里士多德说的"好奇出智慧"，大概就包括了这些方面的内容。

人们总是从好奇出发来进行思考的，或者说，人类文明的成果都来自人们的好奇心。比如自然科学的成果，我要了解风的形成，我总是好奇，为什么会有风产生？又比如人类制度方面的成果，我好奇为什么某一个人的身高、体重以及他的拳击技能完全不如我，却有那么多人要俯首帖耳地听命于他？为什么他有权威？为什么有些人可以垄断某种暴力来针对其他人进行统治？这都是好奇，所以亚里士多德说好奇出智慧。

可以说，哲学的诞生地就是在古希腊。柏拉图之前，古希腊的哲学就经过了长期的发展。哲学作为对智慧的热爱和追求，不是一套现成的需要传授的知识，而是人们需要不断地用全部身心投入来加以理解和追索的问题，所以对于这样的智慧之学来说，它并不是提供一套所有人都认为毫无疑问的正确答案。也许对于哲学而言，更重要的是提出有价值的疑问。

我们可以举一个例子来说明这样的问题。翻开任何一本西方哲学史，都会提到一个人，这就是哲学史上第一个人物泰勒斯[①]。他留在哲学史上的是他的一个的确是非常朴素的命题：水是万物的本原。

这个看似粗陋的命题，是哲学这门学科的缘起。世间万事万物变幻不定，人类在最初产生了好奇，在最初有了闲暇来思考问题的时候，就企图对这样的问题提出追问：世间的事物无比丰富、无比复杂，但是丰富、复杂的变化不居的万物背后，究竟有没有一个统一的本

[①] 泰勒斯（Thales，约前624—约前547），古希腊时期的思想家、科学家、哲学家，希腊最早的哲学学派——米利都学派（也称爱奥尼亚学派）的创始人。

原？以文明初期阶段人们的见识而言，水可以是脏的，可以是干净的；可以是固体，可以是液体，可以是气体。我们所见到的万事万物，包括人体、植物，无不充满着水，也许水的各种各样形态的变化，就构成了世间万物多姿多态的源泉。这样一种设想和思考，在人类智慧的萌芽时期是不是非常自然呢？"万物的本原是水"这样一种命题，相对来说的确比较粗糙，但所表达的追问世界本原的这种意识，就是人类智慧的开端。

我们还可以举一个相关例证，中国先秦有一些思想派别后来在中国传统里面断绝了，又过了很多年，人们借助西方新传来的比如逻辑学等知识，又能够对它们重新解读并有所理解了。名家就是其中一支，名家有一个非常重要的人物公孙龙[①]，他有个非常著名的命题——"白马非马"。"白马非马"这个命题，三岁小孩也知道是错误的。白马是马，能说出这样正确命题的人很多，为什么没有一个人在思想史上留下名字，而说"白马非马"的公孙龙却留下了名字？是不是我们的文明从非常早的时期就开始了这样一个传统，要给标新立异者留出一个特殊的地位？大概不是。因为"白马是马"这个正确的命题并没有显示出人类思维的提高，而"白马非马"这个命题则以一种非常极端的形式提出了一个非常有意思的问题。

人类的生活，人类对世界的感受，人类相互的交流，都离不开语

---

① 公孙龙（约前320—前250），字子秉，战国时期赵国邯郸（今河北邯郸）人，名家学派代表人物之一。

言。语言的基本单位中，概念是很重要的一部分。概念从哪来的？概念总是抽象而来的，它要代表现实世界所具有的各种东西。而概念的抽象程度也是不一样的，生物、动物、哺乳动物、人，这一系列不断递进的概念就是如此。用我们现在所熟悉的术语来说，概念的内涵和外延之间的关系是非常复杂的，如果用这样的方式来看，"白马非马"实际上是把概念的抽象性的不同层次，把概念的内涵和外延之间的关系，以非常鲜明的方式突显出来了。所以，我们举这个例子是想说明：哲学思维或者人类智慧的表征，经常不是提出一个正确命题，而是提出一个有价值的问题。

古希腊哲学在一般的教科书里面，经常会被区分为苏格拉底前的哲学和苏格拉底后的哲学。苏格拉底是希腊哲学史也是文化史上一个非常重要的人物。苏格拉底、柏拉图和亚里士多德，这三者之间有着师承关系，苏格拉底是柏拉图的老师，柏拉图又是亚里士多德的老师，他们三个人构成了希腊哲学史上的一个高峰，也可以径直说是最高峰。从苏格拉底开始，原本已经有了长足发展的希腊哲学达到了一个新的形态，进入了一个更高的层面，哲学智慧的果实，以一种更加成熟的形态呈现出来。

苏格拉底和《申辩篇》

我们都知道孔夫子自己是没有著作的，流传至今的《论语》，是孔子的弟子以及再传弟子所记录的孔子的言论。苏格拉底也没有自己的著作，我们今天所知道的苏格拉底的思想，绝大部分是来自柏拉图的著作里所呈现的形象。柏拉图一生写作了很多著作，绝大部分是以对话体来写作的，且相当大一部分的主人公是苏格拉底。所以苏格拉底，或者说柏拉图笔下的苏格拉底，在多大程度上是真实的？在多大程度上不过是柏拉图笔下创造出来作为自己的代言人的？这历来是很难解决的一个问题。一般来说，柏拉图早年的著作里面，苏格拉底所做的事、说的话和表达的基本观念，通常被认为是年轻的柏拉图对苏格拉底思想和形迹的记载。

苏格拉底的生平

苏格拉底是一个外形非常奇特的人，长得很不好看。那个时候，有公民权的雅典成年男子，往往并不见得非常富裕，苏格拉底大概就是一个没有很多钱的人。他早年也干过很多事，服过兵役，也经常在大街上和别人讨论各种各样的问题，所以在早年，苏格拉底曾经被很多人认为和当时的"智者"（sophists）并没有什么太大区别。

"sophist"这个词当然是从 sophia 这个词衍生出来的，我们今天常把它翻译成"智者"。苏格拉底早年经常和别人讨论各种各样的问题，别人也经常会认为他在讨论问题的时候是在不断地诡辩，所以被视为"智者"中的一员。

"智者"是怎样的一批人？为什么会有这样一批"智者"？

要是对美国大选有所了解，你就会发现竞选人的口才和辩论技巧，在现代各种各样的民主政治中是非常重要的。其实在古典的早期雅典式民主制度中，一个人的辩论能力、说服别人的能力也是非常重要的。所以古希腊时候就有很多非常雄辩的演说家，而且专门有一批人来教将来准备在公共政治生活当中崭露头角的富家子弟怎么跟人辩论，这批人经常被称为"智者"。这个词经常是带有贬义的，因为人们往往觉得他们不过是教人诡辩，并不是要追求真理，是想利用人的理性和人的辩论能力，为某一种特殊利益服务。

当然，有很多"智者"，好像是玩弄智慧，好像并不关心人类的理性思维最后所能够达到的结果，但是"智者"也有很多很好玩的问题，反映了人类早期的哲学思维的深度。

早期"智者"爱提的典型问题比如：现在开始拔头发，一根一根往下拔，拔到什么时候，才可以毫无愧色地说，我现在是一个秃头了？或者，往地上放米，一粒一粒地放，放到什么时候可以说，我现在已经有了一堆米了并且没人会提出疑问？诸如此类非常麻烦的问题。

有的"智者"经常会引诱人上当，比如有"智者"会引诱一个头脑简单的人，问："是不是所有问题，你都可以用对和错这样的答案来回答？"头脑简单的人当然说："可以，没问题，而且我绝对不反悔。"然后"智者"就会向他提出一个问题："你是不是已经不再毒打你的父亲了？"回答"是"，已经不再毒打他了，等于承认了毒打过父亲；回答"不是"，那么还在毒打。

这些问题有诡辩的意味，但也包含了很多对我们的思维训练非常有意思的东西，以后我们还会回到"智者"的某些和当代思想相关的层面上来。从黑格尔开始，对于"智者"这个学派，已经有了不同的评价。他认为"智者"是启蒙者，是教人智慧、科学以及音乐等等的教师，对智者哲学中的积极部分给予了肯定。

苏格拉底生活在那个时代，经常和人讨论各种各样的问题，而且让别人陷入非常尴尬的境地，所以他被人误以为和"智者"没有什么分别，这也是情理之中的事。据说，他经常站在大街上和各种各样的人讨论。讨论的方式，他自己经常称之为"助产术"。也就是一起讨论，不断地引导你，比如讨论什么是正义？什么是善？什么是智慧？讨论这些问题时，你原来的观点和苏格拉底完全不一样，但是苏格拉底通过抽丝剥茧的讨论，把你的思路引来引去，你最后不由自主地得出了苏格拉底让你得出的结论。

苏格拉底的意思是在说，他要做的不过是一个助产术，帮助你把你心里本来就有的正确的概念和思想，启发出来而已。当然，有很多人因此对苏格拉底非常之感激，因为苏格拉底使自己知道，原来自己模模糊糊的思想是不太对的，而自己完全有可能通过和他进行讨论，得到一个高明得多的观念。

然而，他也使很多人感到非常之丢人，因为苏格拉底每次都表现出在智力和道德上的双重优越性。这个人的存在，对于很多人来说，是一件幸运的事，但对于很多人也许是更多的人来说，也是一件非常尴尬的事。所以才会有了苏格拉底最后的不幸结局。

苏格拉底虽然在外在的生活上，并没有什么特别幸运的地方，他没有足够的财富也没有担任过重要的公职，但是因为他的能言善辩和表现出来的智慧，有很多人追随着他，包括富家子弟，柏拉图便是其中之一。

苏格拉底之死

苏格拉底垂垂老矣的时候，遇到了一件事。这件事使得他的生命走向终结，也使得他的智慧和道德的形象达到了一个巅峰，这就是苏格拉底之死。有关苏格拉底之死，有关苏格拉底最后的日子，柏拉图还有好几篇对话，都是谈这个事的。谈苏格拉底为什么会死，谈苏格拉底面对死亡是怎么看的，谈苏格拉底怎么来设想人类究竟有没有灵魂等。大家可以选择各种版本的柏拉图对话来看。

苏格拉底被人控告，理由非常简单，说他败坏青年。败坏年青一代的思想，从古至今都是一种非常严重的指控。苏格拉底为什么被控告败坏青年？他有没有公开地诲淫诲盗？控告他的人指控他能言善辩，经常把天上的说成是地下的，把地下的说成是天上的，说他使得原来整个城邦共有的风俗、共有的习惯和大家所认可的一些基本准则，都遭到了破坏，遭到了动摇，这的确是一个非常严重的指控。

我们都知道，任何一个社会，任何一个共同体，之所以能存在，就是因为它要依赖于一定的共识。比如做什么事情是正当的，什么样的权威是大家应该都要服从的……这些共识，有的是明确宣示出来的，更多的是虽然没有写出来、说出来，却是通过各种方式潜移默化而让人们都安然接受的那么一些观念。苏格拉底经常和各种人讨论各种各样的问题，所以他就会在讨论各种问题的时候，碰触到雅典城邦的敏感神经，碰触到其赖以维持这个共同体的一些最基本的观念。

对苏格拉底的指控，以及苏格拉底对自己的辩护，我们只非常简略地涉及《申辩篇》。柏拉图的这篇著作篇幅并不长，而且我们也有一个非常好的译本——北大已经去世的重要的哲学翻译家王太庆先生的一个译本。苏格拉底被指控败坏青年后是怎么为自己辩护的呢？

苏格拉底说，自己的确一直在追求智慧，在追求明确的概念。"这个人附在城邦上……好像牛虻附在马身上，这匹骏马……需要叮一叮才能焕发精神。我想是神灵把我拴在城邦上的，具有这样一种资格，可以走来走去，激发、催促和责备你们每一个人，整天不停地到处紧跟着你们。"他说，他像是神派来给雅典城邦的牛虻，牛虻的叮咬让牛时刻警醒。苏格拉底就是为了让这个城邦不陷入道德懈怠和智力懈怠而存在着的。

苏格拉底提到一个故事，雅典有一个神庙——德尔菲神庙，大概有点像我们以前求签一样，叫作神谕。德尔菲神庙的神谕被认为是最准确的，所以有人到神庙去求神的启示，问谁是整个雅典最聪明的人，神说苏格拉底是最聪明的人。

苏格拉底知道了这个说法后，并没有沾沾自喜，而是感觉到非常奇怪。明明到处都有让他觉得很有智慧的人，为什么神会说自己是最有智慧、最聪明的人？他决定到处去寻访。他寻访了政治家，发现他们只会夸夸其谈；他寻访了各种各样的工匠，发现他们对自己的技艺非常之精通，但是对此之外的任何东西却一窍不通；他又去寻访了一些诗人，诗人在创作诗之后的胡说八道让他深切地感觉到，诗人创作靠的是灵感而不是智慧。

最后他得到一个结论：我之所以还被神认为有智慧，是因为我还知道自己是无知的。苏格拉底知道了自己的无知，知道了自己的智慧就在于了解自己还对很多东西并没有真正的知识，或者说，对于自己缺乏知识有明确的认识。知道自己的无知，这就是他的智慧。

在《申辩篇》里面，我们会看到，苏格拉底反复在谈，后世的人们也经常反复引用苏格拉底的话："没有经过审察的人生是不值得过的。"人的生活可以是各种各样的，但如果一个人的生活是没有经过自己的检验，没有经过自己的审视，没有经过自己的反思，这样的生活是不值得过的。

前些年一个非常著名的哲学家诺齐克①，他有一本书就叫作"*The Examined Life*"，我看到最近中文版出版了，就是《经过省察的人生》。考察的就是家庭、爱、善等等。比如说幸福、死亡，这是我们人生当中经常碰到的问题，我们来对它进行反省。那么，苏格拉底说他是本着讨论问题的精神来和年轻人一块儿探讨的，他觉得自己至少把他们引领到了更加真实更加纯真的精神生活，结果反倒被人冤枉，被人指责为败坏青年，败坏他们的灵魂，败坏雅典的将来。苏格拉底当然不能接受这个指控。

---

① 诺齐克（Robert Nozick，1938—2002），美国哲学家、思想家，自由主义政治哲学的代表人物。

前面讲到，苏格拉底被审判的时候，为自己作了各种各样的辩解。他本来有很多机会不被处死或者免于处罚的，但是他好像存心要激怒雅典人。他不愿意接受对自己罪名的指控，但又拒绝让自己的妻儿老小来求情。而在当时的雅典，被告人让自己的妻小来争取人们的同情心是通例。在柏拉图关于苏格拉底的最后日子的其他几篇对话里面记载，有人告诉他，可以花钱买通看守然后逃跑到异邦，他也拒绝了。

在《申辩篇》里面，有人提议让他出点钱接受罚款，对这一点他倒是欣然同意了，但是他提出来是非常小的一笔钱。大概相当于我们说，行，我错了，罚我一分钱吧！这反倒加倍地激怒了那些公民，所以出现了非常有趣的情形：在判定苏格拉底有罪的时候，同意他有罪的人，比后来同意判处他死刑的人还要少。也就是，同意判处他死刑的人，后来反倒更多了。他好像存心在激怒雅典人，好像是在一心求死，所以后来有人评论说，苏格拉底好像非常希望自己很早地成为一个烈士，希望自己在雅典获得一个特殊的地位。

关于苏格拉底的审判，或者苏格拉底之死，这在西方文化史上一直是人们不断讨论的话题，对后世产生的影响是多方面的。至少对于他的亲传弟子柏拉图来说，这完全地改变了后者的生活。柏拉图是个富家子弟，他年轻的时候就被苏格拉底所吸引，要把自己的一生献给寻求智慧的事业，他和苏格拉底一样，要寻求一种善，要寻求一种完满的生活，要寻求一种经过审察而站得住脚的生活。

柏拉图从苏格拉底之死看到了什么？我们谈到柏拉图那本《理想国》里面对政治制度的设计的时候会看到，柏拉图大概是绝对不会同意民主制度的。民主制度是一种什么样的制度？是一种多数人说了算的制度。到今天为止，世界上大概绝大部分国家都会认为自己是民主制度，只不过认为自己实现民主的方式不太一样而已。很少有国家敢于公然说，不民主的才是好制度。但是在西方自古至今的思想史上，民主是不是就是一种最善最好的制度？

这是现代政治思想史上反复谈到的一个论题。民主制度不见得是一种最好的制度，因为多数人并不就天然意味着道德和智慧上的优越性。但是相比其他制度来说，它最不坏，或者说，它的好处相对来说更多，风险更小。它不是一个最好的东西，但是我们没有办法追求最好的东西，而只能够在不那么好的东西当中，选一个危害相对比较小、好处相对比较多、比较可靠的这样一种制度。至少在柏拉图写的《申辩篇》里面，苏格拉底是被民主制度、被多数说了算的制度，判处死刑的。这大概对柏拉图的影响是非常之深刻的，之后我们还会再看到这一点。

关于苏格拉底我们讲了不少，大家读《申辩篇》一定有各自不同的感受。通常认为，通过摆事实讲道理，那么面对同样的材料，好像大家都会得出同样的结论来。常识的观点总认为，面对同样的事实，人们总能达成一致的意见，否则一定有人在捣乱或者他在德行和知识方面尚有欠缺。其实问题没有这么简单。

大家都知道的一个很通俗的例子：面对半杯水，乐观者和悲观者就有不同的看法，一个看到还有半杯，另一个看到只剩下半杯了。稍微复杂点的例子：有人曾经谈到中国古代司法的灵活性，县官判案时，同样的案情，想要轻判时，就说"虽然罪责难逃，毕竟情有可原"，想要重判时，就说"虽然情有可原，毕竟罪责难逃"。

有一次我参加一部有关俄国思想的新著讨论会，有人提到某个名人的名言，说是看了陀思妥耶夫斯基的小说，就明白了他笔下的俄罗斯人必须要沙俄的暴政才能有效地统治。但在我看来，同样的事实可以得出不同的结论，即产生这些可悲而又可恨的人物的社会环境和政治统治太不人道，没有存在下去的合理性。

也许各位在此之前对于比如说苏格拉底和卢梭的了解，都是一张白纸，等到大家读过《申辩篇》和《忏悔录》，大概就会得出非常不同的苏格拉底或卢梭的形象。西方人说："一千个读者会有一千个哈姆雷特。"当然哈姆雷特毕竟还是哈姆雷特，他还是犹豫不定而非果敢坚决的，是面对很多身份的纠葛而陷入矛盾的，是长于思索而钝于行动的。这是他基本的特点，无法摆脱。但每个人心目中的哈姆雷特又必定有所不同。所以，我们来读这样一些东西，总会得出一些不同于别人的观点，也会在不同的解读中感受到不同的价值观和思维模式的呈现。

柏拉图的《理想国》

现在我们回过头来讲柏拉图的这本书——《理想国》。"理想国"是中国对柏拉图这本书的传统翻译方式，一般的英文文献里面，就把它称之为"Republic"（共和国），或者有人翻译成"治国篇"，讲一个国家应该怎么样治理。当然我们要指出，"国家"这个词在历史过程当中也是不断变化的。在古希腊，并没有我们近代意义上的国家，它有的是城邦，一个城市的公民构成了一个政治共同体。但是，因为这样一篇以苏格拉底作为主角的对话，最终谈论的是要如何建立一个最好的、最理想的人类政治共同体这个主题，所以中文世界历来把这本书翻译成为"理想国"，就是情有可原的了。

我们刚才说到，公元前5世纪左右，各个古典文明好像突然发生了飞跃性的突破。苏格拉底、柏拉图主要就是生活在这样一个时代的，再加上亚里士多德，师徒三人构成了希腊文明的一个高峰。亚里士多德之后，整个希腊文明也开始衰败了。

文艺复兴时期的重要画家拉斐尔有幅名作《雅典学院》。雅典学院是柏拉图在雅典建立的一个类似于学校的地方，招收了很多弟子一起讨论问题，进行研究。柏拉图有很多弟子，这些弟子里面，后来最著名的是亚里士多德。但是亚里士多德的个人气质和思想倾向向来和柏拉图非常不同。很多人都知道亚里士多德的那句名言："吾爱吾师，吾尤爱真理。"这句话有一个前提，那就是吾师和真理不是一回事。

这幅画的中间是两个人，一个人在指着天，一个人在指着地，指着天的是柏拉图，指着地的应该是亚里士多德。柏拉图是一个充满了浪漫奇想的人，是一个哲学家，也是一个诗人气质浓厚的人，虽然他在自己的著作里非常排斥诗人，总之他从很多方面来说是个凌空蹈虚的人物；而亚里士多德是非常注重现实世界、注重现实经验的这么一个人物。《雅典学院》展示了两个人的不同风格，这是非常有趣的事。

哲学通常被认为是最普遍的学问，因为它关注的是宇宙、是人生、是世界最普遍的问题，但另一方面，哲学又非常具有个性。柏拉图是一位哲学家，同时也是一个具有浪漫气质的文人。他的很多哲学著作，同时也是非常优美的文学著作。柏拉图有诗人的、充满了浪漫幻想的一面。同样在中国，看荀子、孟子的作品，和看老子、庄子的作品感觉也会非常不一样，后者也经常给人一种充满了浪漫奇想、汪洋恣肆的印象。

我们举个例子，柏拉图有一篇对话《会饮篇》，这是非常著名的一篇。会饮，就是大家一块儿喝酒，一块儿聊天。《会饮篇》里面很多人讨论爱，讨论人的情感。各种各样的人一起来讨论，包括雅典当时非常著名的剧作家阿里斯托芬。苏格拉底在后世的形象不光是来自柏拉图，也来自色诺芬回忆老师的《回忆苏格拉底》，阿里斯托芬写的剧作《蛙》中也呈现了一个略显可笑的苏格拉底形象。

《会饮篇》中，在场的人讨论爱，有人说了一段寓言：从前，人不是现在这个样子，人非常厉害，有两个头，身上不是四肢而是八肢，力大无穷，又有着非凡的能力，他因此非常傲慢。而神也觉得人如此了得会威胁到自己，所以最后干脆想了一个办法，把人一劈为二。人就变成只有原来的一半了，对神的威胁也就少了。而人被劈为两半之后，总觉得自己是不完整的，总是要不停地要寻找自己的另一半，所以今天西方人要讨好自己的爱人时，就说她是 my better half，还不光说是 my another half，而是 my better half，那个比我要更好的另一半。这种说法就是来源于柏拉图的这篇对话。

我们主要从两个层面谈《理想国》,一个是它的基本哲学立场;另外谈谈《理想国》对它试图要建立的那个理想的政治共同体是怎么构想的。

《理想国》的基本哲学立场

说到《理想国》中所反映的柏拉图的基本哲学立场,我们会涉及影响柏拉图的一些哲学派别。

首先是毕达哥拉斯学派。毕达哥拉斯① 我们都非常之熟悉,他是数学家,勾股定理在西方就是毕达哥拉斯定理。毕达哥拉斯学派还是一个非常古怪的学派,有很多奇怪的禁忌。人类智慧初开的时期,很多非常精妙的思想也经常会同很多古怪的宗教禁忌联系在一起,这是不足为怪的。毕达哥拉斯学派的一个基本论点或者信条,倒不脱数学家的本色,那就是强调数。

苏格拉底之前的哲学家们总是在探讨世界的本原。有人说世界的本原是水,有人说世界的本原是原子。《庄子》中说:"至大无外,至小无内。""至大无外",最大的东西它没有外面了;"至小无内",最小的东西它没有内部,如果还有内部,那它就不是最小的东西。不可以再分的东西才是最小的,那就是原子了。在毕达哥拉斯看来,撇开万物的表象,我们会看到某一种神秘的、和谐的数学关系潜藏在万物

---

① 毕达哥拉斯(Pythagoras,约前580—约前500),古希腊数学家、哲学家。

背后，所以他强调数的重要性。

其实从哥白尼开始，一直到牛顿时代的现代科学兴起，科学史上经常在谈的一个基本的思想前提，那就是，我们所研究的自然现象，在把握它的基本规则和规律之后，最终是可以总结为一套数学关系的。这和毕达哥拉斯学派的确是相通的，是对数的信仰的复兴。除了毕达哥拉斯学派以外，还有另外两位哲学家——古希腊的赫拉克利特①和巴门尼德②，也都对柏拉图有过非常大的影响，我们略提一下。前者的命题是我们所熟悉的，比如"人不能两次踏进同一条河流""世界像一团永恒的活火，在一定的尺度上燃烧，在一定的尺度上熄灭"，等等。赫拉克利特强调万物的流变，强调的是发展变化、流变不居。与此相反，巴门尼德强调的是万物恒定不变的一面。从这个背景来看，在柏拉图之前，古希腊的哲学已经有了这些元素，它们以不同的形式被吸纳、展现到柏拉图的思想中。

柏拉图最基本的哲学立场被称为"理念论"。

所谓的"理念"，英文里面叫作 idea，这个词现在有各种各样的翻译法。我们怎么来谈这个问题？这是非常专门、非常复杂的哲学问题，但也完全是我们的日常生活当中可能产生的，也完全有可能是我们从常识角度能够理解的。

我举个例子来谈这个问题，而非完全按照柏拉图式的方式。刚才

---

① 赫拉克利特（Heraclitus，约前 540—约前 480），古希腊哲学家，爱非斯学派创始人。
② 巴门尼德（Parmenides of Elea），生于公元前 5 世纪，古希腊哲学家，埃利亚学派实际创始人。

说到，人类的思维离不开语言。语言是人的思维交流、沟通的基本工具，语言又离不开概念，而概念又有不同层次的抽象性和普遍性。

那么我们就会碰到这样的问题，比如说"红"，在座的各位有不少都穿着红色的衣服，有大红、绯红、鲜红，各种各样的红。那我为什么可以说，而且所有人都认可我说的这个话——很多同学穿着红色的衣服，这个"红"从何而来？我还可以问：花儿为什么这样红？有一个抽象的红，有一个普遍的红吗？

我还可以说很多这样的词，比如：南方冻灾，很多树都断了、倒了，中国的森林资源损失巨大。树，是一个非常抽象的词，几十年之前，人类学家考察南太平洋群岛上的一些土著，就发现，他们没有树这样的概念，他们有的是松树、橡树、杉树等具体树种的概念，但他没有更加抽象的"树"这样的概念。人类的思想没有一定的抽象和普遍化的能力，是没有办法来提升自己思维的。

比如说，屋里有152个人，我们可以用"人"这个词。比如说，所有人面前的桌面都是长方形的，我们可以用"长方形"这样的词。那么这些普遍化的概念是从哪儿来的？根源何在？或者用我们所熟悉的概念来说，生活中我们面对的、真实看到的、真实的感官所能够接触到的，总是非常特殊、非常具体的东西，比如这一个人、那一张桌面、那一个三角形等等，但是在我们的语言里面，相互交流的时候，可以而且必须使用抽象的概念。

抽象的人是什么？是某一个12岁或者56岁的男人或女人吗？不是。现实中的三角形，或者是锐角，或者是钝角，或者是直角三角形，但是我可以说，所有这些都是抽象的三角形，这个三角形并不需要完全具备是锐角、钝角或者直角这样的特性。这所有一切的"红"，非常红和不那么红都是"红"，那么我又为什么能够得出"红"这样的概念来？

还是回到我们非常熟悉的概念和术语来，一些具体的、特殊的东西，和相对来说比较普遍的、抽象的东西之间，它们的关系是怎么样的？我们可以有不同的解释方式。一种方式是说，世间真实存在的只是那些非常之具体、非常之个别、非常之特殊的东西，我们只不过是在思维当中把它们之间共同具有的一些特性抽象出来，寻找它们之间的共同点而已。比如说浅红、深红、大红、朱红，我反复地思考这些东西，把它们内在具有的共同点抽象出来，最后得出来一个"红"的普遍观念。普遍的东西来源于特殊的东西，抽象的东西来源于具体的东西，这是我们一般持有的观念。但是也可以有人提出相反的疑问：假如我本来就没有一个普遍的"红"的观念，那么我怎么能够把不那么红和非常红都看作"红"呢？也完全可以有这样一种方式，似乎与我们所习惯的思考方式非常不同。

柏拉图的"理念论"，从某种角度来说走的就是这样一种路数。抽象的、普遍的那样一种东西，它不是在现实当中具体地、个别地存在着的，而是我们的思维认识到的。而现实的、具体的、个别的东西是什么？那不过是它的一个拷贝（copy），一个模仿品而已。我为什么说所有这些红都是红，是因为这些不同程度、不同倾向的红，都共同分享了同样那个红的特性而已。也就说在逻辑上具有优越性的、在先的、更重要的、第一位的是什么？是那个普遍的、一般的东西。这就是柏拉图式的思路。那么与此相应地，我们的头脑里面可以有各种各样的观念、各种各样的看法、各种各样的东西，柏拉图将其区分为知识和意见。知识是什么？知识是绝对正确可靠的东西。意见是什么？意见是模模糊糊有可能错的那样一些东西。也就是说，关于理念，我们可以有知识；而关于世间各种具体的事物，我们只能够有各种各样的意见。有我们可以对它产生知识的世界，即我们的理性可以推知的世界，也有可见的具体现象的世界。

我们可以举这样一个例子，欧几里得①的欧氏几何有一个最基本的出发点——点、线、面。点、线、面在现实世界当中存在吗？虽然我可以画出图形来表示点、线、面，但是完全不占任何空间的点，或只有长度没有宽度、厚度的线，或只有二维性质的面，在现实世界当中并不存在，理想的点、线、面只存在于我们的思维之中。这是一个可见的世界，我们把它画出来帮助我们理解，帮助我们进行运算，帮助我们进行想象，但是我们真正地对它的推论，完全是在思想世界当中来运行的。所以有些东西是我们可以思议，却不能够真正地在现实世界当中看到的。可以知道的世界和可以看到的世界，它们之间存在着差异。理念的世界或者说那个由普遍的、一般的东西所构成的世界，乃是一个更高的世界。现实的世界，由具体的、个别的、特殊的东西所构成的世界，相对而言是一个比较低的世界，它模仿了更高的世界，

---

① 欧几里得（Euclid，约前330—前275），古希腊数学家，被称为"几何之父"。

是一个复制品。以上可以说就是柏拉图的"理念论"的一个基本思路或基本思想。这里我们不做特别的、过多的阐发。

柏拉图还有一个著名的"洞穴"比喻。

无论是讲柏拉图还是在讲柏拉图之前，我们都谈到，人类的思维，脱离具体的、个别的、特殊的东西越远，就越发能够得到解放；抽象能力越强，思维能力也就达到了一个新的层次。可以设想，如果一个人的思维完全不能脱离他能够接触到的最具体、最特殊的东西，那可以说，他能够拥有的精神空间是非常狭隘的，他的思维所能够达到的高度也是非常有限的。

柏拉图在《理想国》里做了一个比喻：有一些人，被囚禁在一个山洞里面，他们背对着洞口，面朝着洞里面的一面墙，外面如果有人举着火把走过，他们在墙壁上会看见一些晃动的阴影、一些晃动的光亮，他们以为那就是真实的世界。一旦他们能够从洞穴中被解放出来，来到光天化日之下，他们才知道，了解真实的世界，了解光天化日之下的世界，和把自己的目光局限在阴影之中，差别是多么之大！

他的意思是说，如果人们的知识、思想，能够认识更加普遍、更加一般的东西，而不局限在那些非常特殊、非常具体的东西之中，那么他所能够获得的思维上的跳跃和乐趣，是从前根本无法比拟的。这就是柏拉图在他的理念论立场上所提出来的推论。

《理想国》中的"正义"问题

《理想国》有多方面的内涵。其一是柏拉图在他的很多篇对话里面都不同程度阐发了的哲学立场,也就是理念论。但是《理想国》吸引人的地方,还经常在于它谈到了很多政治观念,谈到了人们要怎么样才能够建立一个合理的政治共同体等问题。《理想国》的副标题里面,就明确提出了它所要讨论的一个问题:什么是正义?

《理想国》一开篇就是苏格拉底和很多人参加在雅典城外举行的一个城邦活动。回来的路上,苏格拉底碰到了别人,就被拉去和大家一起聊天,讨论问题。几个人性情各异,有的性情鲁莽,有的心思细腻,都在讨论同一个问题,讨论来讨论去,就谈到什么样的东西才能被称为是正义,或者什么是公正。可以说,政治思想、政治哲学或者伦理学,都要探讨问题,比如法律、幸福、道德。这些基本问题在苏格拉底时代,也在被人们不断地讨论。什么是法律?有人说强者统治了整个世界,还希望统治得更轻松,于是就制造出一些规则,让弱者来服从,这就是法律。也有人说弱者太害怕强者了,所以联合起来制造一些规则,让强者侵犯他们的时候也不得不有所顾忌,这就是法律。这是解答问题的不同趋向,但是它们都涉及一个基本问题——正义。

在苏格拉底参与和引导的讨论中,关于什么是正义,有着各种各样的说法。有人回答,正义就是不要撒谎。但这样的答案很容易就会被驳倒，因为尽管是否撒谎在大部分条件下可以作为正义的参照标准，但是人们的生活处境千变万化，单一的标准总是无法完全适合于各种具体处境。像我们常常都会接受这样一些情形下的撒谎：一个人患了绝症，大家善意地隐瞒他真实的病情；放牛郎王二小欺骗日军，把他们引到八路军的包围圈里。在这样的情形下，撒谎并没有成为不义。

又有人说，正义应该是及时归还别人寄放的东西。但是，如果一个人曾经将刀寄放在你那里，他生了病，症状之一就是见人就想动刀子，这会儿他向你要回刀，你能够还给他吗？这种关于正义的说法显然也站不住脚。

还会有人说，正义应当是克制小我以奉献大我。且不说人们会有不同的价值选择，也许更多的人会认为，一个人们愿意为之奉献的大我，它首先应当优先满足小我的需要；我们只看这么一种情形：我们普遍认为不道德的一个共同体（比如一个黑帮），为了一个不道德的目标（比如要抢码头、占地盘），也会有克制小我奉献大我的行为。能说这样的个体为集体、小我为大我牺牲的行为就一定是正义的吗？

人类一走出原始蒙昧的状态，就结合为各种共同体。一方面，人类不结合成共同体，就不能有效地发展经济、文化，不能抵御来自大自然或其他人群的威胁，不能从大自然中获得发展自己所需要的物品。而另一方面，人类一旦结合成共同体，就会引发各种问题，比如就会有权力和权利这两者之间的关联问题，同一共同体中的人与人之间担负的道德义务问题等等。

正义有着各种层面上的解释，其中一个层面上，我们可以称之为分配的正义（distributive justice）。一个社会总有很多好的东西被创造出来，好东西，可以是物质性的，比如蛋糕、牛奶、猪肉……这是实实在在的东西，也可以是别的好东西，比如非常高的社会声望，这也是好东西吧。比如，更多地获取优质教育资源的机会，这是不是好东西？虽然它们不是像蛋糕那样实实在在摸得着的东西。一个社会中有大量需要参与分配的东西，我们应该按照什么样的方式和原则来在众人之间分配，这就是分配正义的问题。我们完全可以从这个角度来看待《理想国》的主题。最近几年政府常提及，要"让广大人民群众共享改革发展成果"，涉及的就是分配正义的问题。

我们姑且把一个共同体所有的好东西（goods）当成一个蛋糕，如何切分这块蛋糕才是公正的呢？当然可以有各种不同的标准：彻底的平均原则；多劳多得的原则；按照每个人不同的贡献享受不同的份额，担任技术性强一点的那部分工作的人可以分得多一些；优先考虑个人实际需要的原则，老人、孩子贡献可能很小，但出于身体状况却很需要；还可以按照能够鼓励大家把蛋糕做大的方式来分配。此外，还可以有其他各种各样的考虑，比如，假定要在大家之间分配的是一根长笛，分给绝大部分人就白白浪费了，只有会吹奏这种乐器的人才能发挥它的作用，这样一看，就还有物尽其用的原则。

这些原则都自有其道理，但是各自之间又非常不同。现实生活中并不是所有选择都能做出非黑即白的取舍，一些简单的问题尚且不能只用是或否来解决，何况是复杂的社会问题？18世纪英国思想家埃德蒙·柏克①说，政治问题、涉及人类事务的问题，不是在善与恶之间，而往往是在各种不可兼得的善乃至各种不能同时避免的恶之间做出选择。分配的正义就具有这样的复杂品质。

在柏拉图看来，正义就是在社会中的每一个人都各司其职，各守其序，各得其所。但是，人的能力会有不同，人的水平会有不同，所以每个人在社会上所处的地位就会有不同。因为每个人的能力、知识学问、智慧等都不一样，所以人的不同岗位、不同地位、不同等级就是自然的。

柏拉图把人的等级按照物质世界的材质分成了三种——有的人是用金子做成的，有的是用银子做成的，有的就是铜和铁做成的。金子做的就是哲学家。哲学是爱智之学，哲学家是最有智慧的人。只有这种人才能够管理国家，治理国家。如果由哲学家来管理国家，这就是最理想的一个社会、最理想的政治，这种人叫作 philosopher-king，就是"哲人王"。古今中外，很多人都是这种理想，那就是找最有智慧的人来管理国家、治理国家，这种人就应该是哲人王。有的人是用银子做成的，这种人的特色就不是智慧，而是他的忠心和勇敢。这种人是保卫国家的人，叫作 guardians，就是保卫国家的阶级，不是治国者的阶级，而是卫国者的阶级。这种保卫国家的人是第二等人。第三等人就是铜铁做成的人，就是从事体力劳动的工农等。人的知识是要

---

① 埃德蒙·柏克（Edmund Burke，1729—1797），18世纪英国政治家和保守主义政治理论家。

有很多的闲暇才能够获得的。但是，铜铁做成的这些人整天劳动，没有什么闲暇的工夫，所以就不可能获得很多的知识，拥有很多的智慧。这种人就主要是从事体力劳动的人。国家主要是由这三部分人构成的。如果这三种人都各守其序，就是实现了正义。

读过和柏拉图《理想国》相关书籍的人，都知道在他的那个理想国中统治者是哲人王。但能够解说出柏拉图之所以有这种设想的人，恐怕就很少了。学习思想史，我们更要紧的是要了解过往历史上第一流的头脑是在思考什么问题、如何提出解决方法并且借此机会锻炼自己的思考能力。下面我们来看看为什么柏拉图会得出这样的结论。

一个社会中会有很多好东西，从各种实物到好名声和好机会都在其中。如何分配这些好东西才是正义的呢？简单的答案是要让每个人得到自己应得到、配得到的东西。可实际操作起来麻烦就大了。比如前面分蛋糕的例子；再比如，假如用来分配的是一件小皮袄，大概就只有小孩拿到以后才能派上用场，在壮汉那里就会被束之高阁……于是，付出、需要、能力、机会、适宜（物尽其用）等，就都成了公平分配时所必须考虑的因素。要在这样一些要素之间折中、平衡、确定权重，实在不是一件容易的事情。主事者如果没有足够的善意，难免监守自肥；倘若没有清明的智慧，又必定处置不当；而若没有足够的权威，则又不足服众。那怎么办呢？一种很现实的解决办法是民主，让多数人说了算。可对于柏拉图来说，这显然不是一个明智的选择，因为他的老师苏格拉底就是被多数人投票给处死了的。可见多数人既不代表智慧，又非德行的化身。一个共同体中终归得有权威说了算，而这权威只有结合了智慧、德行（善意）和权力，才能让人们指望，正义可以在人群之中实现。极目寰宇之间，也唯有兼备了智慧和德行的哲人成了王，这样的筹划才算有了落实之处。这就是柏拉图所构筑的理想国中，只能是哲人王当令的一个缘故。

分配正义这样一个看起来非常抽象的东西，这样一个从理论推演来看仿佛是一种头脑操练的东西，如何和社会现实相关？当代的社会、政治、经济理论会如何分析分配正义的问题？这正是当代西方政治哲学和伦理学当中一个非常核心的问题。20世纪70年代以来，主导着伦理学和西方政治哲学的一个论题，就是以1971年哈佛大学哲学家约翰·罗尔斯[①]的一本书引发的。这本书名为《正义论》，它考察了正义的问题，集中在以什么样的方式来分配各种好东西（goods）才是正义的这样一个问题上。

罗尔斯的想法是：我们现在构成一个共同体，其中有各种各样要在共同体成员中加以分配的好东西（social goods）。分配者在考虑分配的问题时总是带着各种既定的立场，总是受到各种限制，因而总是有偏向的，即使努力地压制它，也会以各种方式悄然出现。所以罗尔斯就提出这样的理论推演方式：假定做出选择的人有一个"原初的位置"（original position），每个人都被一道"无知之幕"（vein of ignorance）所阻挡，分配者只能知道自己的情况，但不知道群体中其他人的情况，无法了解自己各方面的条件放到群体中与其他人相比较

[①] 约翰·罗尔斯（John Bordley Rawls, 1921—2002），美国政治哲学家、伦理学家，著有《正义论》《万民法》等。

时,是处于何种情形。他既然无法知道自己在共同体中是处于优势还是劣势那么,他所推想出来的分配原则就应该是公平的,而且能够被所有人都接受的。只有这样,分配者才能够做出没有偏向的选择。只有在这样的条件下推演出的分配原则才是真正正义的。罗尔斯的正义原则优先保障的是机会的均等,然后再向机会均等的情况下处于不利情形的人倾斜。

罗尔斯的理论一经阐发,不仅对相关的学术领域产生了重大影响,也直接影响到了实际的欧美乃至欧美之外各国的公共政策。所以,表面看起来很抽象的概念,其实拥有着非常实际的内涵。

不存在一种使每个分蛋糕的人都满意的方式。在《理想国》中,苏格拉底通过和别人的对话,设想出一个理想的政治统治方式,可柏拉图也承认这种理想状态要成为现实,只能是靠偶然、靠机运（by chance）的。

中国传统中也有一些很理想化的对于社会政治生活的设想,比如"圣君贤相"[①] 和"大道之行也,天下为公"[②]。我们也可以采取这样一种思路,任何人类社会的政治制度的安排,不一定能够达到最优（the best）,但是完全可以选择一个最不坏（the least bad）。我不能够指望"圣君贤相",但我能够指望实行某些制度,让坏蛋专政干不长;我不能指望一个中枢机构能够使计划经济最完美地运行,但是可以设想通过市场机制,使资源得到尽可能合理地分配;我不能指望分配完

[①] 出自《荀子·富国》。
[②] 出自《礼记·礼运篇》。

全公平正义，但是完全可以存在一种分配方式，让大多数人都觉得可以接受。就像切蛋糕，最理想的方式是理想中的哲人王（Philosopher-King）来切，他有善意、有智慧，能够没有偏私，能够综合考虑大家的需要，这是最理想的状态。可是柏拉图也承认，有智慧和善意的人能够执掌权力乃是一个小概率事件，中国历史上的"圣君贤相"同样如此。相反，更有可能的情形倒是，即便是有德行和智慧的人掌握了权力，但长期执掌权柄，也会令他的德行和智慧发生变化。

这样一个从20世纪70年代发展至今的问题，和柏拉图所讨论的问题恰恰是一脉相承的。我们可以通过考察柏拉图的思路，来重新看看这些问题是如何出现在古典时代最优秀的头脑中的，看看他是如何选择解决方法的，以及他对这种方法是否满意。这样我们才是把死的书读活了，我们才能与时空上距离我们很遥远的人产生实质性的对话，像孟子说的那样，做到"尚友古人"。

第二讲

奥古斯丁

你了解吧,好使你相信!

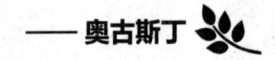

——奥古斯丁

奥古斯丁是古罗马后期的人物，但由于他是基督教历史上一个非常重要的思想家，而基督教是整个中世纪西方的主宰性思想文化体系，所以我们也可以说奥古斯丁是对中世纪基督教文化影响非常大的一个神学家。

我们一说到西方文化，基本上言必称希腊罗马，但是更加准确地来说，西方文化传统的古典来源有两个方面：一方面来自古希腊的理性传统；另外一方面是来自希伯来的传统，就是基督教的文化传统。对于西方文化传统的这两个基本来源，我们都需要有适当的了解，否则我们对当今仍然在整个世界占据优势地位的西方文化，就会缺乏认识。奥古斯丁[①]的英文名前面有一个 St.，是 Saint 这个词的缩写，可以非常贴切地翻译成"圣"，读音也很吻合，这就是天主教历史上的圣人从教廷所得到的封号。

圣·奥古斯丁生活在古罗马时代后期，生活在古罗马日渐衰亡、快要迎来整个中世纪开始的那么一个时期。如果说基督教在中世纪早期重要的思想家是奥古斯丁的话，那么后期非常重要的一个思想家，

---

① 奥古斯丁（St.Augustine，354—430），古罗马帝国时期基督教思想家。

就是13世纪的意大利人托马斯·阿奎那①。阿奎那的思想长期被天主教官方奉为正统。阿奎那对于基督教教条的解释经过不断修正，被称为新托马斯主义，至今还在天主教神学中具有无可比拟的影响。可以说，新托马斯主义直到今天，仍然是在西方的哲学思潮、宗教思潮里面影响非常大的一种思想取向。奥古斯丁和托马斯·阿奎那，是基督教历史上影响最大的两位神学家。

理性和信仰

在雅典和耶路撒冷之间，在希腊的传统和希伯来的传统之间，在西方思想传统的两个要件——理性和信仰之间，呈现出一种紧张关系，它们之间有一种张力。宗教信仰首先要求你无条件地信仰，而理性要求的是你要运用自己独立的思考能力，凡是经过理性检验的，才是可以被认可的，凡是经受过彻底怀疑而能够仍然坚实地立于自己的基础之上的，才是能够接受的。

基督教早期由近东开始向整个西方传播的时候，理性和信仰之间也出现了各种各样的紧张关系，在这个时候，不同的人会采取不同的立场来试图解决这两者之间的关系。基督教的要义是，首先你要证明神存在，上帝存在。上帝究竟存在不存在这是一个难以解决的问题。假设一下这样的情形：有神论者说，上帝存在，即使你看不见、摸不

---

① 托马斯·阿奎那（Thomas Aquinas，约1225—1274），中世纪经院哲学的哲学家、神学家。

着,上帝也真的存在;无神论者说,既然看不见、摸不着,你凭什么说它存在?唯物主义者也可以说,一个物体或者说某一个东西,即使你看不见、摸不着,但是它完全可以独立于你的意志而存在;而唯心主义者可以采取相反的观点,像后来的英国哲学家贝克莱那样,认定只有被知觉到的东西,才可能存在。这里我们可以稍微思索一下,在这里有神论者和唯物论者采取的思路倒是非常相像,而无神论者反倒是跟唯心论者很相似。而平时,经常被人们联系在一起的是唯物论与无神论、唯心论与有神论。

在理性和信仰之间,可以有各种各样的关联,有的人企图做出的一种努力,就是用理性来论证信仰。安瑟伦[①]是基督教历史上早期非常重要的一个神学家。可以说他在一定程度上就代表了这么一种思路,要用理性来证明上帝存在,用希腊式的思路来证明希伯来式的结论。他的证明在哲学史和神学史上非常有影响,被称为关于上帝存在的本体论证明。这个证明说起来也相对简单。为什么上帝存在?我的思想和心灵里面,有一个上帝的形象。我是一个非常卑微的、有缺陷的我,我的存在在时空中非常短暂渺小,我在德行上也是有欠缺的,智慧也是非常有限的,总之我是一个充满着缺陷的人。但是我的心灵里面可以有一个神的形象,而这个神是永恒的、无限的、至善至美的。在一个有缺陷的、不完美的我的身上,不可能自发地产生一个完美的、永恒的、无限的神的形象,只可能是那个无比完满的神把自己的形象刻

---

① 安瑟伦(Anslem of Canterbury,1033—1109),中世纪哲学家、神学家。

画在了我的思想里面,我才能产生这样的观念,所以上帝存在。简单说来,这就是安瑟伦的论证路数。

当然这个论证有一个隐含的小前提,即从不完美的东西里面,产生不出比它更高级的东西来。如果对这个论证提出疑问,就可以提出这个隐含的前提。但是无论如何,这的确是代表了用理性来论证信仰的一种思路。

亚里士多德的思想在中世纪的后期,特别是被托马斯·阿奎那加以运用,很大程度上也是因为他思想里面的某些因素,可以用来为基督教的某些论旨提出论证。世间万物,一方面,必然是前面的原因所产生的结果;另一方面,又必然作为原因而导致别的结果。有因必有果,同一个现象、同一个事件,既是因又是果,这个因果的链条可以无穷地上溯,一直追到逻辑的开端,那就是所谓的"第一因"——它只作为原因,而不作为结果。世间万物是主动者的同时,又是被动者;或者说世间万物,它使别的东西运动起来,同时它又是别的东西运动的结果。从后面这个序列你也可以推论出,一切运动都有一个开始的源泉,那是一个"不动的推动者",如果它是一个运动着的推动者,那肯定又有一个东西来推动它,它不是第一个运动的产生者,所以一定要有一个不动的推动者。"第一因""不动的推动者"这样的概念,在亚里士多德那里是反复地讨论过的,后来曾经被基督教的神学援用过来,为基督教的信仰作证明。可以说这是另一种试图来调和理性与信仰的思路。

但是,也完全可以有另外一种思路:信仰和理性二者之间是不可调和的，信仰是无条件的，理性是有条件的。为什么？因为你信仰的是一个无条件的神，你信仰的是一个无比完美的神。神是永恒、无限、完美无缺，创造万物，无所不能，这样的神靠有限的人的理智怎么可能去了解它呢？所以，想依靠人的理性去了解神的意志和理性，那实在是异想天开，太不自量。《圣经》里面就有过多处记载，嘲笑企图凭自己的理智来揣摩神意的人。神的理智和人的理智比起来，就像太阳的光亮和蜡烛的光亮一样，差别实在悬殊，"相去不可以道里计"[1]。这样的思路它也可以自成一体。

基督教早期的神学家德尔图良[2]有一句著名的话，让他后来被视为蒙昧主义的代表人物，很多人在批判宗教的时候就爱引他的话。他说的是："正因为荒谬，所以我相信。"上帝派他的亲生儿子来拯救我们这些罪人，这听起来好像很荒谬，可是我相信；上帝的儿子居然被处死了，吊死在十字架上，非常荒谬，但是正因为荒谬，我相信；他被吊死了，然后过了三天，他居然又复活了，这更荒谬了，但正因为荒谬，我相信。为什么？如果神的所作所为和意志想法，不超出我这个普通凡人的所思所想，那才奇怪了。神之所以为神，就在于他的很多东西是我不能够设想的。"人类一思考，上帝就发笑。"这是捷克作家米兰·昆德拉爱引用的一句话。的确，人类一思考，假装自己好像有理性，假装自己好像有智慧，假装自己能够了解整个世界的奥秘，但是这一切和神意比起来，和上帝的所知所想比起来，实在是太微不

---

[1] 出自章炳麟《东京留学生欢迎会演说辞》。
[2] 德尔图良（Quintus S.F.Tertullian，150—230），哲学家、基督教神学家。

足道,实在是显得太可笑了。所以,在理性和信仰之间,也可以有这么一种思路,通常被我们冠以蒙昧主义之名。

以上概略地谈了一下基督教历史上的一些问题。可以说,在西方文化史上,理性和信仰之间的关系,很大程度上呈现为雅典和耶路撒冷之间的关系,呈现为希腊的传统和希伯来的传统之间的关联,而奥古斯丁做的事,就是用希腊的传统来化解、解说希伯来的传统。

奥古斯丁的生平

一说到生平,不可避免地会涉及他的思想。我们分别去读思想家或作家的著作和传记,有时候会觉得他们不像同一个人。有的人,他的思想、著作和精神世界的创造,好像和他外在的生平并没有太多的关联。他们外在的生平可以非常之单调、非常之乏味,但是内在的精神世界非常丰富,甚至可以说是波澜壮阔。像海德格尔在课堂上讲亚里士多德的生平时只用了一句话:他出生,他思考,他写作,他去世。这就是亚里士多德的生活经历。不过亚里士多德的一生还多少有些戏剧性的地方,特别是他曾经给著名的亚历山大大帝当过老师。更典型的例子像小说《呼啸山庄》的作者艾米莉·勃朗特,写出这样惊心动魄爱情的人,其实一生都没有谈过恋爱。现代派文学大师卡夫卡,也是实际生活极其单调的一个小职员。

但是也有相反的情形,有的人,他的思想、精神创造物和他外在的生活经历是非常紧密地结合在一起的,以至于我们不了解他的生平,就很难对他的思想和精神创造产品有真切的体会。奥古斯丁在很大程度上就是这样,以后我们还要讲到的卢梭也是这样的情形。

奥古斯丁的作品非常多。其中一部《上帝之城》非常有名,这部著作现在已经有了不止一种中文译本,是用一套神学的观念来解释人类的历史的,在基督教历史上是一部非常重要的著作。另外一本非常知名的,也许是阅读者最多的,就是我们今天重点要讲到的《忏悔录》。忏悔(confession)这个词在基督教当中经常指的是,人既然都是罪人,都是有各种各样罪过的,就需要为自己的罪过来赎罪,来忏悔,以各种各样的方式来洗刷自己的罪过。它也可以转化为另外一层意思,那就是,通过确认、忏悔自己所犯下的罪孽,转而颂扬上帝,颂扬神。可以说这层意思在奥古斯丁这里是表达得非常鲜明的。

世上有各种各样的《忏悔录》,或者书名虽然不叫"忏悔录",实际上也是"忏悔录"一样的东西。在奥古斯丁之后的现代文化史上,还有卢梭的《忏悔录》、托尔斯泰的《忏悔录》等,也都非常著名。卢梭的《忏悔录》一开始就在谈自己干了哪些坏事,自己如何偷偷摸摸,如何嫁祸于人,如何撒谎。但是最后想表达的仿佛是,就凭我敢把我干的脏事说出来,我就比你们所有人都干净得多,何况我身上所有的坏的因素都是万恶的社会染成的,怨不得我自己。托尔斯泰的《忏悔录》的意思有点不太一样,他因为自己出身贵族,生而具有文化和财富方面最优越的条件,因而对俄罗斯大地上苦难的社会底层、对农奴阶层,怀有极大的愧疚感,好像自己完全不能够摆脱种种沉重的痛苦和耻辱的感觉等。这些《忏悔录》都将作者的外在生平和内在精神、思想、心灵上的经历，非常紧密地结合在了一起。所以我们在讲到奥古斯丁的生平时，很大程度上要依据他在《忏悔录》中的自述，也会涉及他的思想变化过程当中一些非常重要的因素。然后，我们再专门剥离出《忏悔录》里面的一些重要问题来进行解说。

我们说"罗马的伟大"不仅在于文化上的创造，更在于武功盖世。罗马在人类早期技术条件非常落后的情况下，就创建了一个横跨欧亚非三大洲的庞大帝国。技术条件对于维持一个庞大的帝国是非常重要的，光是传递信息就很不容易。假如南方的雪灾要有人骑着马，好不容易突破冰雪的围困，过了两个月才到北京，然后丞相府里面知道了以后，派出一个大员去看，到了春天才可以观察到三个月之前的雪灾造成的巨大损失，然后再做出应对的话，那么这个帝国的维持应该是非常困难的。所以罗马在当初技术条件非常落后的情况下，创建了这样一个横跨广袤疆域，囊括不同语言、不同肤色、不同民族的帝国，是非常了不起的事。何况它还创建了很多重要的制度和法律，罗马法是构成现代社会法律体系的重要来源，直到今天为止，仍然是西方文明非常宝贵的遗产。罗马给试图将整个西方整合成一个庞大帝国的后来者，提供了一个榜样和先驱。

奥古斯丁出生在北非一个叫塔加斯特的城市。罗马帝国的鼎盛时期，横跨欧亚非三大洲，整个地中海都变成了它的内湖，所以北非那时是属于罗马的、文明的、开化的世界的一部分。罗马的鼎盛时期，政治清明，文化也高度发达，各种各样的思想和宗教教义也在流传、涌动。

基督教在罗马的命运起伏不定，非常坎坷，长期受到迫害，有时候被迫害得很凄惨，有时候一下子得到某个皇帝的友好支持又变得很显赫。但不管怎样基督教的影响逐步大了起来，而且由于基督教在社会底层之外，开始征服社会的中上层，得到很多有教养、有知识的人的倾心支持，所以它的教义也越来越精密化，越来越学理化，受到了越来越多的关注和欢迎。在奥古斯丁的时代，基督教的影响非常大，奥古斯丁的母亲就是一个非常虔诚的教徒。

同时，在奥古斯丁生活的地方，另外一种教义的影响也很大，这就是发源于西亚的摩尼教。摩尼教简单来说是一种二元论的教义，它认为世间有光明，有黑暗；有正义，有邪恶；整个世界就是由光明与黑暗、正义与邪恶这么两种原则、两种力量所支配、所主宰，最终正义将会战胜邪恶，光明将会战胜黑暗。摩尼教在历史上不仅对西方世界，而且对东方世界也产生了很大的影响。看过《倚天屠龙记》的人都知道，张无忌是明教的，而明教是崇拜光明的，是摩尼教东传以后的一个变种。你看，后来张无忌曾经跟波斯总教派来的使者缠斗，就是因为摩尼教是产生于波斯的。

奥古斯丁可以说是一个浪子回头金不换的典型。看他在《忏悔录》里面的描述，早年的奥古斯丁沉浸于各种各样的喜好中，完全放纵自己，虽然他的母亲是一个虔诚的教徒，对不听话孩子的灵魂如何得到拯救，总是忧心忡忡，但是这个孩子好像自己并不当一回事。他在《忏悔录》里面回忆，自己如何被各种各样的欲望所支配，干尽了坏事——虽然有些坏事在我们今天看起来也不是特别糟糕。比如他在回忆里说，小时候和别的小伙伴总去偷别人家的梨，并不是别人家的梨长得更大、更漂亮，也不是别人家的梨滋味更甜美，可是自己却对吃自己家的梨完全没有兴趣，只想去把别人家的梨弄来吃。这好像是非常纯粹的为了干坏事而干坏事，所以他回想起来，觉得这样的事非常能够证明自己早年的危险倾向。

但是这个浪荡子却也是内心高度敏感的一个人，他的家庭后来把他送到罗马及附近去游历、学习，他也开始受到了基督教的影响。早年他受摩尼教的影响非常大，摩尼教曾经有一个非常重要的人物，在当时曾经非常受欢迎，到处去宣讲摩尼教的基本教义。但是那些教义在奥古斯丁看来，实在是非常粗糙，不堪一击，所以他的内心也产生了种种的疑惑和矛盾。奥古斯丁分明地觉得自己的身上有罪，干了很多邪恶的事，内心总是不得安宁。在他内心不得安宁的时候，摩尼教也可以提供一种非常方便的解释：既然世间是被两种基本的力量所支配着的，正义和邪恶，光明和黑暗，那么黑暗的力量和邪恶的力量有时候借自己的生理欲望来显示一下，好像也不是一个非常奇怪的事。他有时候可以从这里面得到一点解脱，但是更多时候是陷入内心的惶恐不安之中。

历来宗教史上的重要人物，多是这样一种高度敏感的人物。摩尼教的这种善恶二元论，最终没有给他提供心灵的庇护地，他的内心一直充满了冲突。和很多宗教的先知一样，直到有一天机缘巧合，他突然悟道了。奥古斯丁在《忏悔录》里面说，有一天，他因为灵与肉的冲突，因为内心的彷徨不定而又难以排遣，于是跑到院子里面走来走去，这时候，有一个小女孩在非常安静地诵读《圣经》，声音传到了他的耳中，如闻天籁。他听到了这么几句话，是《罗马书》里面的："不可荒宴醉酒；不可好色邪荡；不可争竞嫉妒。总要披戴主耶稣基督。不要为肉体安排，去放纵私欲。"这好像是在警示他，这个可以干，那个不能干。最后又有一句，"信心软弱的，你们要接纳，但不要辩论所疑惑的事。"奥古斯丁一下子坚定了自己的思想和信念，从此，由一个浪荡子彻底地变成了一个最虔诚不过的教徒。他结束了之前荒唐不堪的生活，后来和朋友在城外隐居，一同钻研教义。据说，他和朋友一起结伴隐修的这样一种生活方式，是后来的修道院的先驱。

《圣经》中的这些话，使得奥古斯丁彻底地皈依了基督教，并且影响了他对于基督教基本教义的理解。每一种宗教甚至于准宗教都有不同层面的约束。一个层面是各种外在的宗教仪轨。比如说，什么时候要吃素，什么时候要过宗教的节日，什么时候要按照某一种特殊的戒律来完成某一项事功。另外，任何一种宗教或者准宗教又都有内心的信仰、思想情感这个层面的约束。可以说，很多宗教或者准宗教的思想家或者改革者，都不约而同地强调：一种宗教或学说，最要紧的不是外在的规矩、礼节以及种种戒条，而是内心真诚的信仰、真正的情感、纯正的情操等。

我们可以由此联想到后来宗教改革的重要人物——马丁·路德①。马丁·路德在进行宗教改革的时候，也是强调一个基督徒最要紧的品性在于信，在于虔诚的信仰，然后凭借自己的良心和信仰来理解《圣经》，《圣经》直接就向每个人敞开。读过《圣经》的同学也许会发现，耶稣在很大程度上也可以被视作一个犹太教的改革者。因为犹太教是高度注重外在的律法的，而耶稣反复强调的就是，律法是外在的，最要紧的是内心的信仰，内在的这些东西。

奥古斯丁皈依基督教以后，一下子迸发出了惊人的创造力，他后来成为北非一个重要城市希波的主教，这时他开始大量地写作，主要是两个方面的内容：一方面是正面阐发各种各样的教义。另一方面，那时基督教还处在争取话语权的阶段，处于要和其他种种的异端、异教或者各种各样的学说来进行论战的这么一个阶段，所以他的著作相当多是论辩性质的。

这里我们可以区分一下异端（heresy）和异教徒（pagan）的不同。异端是基督教内部的异端。异教徒是什么？比如你不是基督教徒而是佛教徒或其他教徒，这是异教徒。但丁的《神曲》里面，最后能够上天堂的当然都是最好的、最优秀的教徒，但是像柏拉图、苏格拉底怎么办？他们的灵魂足够高尚，但是他们生活在耶稣出生之前，他们没有机会成为基督徒，他们是异教徒。所以，他们要生活在离天堂比较

---

① 马丁·路德（Martin Luther，1483—1546），16世纪欧洲宗教改革运动发起人、基督教新教路德宗的创立者。

近的地方，没有天堂那么高贵，但是又要能够配得上他们的崇高品行。所以但丁的《神曲》一方面是高度浪漫的文学构想，另外一方面又非常逼真地反映了整个中世纪直到现代初期，西方文化里面人们所构想的整个世界、整个宇宙的图景。

罗马帝国的后期，最大的威胁就是来自东方的野蛮人——日耳曼人。人类历史上，农耕民族总是受到游牧民族的极大威胁。游牧民族的生产力虽然比较落后，但在冷兵器时代，因为善于骑马作战，机动性高，战斗力非常之强，又对农耕文明创造的财富艳羡不已，所以掠夺农耕民族成了他们赖以为生的基本手段之一。这在中国历史上很常见，而且大部分都是游牧民族对农耕民族占据巨大的军事优势，农耕民族最后可以聊以自慰的就是：虽然他们在军事上打败了我们，但是我们在文化上同化了他们。罗马帝国后期，日耳曼人几乎全线入侵，其中有一支汪达尔人，后来对罗马城造成的破坏尤其大。奥古斯丁就是死在汪达尔人围困北非的希波城时，他死后希波城陷落，政局稍微平稳下来以后，他的遗体被移送到了罗马的圣彼得大教堂。这对于一个基督徒而言，是非常罕见而又极度崇高的待遇。

奥古斯丁的善恶观念

《忏悔录》中有一些内容，是讲奥古斯丁外在的生平，顺便夹杂他的思想变化，有些章节更多甚至完全纯粹地谈他所思考的某些问题。这些问题里面有一个非常核心，就是善和恶的问题。基督教面临这个问题，别的宗教或者宗教之外的学说，是不是也会面临善恶问题呢？

我们先考虑这个问题何以会发生。《圣经》的开篇就是《创世记》，上帝创造世界非常之辛苦，创造了六天，最后休息了一天，所以后来一周分成七天，人们要休息一天。上帝的语言具有一种神奇的力量，能够创造现实的事物，说要什么就能产生什么。上帝说要有光，于是就有了光。后来有一部讲原子弹问世的小说《最后的问题》①，结尾的一句话就是："丁是就有了光。"这个结尾非常好，因为人居然能够创造出把人类彻底毁灭掉的东西，这几乎是可以和上帝相提并论的事情了。

创造了这个世界的上帝是最完美的，把任何美好的品质加在他身上都不为过，或者说，我们无法再往他身上添加美好的东西，因为他已经最美好不过了。上帝无所不在，虽然我们看不见他，摸不着他，但是他无所不在。上帝无所不知，没有他不知道的东西，整个世界都是他安排的；上帝无所不能，没有他做不到的事情。以前的人曾经讨论过上帝是不是全能的，然后提出了一个问题：上帝是否能够造出一块他自己都举不动的石头？这个问题好像没法回答。说不能，那么他不是无所不能；说能，那么他有一块石头举不动。当然，这个问题本身有毛病，因为它已经预设上帝不是全能的了，已经设定了上帝举不动的石头。所以这个问题本身问得是不对的，已

---

① 《最后的问题》(*The Last Question*)，美国科幻作家艾萨克·阿西莫夫于 1956 年出版的一部科幻小说。

经是给定了答案的。

中国传统虽然一般不相信有这样的人格神,但也爱说"举头三尺有神明",做什么事不要亏了良心。中国传统还讲"不欺暗室",讲"慎独",意思是在黑暗的没有人看见的地方,在独处的时候,也要诚实地做人、做事,不要让自己做出不道德的事来。这些观念中,虽然没有一个人格神,但也是有着严格禁忌的,不见得非得要有一个人格神,才能保持道德的禁忌。所以今天很多人哀叹世风日下,说这是因为道德上没有禁忌,然后说没有禁忌是因为没有一个上帝一样的人格神。可是,没有人格神,并不等于没有禁忌。

世间为何有邪恶?这是一个非常麻烦的问题。不止基督教,其他宗教或者准宗教也面临这个问题。如果你无条件地相信,整个世界是由一个神创造,或者是由一个神支配,或者是由这个神创造并且支配的,而这个神是无比的仁慈,对人怀有毋庸置疑的善意,又是全知全能全在的,那么世间为什么还会有邪恶的事情出现,还会有种种悲惨、黑暗的事情发生?难道是他虽然无比仁慈,却力所不逮,心有余而力不足,无法让世界免除邪恶?或者他虽然全能,但有时候也对我们怀着那么一点小小的恶意?这是一个不大好解释的问题。

中国传统里面也会面临这样的问题,宋明理学中有"天理""人欲"这样的概念,我们今天的日常语言里面还在一定程度上保留了这样的概念。面对一件非常不公平的事,普通人就会问,还有没有"天理"?或者说你做了一个非常糟糕的事,别人就会质问你做了这样"伤天害理"的事,难道还能够"心安理得"?天理就是支配着整个宇宙、整个世界的一些基本原则，整个世界、整个宇宙就是由天理所掌控、支配着的。天理一方面好像是规律性的，另一方面好像还代表着种种善意、种种美好、种种希望等。

那么，既然整个世界是由天理所掌控和支配的，为什么还会有邪恶的东西存在？这是一个不好回答的问题。宋明理学不是宗教，至少不是基督教那种意义上的宗教，但既然要论证整个世界的合理性，自然也面临如何解释现实世界中为何存在"恶"这样的问题。

世间为什么会有邪恶？基督教总是在面临这个问题。后来，特别在莱布尼茨以后，这个问题通常被称之为神义论（Theodicy），以前经常被翻译成神正论，实际上就是要解决这个问题：既然神全能而又仁慈善良，为什么世间还会有邪恶？可以说，困扰着奥古斯丁，使奥古斯丁脱离摩尼教而最后皈依基督教，而且在他的很多著作里面不断地试图探求和解决的，也是这样一个问题。

基督教历来都在强调：世界还有邪恶存在，是因为上帝虽然对人仁慈无比，对人怀有最毋庸置疑的善意，但是他必须给人赋予一个基本的特征，那就是要让人有自由意志（free will）。人有了自由意志，就会做选择，有了选择就会犯错误。

古希腊有人讲过一个寓言，说有一头驴，如果它的两只眼睛视力完全一样，两个鼻孔嗅觉同样灵敏，在距离同样远的地方，放两堆质地完全一样的干草，那么这头驴最后肯定要被饿死，因为它没有理由先吃任何一堆。如果它是一个驴子哲学家的话，肯定最后只有被饿死一途。因为它没有办法做选择，没有任何更多的理由来支配它选择左边这堆而不是右边那堆，最后只能徘徊于左右两堆干草之间，活活地被饿死。为什么？因为决定驴子的选择的，完全是外在的因素，而相对的外在因素完全相同时，它就无法进行取舍了。自由意志则不同，自由意志就是无论外界有多少因素推动我，我总是能够有自主的成分在，我总是能够自主地做出选择。比如说，我受的是什么样的教育，我的家人是些什么样的人，我处在一个什么样的环境，有很多因素驱使我来做出某一种选择，但我还是可以不，我不做这样的选择，我还是有自主的成分在里头，这就是自由意志。

人类究竟是不是真的有自由意志，这是一直在反复讨论的一个重要问题。有人坚定地认为，人必须有自由意志。因为如果没有了自由意志，法律和道德就都没有了基础。为什么我们要夸一个人是好人？为什么法律要惩罚一个人？我们夸一个人是好人，是因为他原本可以不这么好的，而他偏偏这么好了，我们才夸他。如果一个人拥有良好的基因，从小就生活在蜜罐里面，父母都是道德楷模，老师又全都是正人君子，在社会上遇到的所有人都对他倾注了无限的善意，最后他没有办法不做一个好人，他甚至连产生一个坏念头的机会都没有。如果是这样的一个人做出了一个善的行为，那完全是一个自然的行为，他没有选择，那我们凭什么表扬他，夸赞他？

同样地，如果一个人从小就处在一个极其恶劣的环境下，如果他的基因就是一个天生要犯罪或者要对别人进行各种各样侵犯的基因，一切的因素都注定了他最后要犯罪，那我们有什么资格在道德上谴责他，有什么权利在法律上来惩罚他？所以，道德和法律都必须有一个既定的前提：人是有自由意志的，是可以有所选择的，是可以有所为、有所不为的。所以，法律和道德的存在，必须有这个前提，一个人如果干了坏事，或者侵犯了别人，那么必须要在道德上和法律上付出代价。因为他本来可以不这么做的，他有自由意志，他可以做出选择。

基督教，至少在很多基督教的传统或者很多基督教的思想家那里，是强调人有自由意志的，并且强调说，世间会有邪恶并不是上帝缺乏善意，并不是上帝能力不够，而是因为上帝爱人，他要赋予人自由意志。而人一旦有了自由意志就可能会犯错，就有可能犯下罪孽。这当然在一定的程度上可以解释世间为何会有罪孽。但是，一旦人世间出现了巨大的邪恶，而且这种罪孽超过了人们所能够想象和容忍的限度时，人们还是会发出疑问：难道自由意志被赋予了人类，他就可以犯下这样让人最终无法承受的重大罪孽吗？这始终是一个不大好解说的问题。

我们先谈和这个问题相关的一些事件，然后再回到这个问题上来。18 世纪中期，1755 年，葡萄牙的首都里斯本发生了一场地震。有记载说，这场地震一共死了六万到十万人，占里斯本这个城市人口的四到五分之一，是人类历史上破坏性最大、死伤人数最多的地震之一。灾难中当然也会有一些婴儿，他们连罪孽都来不及犯下，来不及有任何罪恶的念头，就丧失了生命。里斯本地震在当时给人们的震动非常大，很多基督教内部的思想家和很多反基督教的或者基督教外但不反基督教的思想家，都卷入了这场讨论：这个世界究竟怎么了？为什么世间会有这样的罪孽发生？如果还有上帝存在的话，他为什么会容忍这样的罪孽出现？这就是后来思想史上非常有名的一场争论。

当时欧洲思想界的很多重要人物，都针对这个事情发表了自己的见解和评论，包括伏尔泰、卢梭。甚至连当时已去世很久的莱布尼茨[①]——就是那位著名的数学家、逻辑学家、哲学家，同时也是一个学术活动家——都被卷入了这场辩论。

莱布尼茨有一套理论来解释这个世界的合理性，那的确像是一个典型的数学家的理论。他说，世间有种种邪恶，你怎么来论证世间存在邪恶和上帝至善至美、全知全能，这一切是相容的呢？他的命题大概是说，现有的世界是逻辑上所可能有的世界当中最美好的一个。这很像是一个数学家的哲学吧？逻辑上说，可能有的世界有很多个，可能有的最好的世界是善的总数减去恶的总数，余数最大的一个。

但是，有没有可能只有纯粹的善，而没有那种带有恶的善呢？或者说，有没有完全的不掺杂任何不好的、痛苦的、不那么纯粹的因素的善呢？莱布尼茨的基本立场是说没有。因为世间万物的性质就决定了，没有任何事物会是纯粹的只有一个方面的性质。比如没有苦的滋味，我们就感受不到甜；没有饥饿，就感觉不到饱餐一顿的愉快；没有非常口渴的时候，就没有喝了一大杯水后畅快淋漓的快感。世间事物的性质就决定了它不会是纯粹的善，任何善都必定是和某种程度的恶相伴而行的。即使是创造整个世界的上帝也不能够违背事物的本性，他不可能创造出一个纯粹的善的事物。纯粹的、没有任何杂质的善是

[①] 莱布尼茨（Gottfried Wilhelm Leibniz，1646—1716），德国哲学家、数学家，历史上少见的通才，被誉为"17世纪的亚里士多德"。

不存在的。所以，逻辑上所可能有的世界，就是善的总和减去恶的总和，余数最大的一个世界。

然后莱布尼茨论证说，我们现实的世界恰好就是这个世界。既然现实的世界就是逻辑上所可能有的最美好的一个世界，那么上帝的至善、上帝的全能和现实世界当中还存在邪恶，好像就得到了调和。

我们这里要说的是伏尔泰①——启蒙运动的人格化身，天才的、诙谐的伏尔泰。伏尔泰的小说《老实人》谈的就是这个问题。

老实人是一个好得不能再好的人，但是老实人又是一个倒霉得不能够再倒霉的人。老实人一生下来就无比善良、无比老实，但他又一连串地碰上了各种各样的厄运。尤其不幸的是，他身边还有一个莱布尼茨哲学的忠实代言人或曰莱布尼茨的化身，叫作邦葛罗斯博士。邦葛罗斯博士在老实人身边所扮演的主要角色就是，每当老实人碰到坏事，邦葛罗斯博士就用莱布尼茨那套论调向他论证说，虽然你碰到点坏事，但是这个世界仍然好得不能再好。他们遇到了战争，遇到了风暴，遇到了各种各样的坏事，当然就遇到了里斯本大地震，许多无辜的人都丧失了生命。但是几乎在每一个场合下，邦葛罗斯博士即便不能说服别人，也总是能够说服自己，这个世界仍然是那么美好。到了最后，他们经历坎坷，目睹了人世间太多的惨剧，邦葛罗斯博士都不好意思把这句话说出来了，老实人他们最后得出来的结论是说，还是要耕种好自己的园地。

---

① 伏尔泰（Voltaire，1694—1778），18世纪法国启蒙思想家、文学家、哲学家。

这是一部哲理小说，但是也可以说，通过它透视出来的是基督教整个思想史上面对的一个大问题，是因为1755年里斯本地震这场劫难，对基督教内外的人们所造成的一场思想上的震荡。每当人间出现巨大的惨剧和灾难，人们总是会发出这样的疑问。一个虔诚的教徒，一个相信有一个至善的、全能的神存在的人，当然会发出这样的疑问。即使我们不相信某个人格神的存在，但是我们希望一个人行为美好，希望一个人有品德，希望美德在世间能够弥漫开来，我们总是不由自主地觉得，这个世界需要给人的美德以更坚实的根基，所以我们也会发出同样的疑问。

20世纪初，人类文明通过前两个世纪的工业革命和科技进步，取得了前所未有的进步。但是，第一次世界大战就打破了人类永远在进步的这么一种乐观的看法。第一次世界大战让人们第一次见识了重型武器，坦克、飞机被运用到了战场上来屠杀自己的同类，第一次见识到了毒气的大规模使用。那时候人们已经认为自己是开了眼界了，但没有想到人类屠杀自己同类的能力能够进步如此神速，仅仅过了二十几年，第二次世界大战又使得第一次世界大战变成了一个大巫面前的小巫。一直到现在，第二次世界大战留下的一个重大遗产，就是纳粹的大屠杀。大屠杀后来成为一个专门的词，Holocaust，特指纳粹对犹太民族的有组织的种族屠杀。大屠杀给犹太民族带来了非常深远的影响，对现实政治也产生了巨大的影响。

我们都知道，犹太民族很早就失去了他们的祖国，甚至在有的地方发生种族融合，变成了各种不同颜色的犹太人，但是他们仍然神奇地在两千多年没有一块国土的情况下，基本保持了自己的宗教和民族特性，而且还在第二次世界大战之后，重新在耶路撒冷附近恢复了一个自己的国家。虽然犹太复国主义（Zionism）孕育已久，但是如果没有第二次世界大战当中纳粹德国对于犹太人的迫害、灭绝，以色列的建国运动大概也不会变得如此顺利。

第二次世界大战当中，德国人屠杀了约六百万犹太人，其中好几个集中营以大规模地屠杀犹太人而著称，这里面最有名的就是奥斯维辛。一般认为奥斯维辛至少屠杀了一百五十万犹太人。这些德国人，我们今天觉得他们做尽了惨绝人寰的事，想象不出他们是些什么样的人，仿佛这样一些杀人恶魔应该属于跟我们常人不一样的物种。实际上他们和今天的德国人，或者说和歌德、贝多芬时期的德国人，并没有什么特别明显的不同。所以这是一个难以解决的问题，以后我们还会回到这里，来讨论现代思想史上的一些重要问题。

对于很多人来说，大屠杀好像是人们所能够想象的最大的人间惨剧，是一桩最大不过的邪恶。第二次世界大战爆发不久，纳粹对于犹太人的屠杀，就已经开始有计划、有步骤地实施了。当时的犹太人团体收集到了很多证据，希望把这些证据传递出去，而且有人成功地传递出去了。那时候犹太人在美国已经很有影响力了，有影响的犹太人集团想要用这些证据来影响美国政府。但是，那个时候绝大部分的美国人都不相信。

一方面是觉得，旧大陆要乱就让它乱去，我们新大陆最好不要去搅那潭浑水。我们知道，珍珠港事变之前，孤立主义情绪一直在美占据绝对的优势地位。很多人认为，犹太人炮制出这些证据来，是想让新大陆去帮他们火中取栗，去卷入他们的冲突。

另外还有一种根深蒂固的信念认为，战争当然会死人，战争中当然会出现很多惨绝人寰的事情，但是，出现了康德、歌德、贝多芬这些人的一个民族，怎么会要杀戮一个产生了马克思、爱因斯坦和无数杰出的科学家和艺术家的民族，怎么可能会进行这样一种种族的屠杀和灭绝呢？人们不相信。甚至1944年、1945年胜利进军东欧、西欧的苏联红军在解放了若干集中营以后——苏联红军应该是见多识广的了——看见了这些集中营，看见了那么多头发，那么多牙齿，那么多原本是挂在活人头上的眼镜架，都感觉到无比震惊，超出了想象。而且干出这样恶行的人，恰恰是欧洲腹地具有高度的文明和文化的民族。

奥斯维辛之后，如何言说上帝？

"奥斯维辛之后，写诗是野蛮的。"①

这些都是后来的名言。是啊，面对这样的人间惨剧，写诗是野蛮的，面对这样的人间惨剧，怎么来谈论上帝，怎么来解释世间有恶？所以第二次世界大战和奥斯维辛对于整个基督教神学的影响是非常大的。总不能说上帝爱人，他在庇护人的同时也给人赋予了自由意志，只不过不巧这个自由意志被用来屠杀了六百万犹太人。如果这是自由意志的恶果的话，那么如何来解释神的仁爱、神的全能，这

---

① 出自西奥多·阿多诺《棱镜》。

是一个非常麻烦的问题。所以后来西方神学的形态，可以说受这样事件的影响非常大。这些问题不仅对于基督教、对于其他宗教来说会真切地发生，对于我们即使没有特定宗教背景的人来说，也同样会真切地发生。

奥斯维辛对于当代神学的影响，大家可以自己去阅读，我们先回到奥古斯丁。既然后世在神义论这个问题上还会有这样多的麻烦，我们当然不可能设想说，奥古斯丁就已经提供了一个圆满的解说。但是可以说，在基督教早期的历史上，奥古斯丁把这个问题非常鲜明地呈现出来了。令奥古斯丁内心不得安宁，促使奥古斯丁最终皈依基督教，促使奥古斯丁进行了很多神学的思辨，要寻求自己的安身立命之地的，就是这一问题。

什么是恶？在奥古斯丁看来，可以把恶理解为一种消极的、负面的东西，就像疾病是健康的状态不存在了一样，恶就是善的状态不存在了或者不够完满的这样一种情况。善是充实的，是完满的，但一旦这个善出现了缺失或缺陷，出现了不完满的状况，恶就会趁机而上。但是，既然世间最终是由那样一个全知全能、无比仁慈的上帝所主宰着，整个世界最后的合理性、最终的善的性质，终究能够得到保障。

这个解说当然是非常符合基督教的基本教义的，但是对于后世的我们，无论是基督教徒还是面临同样困惑的人，都不能够满足。否则的话，里斯本地震乃至奥斯维辛对于基督教神学的冲击就无从谈起。可我们想说的是，这个问题在他那里以醒目的姿态出现了。对于一个宗教信徒，对于一个有着宗教传统的人来说，存在着这个问题；对于没有特定的宗教传统的人来说，这个问题也可以同样真切地存在着。因为，对善恶是非的判定，引发人们对这些问题进行思考，或者甚至于动摇了人们对于世界合理性的信念的那些事件，就真实地出现在我们每个人的生活境遇之中。

这是我们要涉及的奥古斯丁的一个非常重要的方面，关于善恶的思考在《忏悔录》的不同篇章里面也有不同程度的涉及，所以上面我们结合了更加宽泛的背景来谈。

奥古斯丁的时间观念

我们还要讲讲奥古斯丁的时间观念。

从古希腊以来，时间就既是一个自然科学的问题，又是一个哲学问题。当然你也可以说，空间同样既是一个自然科学的问题，也是一个哲学问题。但空间好像是外在于一个人的精神世界、外在于一个人的灵魂，而时间的性质仿佛更与人的精神内在相关，所以人们总觉得时间更加神秘。后来的牛顿、莱布尼茨、康德、爱因斯坦也都是要讨论时间问题的。奥古斯丁对时间的讨论是比较深入、系统的，所以后来讨论时间问题的哲学家们，都经常会回到奥古斯丁对于时间问题的某些论述上面。

怎么来看待时间？人们经常会从基督教的背景下，发出这样一种疑问。比如《创世记》里面说，上帝创造了世界，上帝的语言有一种神奇的功能，上帝说要有什么就有什么，然后上帝创造了世界。后来的圣经学家来解释上帝创造世界的时候，有人就要准确地说，上帝是在多少年以前创造了世界。所以，信徒或者非信徒往往都会提出这样的问题：上帝既然是永恒的、无限的，为什么拖到了六千年之前才创造了这个世界，难道在此之前上帝是无所事事的，像奥古斯丁年轻时期一样游手好闲吗？在创造世界之前，上帝在干些什么？可以说，奥古斯丁时间学说的第一条，就是要谈这样的问题。

奥古斯丁的时间观念，一上来就强调，世界和时间共存。上帝创造了世界，这才有了时间。在上帝没有创造世界之前，无所谓时间，上帝是在时间之外的。上帝在创造了世界的同时，也创造了时间，时间不能够限制上帝，如果时间能够限制上帝，上帝就不是无限的，就不是永恒的。人是因为在时间之中，所以才红颜易老，才感觉到人生易逝，才能够察觉人生的短暂。世界和时间同在，所以，问创造世界之前上帝在做什么是没有意义的。既然时间不能约束上帝，那么对于人来说，时间是什么？我们总是说时间分为过去、现在和未来。过去已经逝去，未来还没有到来，现在是什么？这是一个难以回答的问题。而对于上帝来说，没有过去、没有未来。如果我们硬要用过去、现在、未来这样的方式来谈论上帝，那么，对他而论一切都是永恒的现在（eternal present）。

奥古斯丁对过去、现在、未来的讨论，完全可以从脱离了神学背景的纯粹哲学的意味上来阐发。奥古斯丁说，把时间分为过去、现在、将来三类是不确当的。过去,在某个时刻也曾经是现在,只不过已经过去了。将来在某一个时刻也会成为现在,只不过还没有到来。所以,他的说法是,时间可以分为过去的现在、现在的现在和将来的现在三类。那什么是现在?最近这一百年是现在吗?不是。最近这一年是现在吗?好像也不妥当。最近这一个月,最近这一个星期,最近这一天,最近这一个小时,最近这一分钟,每当我说是现在的时候,那个瞬间就已经过去了。时间总是在匆匆地过去。朱自清的散文中说:"洗手的时候,日子从水盆里过去;吃饭的时候,日子从饭碗里过去;默默时,便从凝然的双眼前过去。"①每当你想领悟现在的时候,它就已经成了过去。现在好像缩小成了一个简直无从把握的点,而过去和未来好像可以无穷延伸,可以把现在挤占得无比微小。人的确是生活在时间之中,生活在现在,但这个现在好像又是一个人永远无从把握的对象。

那么我们怎样来看待时间?奥古斯丁最终的基本思路是用人的内在的、心理的状态来掌握、看待和理解时间的。过去只是过去的现在,将来是将来的现在。"这三类存在于我们心中,别处找不到,过去事物的现在便是记忆,现在事物的现在便是直接感觉,将来事物的现在便是期望。"②过去、现在、未来最终就被解说成与三种不同的思想状态相对应,那就是,人的主观感觉可以分成记忆、注意和期待,与它们相对应的时间段就成了过去、现在和未来。

---

① 引自朱自清的散文《匆匆》。
② 引自奥古斯丁的《忏悔录》。

我们前面讲，如果仔细追究起来，现在好像是一个无穷小的点，而过去和将来是在拼命地挤占现在所占有的那点微小的空间。我们经常用空间化的语言来描摹时间，说时间流逝，时间像流水，还说时间好像是不断地伸展着的。但是，到底是什么东西在伸展呢？你看奥古斯丁这句话："……我以为时间不过是伸展，但是什么东西的伸展呢？我不知道。但如不是思想的伸展，则更奇怪了。"[1]那就是说，他最终还是认为时间的伸展最终还是思想的一种伸展。

奥古斯丁在《忏悔录》的第十一卷谈到时间问题的时候，感慨道："那么时间究竟是什么？没有人问我，我倒清楚，有人问我，我想说明，便茫然不解了。"当然，还有很多问题让我们的感受也跟奥古斯丁一样，你不来问我，我还清楚，你一问我，我反倒糊涂了。苏格拉底之所以令人讨厌，就是他经常问别人很多问题，别人原本以为自己是清楚的，结果被他一下子给问糊涂了。但是思想家要做的就是追索这些问题，就是要让我们认之为当然的思想前提重新受到质疑，让我们的生活、我们的人生经受各种各样的审察，用苏格拉底的话来说，只有经过省察的人生，才是值得过的。

奥古斯丁对时间问题的思考不能让我们完全满意，就好像他对于善恶问题的思考并不能让我们满意一样。但是这样一种在古希腊文化、在基督教传统的背景下所鲜明地提出来的问题，并不是一个死问题，它对于我们来说还是活生生地呈现出来的问题。他的思考虽然不

---

[1] 引自奥古斯丁的《忏悔录》。

能让我们满足,但是他的思考在很多时候还能激发我们进一步的思考。20世纪讨论时间问题的大哲学家——法国的柏格森[①](他的重要著作《自由与时间意志》)、德国的海德格尔[②](他的重要著作之一《存在与时间》),在对时间问题的思考上,都不同程度地受到了奥古斯丁的影响。

关于奥古斯丁我们就讲这么多。他虽然生活在古罗马帝国的晚期,但也可以说是中世纪早期的一个非常重要的思想家。从他身上,我们一方面可以看到中世纪神学的某些层面的特征,另外一方面也可以看到,这个神学家对某些问题的思考,与时间上相隔遥远而且并没有宗教传统的我们,仍然可以有很多关联。

[①] 柏格森(Henri Bergson,1859—1941),法国哲学家、作家。
[②] 海德格尔(Martin Heidegger,1889—1976),德国哲学家。

第三讲

马基雅维利

君主必须是一只狐狸以便认识陷阱,
同时又必须是一头狮子以便使豺狼惊骇。

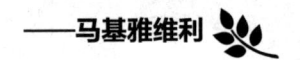

——马基雅维利

我们阅读历史、思考历史时，总是猜想或者不知不觉地假定，什么样的因素对于历史过程的影响最大。但正如我们前面所说到的，不同的人、不同的历史学家、理论家在关注人类过往经历的时候，使得他们彼此之间产生分歧的，往往正是这样的问题：究竟是哪些因素对人类历史过程产生了巨大影响，对我们今日的生活面貌起着决定性的作用？它们之间相对而言的重要性又该如何看待？

历史学家应当力求客观，忠实于历史，用事实说话，这是一般的常识。固然，我们在研究过去时，就像法官断案一样，必须探寻事实。但是在具体实践中，确认史料的真实性是一方面；另一方面，即使从大家都认可的事实出发，也不见得就一定能得出一致的结论。传统的历史学关注更多的是帝王将相的作为、金戈铁马的战争、充满血腥气和传奇色彩的宫廷政变等等，这样一些看似有声有色的演出，好像最直观地影响了人类的生活。但现代史学会有很多不同的看法。法国重要的历史学派——年鉴学派就认为，如果把人类的历史过程当作奔腾不息的水流，最引人注目的是水流之上的那些泡沫，因为它们能指示水流的速度和方向，而真正影响着水流的，却是更深层的潜流。有些事情看起来热闹非凡，但对于人类生活形态的影响，并没有表面看上去那样大；而有的变化似乎悄无声息，甚至都不大有人注意到有如此这般的事情在发生，却对后世产生了莫大的影响。

比如，中国很多重要的农作物，都是在明朝中后期由美洲传来的舶来品，像玉米、番薯、马铃薯、烟草、辣椒等等。南方不少省份的人，都号称自己的口味是"辣不怕、怕不辣"，实则辣椒进入中国人的食谱是很晚近的事情。与这种表面上看起来波澜不惊的事情相联系的是，清朝初期中国人口出现了大幅度增长，而这种增长与传统社会的人口增长模式是完全不一样的。因为占据中原地区大多数人口的主流族群，以前都是以小麦和水稻作为主要食物来源的，现在他们获得了更多的食物来源，番薯和土豆的产量也更大，能够养活更多的人，人口的大幅度增长就因为新作物的引入而成为可能。还有一点，这些农作物包括玉米，都可以在山区坡地上生长，这使得主流族群有更强大的动力去利用原来觉得用处不大的山地，迫使少数族群进行迁徙。到丽江去看看纳西族的民族服装，会发现他们的衣服上有好几条彩线，照纳西族人的说法，每一条都表示他们在迁徙过程中经过的一条大河。新作物的传入和大规模种植，在当时并不是什么惊天动地的大事，但对特定地域人类生活的影响，实在是不容小觑。对现代西方社会的形成和发展造成影响的很多因素，也可以作如是观。

进入现代部分，我们要讲的第一个人物是马基雅维利[①]。马基雅

[①] 马基雅维利（Niccolò Machiavelli，1469—1527），意大利文艺复兴时期的政治思想家和历史学家。

维利在西方很长时期名声都不太好,他的名字后面加上一ism,就成了一种主义——马基雅维利主义(Machiavellism)。马基雅维利主义经常让人联想起来的,是这样一种见解:政治是肮脏的,而政治家要做的事情就是为达到目的可以不择一切手段。据说,这就是马基雅维利最重要的教诲,许多政治家内心都非常赞同,而表面上肯定要和他划清界限。

在马基雅维利生活的时代,欧洲历史发生了一个重大的转变,那就是从古代的传统社会发展到了现代。特别是西欧,率先从传统社会、从中世纪进入到现代社会。那么现代社会具有些什么样的特点?它是通过哪些重大的变化而进入到了这个新的、相对来说我们比较熟悉的这个形态的?这是我们首先需要花点时间来讨论的。

需要事先说明的是,在中国我们把近代和现代做了一个区分,喜欢说近代、现代。但在西方,与这两个词同义的就只有"modern"一个词。我们现在跟国际接轨,只说现代,不说近代了。标志着西欧步入现代社会的,有一系列的重大的事件。我们来对这些事件作一些介绍和评论。

地理大发现和文艺复兴

标志着西欧步入"现代"的重大事件之一:地理大发现。

地理大发现,主要指的是以1522年麦哲伦及其船员们完成环球航行为高潮的一系列地理探险活动。地理大发现使得欧洲发现了更加广阔的世界，使得他们的原材料来源、未来商品倾销的市场以及劳动力的来源地有了极大的扩张，这对于现代西方社会的崛起来说是一个必不可少的条件。

哥伦布发现了新大陆，麦哲伦完成了环球航行，达·伽马开辟了绕过好望角的航线，这些都是地理大发现中的重要人物，他们的名字我们已经耳熟能详。我们经常会有一种疑问：如果不是历史上这些非常重要的人物，做了一些非常重要的事，这个世界会不会还是现在这个面貌？这是一个非常难以解答的问题。帕斯卡就曾经提过一个这样的命题。罗马共和国后期有一位埃及女王——伊丽莎白·泰勒演过的电影《埃及艳后》的主人公，名叫克丽奥佩特拉（Cleopatra）。她因为既拥有巨大的权力，又美貌无比，所以在恺撒、安东尼和屋大维之间扮演了特别重要的角色。帕斯卡有一句名言："要是克丽奥佩特拉的鼻子长得短一些，整个世界的面貌就会改变。"① 克丽奥佩特拉如果只有权势而没有美貌，她对于这些政治人物的吸引力就会大打折扣。我们知道，美貌的要求是非常严格的，增之一分或减之一分都不行，何况是在鼻子这么关键的部位上。帕斯卡是借此讲历史有很多偶然性。

我们今天也有很多人会有种种的假设。像"假如慈禧太后在光绪变法之前就已经死了，中国将会是什么样"，这样的问题当然可以无穷地追问下去。但是我们也可以说，这些偶然性的作用也许并不如我

---

① 引自帕斯卡《思想录》（何兆武译）。

们想象的那么大。可以肯定地说，没有地理大发现，尤其是没有哥伦布发现新大陆，整个现代世界的面貌肯定会有很大的不同，因为地理大发现是构成西方在现代世界、在整个地球上占据优势地位的一个核心事件。

然而，如果不是哥伦布，在那个时期或迟或早也一定会有别的人发现新大陆，因为新大陆就摆在那里，而在当时的西欧，无论是葡萄牙、西班牙还是别的国家，每年都有无数的探险家踏上探险的征途。在别的方面我们也有类似的例子，比如对于现代科学乃至于对于现代文明的影响非常大的微积分，即使不是莱布尼茨，还有牛顿也独立地发明了微积分，这已经被证实了。

所以，一个人的名字，和他所做出的事迹之间，有时候并不见得就能够完全画等号。没有哥伦布大概也会有新大陆的发现，没有莱布尼茨实际上也可以有微积分的发明。当然，这并不等于说偶然性就完全被排斥了。我们只是说，有时候对这样的问题可以再细分，再做进一步的剖析。

标志着西欧步入"现代"的重大事件：除了地理大发现，还有文艺复兴、宗教改革和科学革命。我们会选择相关的论著，来回顾这些标志着西方由传统社会步入现代社会的重要事件。

先说现代，现代社会和传统社会的一个重大差异，就在于整个经济发展的模式非常不同。用我们所熟悉的话来说，传统社会是一个简单再生产的社会，它的基本生产方式和生活方式长期没有发生过重大的变化。而现代社会一个非常重要的特点，就是不断地在变化，它不断地在发展，经济发展尤其是以扩大再生产的方式来进行的。我们今天所熟悉的许多现代生活的因素，在古典的希腊罗马、在中世纪都不存在，而是在现代社会诞生的过程当中逐步呈现出来的。这些因素既包括经济发展方式上的大不同，也包括整个社会的、政治的观念发生了巨大的变化。既涉及民主、自由、人权这些现在各种意识形态的国家都认可的、普适的价值开始得到了确立，还涉及现代科学的飞跃发展以及所带来的思维方式的根本变化等等。这些因素是我们先后会接触到的。

我们先从文艺复兴入手，来谈谈现代社会在诞生之初所出现的一些变化。文艺复兴，通行的说法是，在14世纪到16世纪之间，以意大利为中心所出现的这么一个社会文化上的大变动。文艺复兴有一个专门的词Renaissance，这是个法文词，相当于英文里面的rebirth，再生。因为文艺复兴在表面上，尤其是在刚开始的时候，显得像是古代希腊、罗马的文化重新复活，重新焕发出了生机和活力一样。当然，我们更确切地知道，虽然文艺复兴在很大程度上采取了借古希腊、古罗马的古典文化重新复活的形式，但是实际上已有了全新的不同的蕴含。

文艺复兴为什么会出现在意大利或者是以意大利为中心？

因为，社会、政治、文化的变化，总是跟经济的变化相适应而发生。在14世纪到15世纪前后，整个意大利半岛的经济发生了巨大的变化，通俗点说，就是资本主义的生产方式在那时的意大利得到了长足的发展。用马克思、恩格斯的话来说，在14—15世纪的时候，地中海沿岸的一些城市里面已经开始出现了明显的资本主义萌芽。所谓资本主义的萌芽,就是指社会经济的发展方式开始有了很大的变化。而资本主义不仅是一个生产方式的问题,还涉及精神因素、文化因素以及法律、政治的因素等。这是我们随后讲到宗教改革的时候,还要从别的角度来阐明的。这么一个大的变动之所以出现在意大利,当然还有其特殊的原因。

首先,意大利处于一个得天独厚的地理环境之中。从古罗马帝国后期到整个中世纪,西方世界的核心就是围绕着地中海来发展的,整个文明世界对于西方人来说,就是以地中海作为内湖、作为核心地带而得到发展的。而意大利处在整个地中海北岸的中部,它连接着北欧,连接着西欧、中南欧和小亚细亚,是地中海世界的一个交通要道和主要的贸易通道,这使得意大利的经济发展有了得天独厚的条件。

要知道,地理位置对于特定地域在历史发展过程中的影响是很大的。比如,英国在现代史上的崛起是非常晚的事,现代之初在西欧舞台上唱主角的先后是西班牙、葡萄牙和荷兰。英国真正地成为引领整个西欧世界的一个强国,是到了 16 世纪、17 世纪以后的事。这中间一个重要的因素,就是新大陆的发现。新大陆的发现,使得原来处于偏僻一隅的英伦三岛变成了欧洲通往新大陆的前哨,这个变化是非常之重要的。

优越的地理环境以及别的因素带来的经济发展,是意大利当时在整个西欧占据了优势地位的一个原因。那个时候,意大利各个城市的工商业高度发达,经济的高度发达使得许多在中国甚至是到了最近几十年来才熟识的经济生活当中的一些因素，在那时就已经出现了。比如，贸易的发展也带来了麻烦，因为意大利政治上处于高度分裂的状态，做生意结算非常不方便，各种不同的货币怎么结算成了很现实的问题，所以银行业、汇兑业务等逐步发展起来。又比如，欧洲长期从东方世界运来香料，也从别的地方运送特产，这本身是一桩非常发达、一本万利的买卖，但是也有很大的风险。如果碰上了海盗或者暴风雨，就有可能血本无归。怎么样能够保证正常的生意进行呢？保险业在这个时候也应运而生了。这样的因素我们还可以列举很多。也就是说，当代经济生活当中的一些重要因素，在那个时候的意大利就开始逐渐地发展起来。这些新的因素对于人们的思想和生活方式产生了非常大的冲击。

文艺复兴时期的意大利在政治局面上和古希腊的雅典、斯巴达时代有点相似。虽然整个意大利半岛的人很早就有了意大利是一个统一的民族、应该成为一个统一国家的意识，但是在实现民族的统一、完成现代民族国家的创建过程当中，意大利可谓步履蹒跚，进行得非常艰难。

这其中一个非常重要的原因就在于梵蒂冈的存在、罗马教廷的存在。教皇的至高权力和他居于核心的那样一个政治实体的存在，能够起到的作用可以说是成事不足，败事有余。要靠教皇来统一意大利好像做不到，世俗的权力和他抗争得非常厉害，但是他却有足够的能力来破坏别的势力统一意大利的企图。所以，意大利在政治上是长期分裂的。

但是在过往文明发展的过程当中,有时候政治上的分裂对于思想文化的发展来说,不一定是一件坏事。大名鼎鼎的哲学家、数学家,而还得过诺贝尔文学奖的罗素,就曾经评论说,人类历史上文明的几个高峰期都不是在大一统的时候,而是在政治上高度分裂的时候出现的。他列举了古希腊、先秦时期的中国、文艺复兴时期的意大利,还包括19世纪初的德国。当然,我们也可以说,现代文明的成就之一——这个成就也许并不是所有人都会肯定的——就是一个高度统一的国家也能够允许学术和思想的自由发展。但是这样的条件至少在以前是不存在的。

意大利的主要政治单位是城邦,就是以一个城市为核心构成一个国家。城邦之间的关系当然是非常之复杂,它们之间合纵连横,一会儿相互为敌、一会儿彼此为友,翻手为云、覆手为雨,变化非常频繁。城邦的政治形式也多种多样。政治统治的类型千变万化:有罗马教廷所控制的梵蒂冈;有的城市完全是由几个寡头来统治;有的城市是共和制,是多数人说了算。

还有的城市更奇怪,意大利人那个时候非常之富有,富有得对自己生命的珍惜到了无以复加的地步,于是要花钱雇别人来为他们打仗。众所周知,现在的瑞士是全世界最热爱和平的民族,瑞士已经都好几百年没有发生过战争了,但是大家也许不知道,瑞士曾是欧洲历史上输出雇佣兵最多的一个国家。那时候,就有很多瑞士雇佣兵被意大利富有的城市所雇用。但是你花钱买他的武力,总不如他把你取而代之,对于他来说更合算。反正都是为钱卖命,还不如自己成为钱的主人。

所以，用雇佣兵就有这个风险，有的城市就完全被雇佣兵的头领篡夺了统治权。

我们之所以专门谈到雇佣兵这一点，是因为如果你读马基雅维利的《君主论》，会看到有一些章节专门提到应该建立一支常备的国民军。为什么他会总谈这些事？就是有这样一个背景在那里。

这就是马基雅维利所处的非常复杂多变的那样一种政治局势。这种形势对于民族国家的统一来说是件坏事，但也使得个人政治才能的发挥得到了一个前所未有的广阔舞台，使得人们对政治问题的思考达到了一个前所未有的层面和高度。所以从某些方面来说，倒不见得就完全是坏事。

在马基雅维利之前，但丁就已经处在一个非常困难的位置，如果我们看过但丁的相关著作就会发现。因为还在但丁的时期，究竟应该以谁为首来完成意大利的统一，就已经成了不同党派之间殊死斗争的一个根本缘由。就像希腊的文明是以雅典作为中心的一样，意大利的文艺复兴也有一个中心，就是佛罗伦萨。文艺复兴时期几乎所有的作家、文人、艺术家甚至是作曲家，即使他们原本不是佛罗伦萨人，他们的成就、他们所受的教养、他们所做出来的事情，好多也都是和佛罗伦萨相关的，佛罗伦萨成为整个意大利的文化中心。世俗生活、经济形势发生了变化，社会结构当然也会发生变化。富有的阶层慢慢地想要发出更多的声音，

社会经济生活的变化，自然也会导致观念的变化。我们可以从文学作品中看到这一点。看薄伽丘的《十日谈》、但丁的《神曲》，都能

够真切地感受到这些变化。可以说，在整个中世纪，唯一合法的意识形态支配、笼罩着整个西方文明的思想体系，那就是基督教神学。在这样一种神学观念的支配下，现实的人生是次要的，而来世才是最为重要的。现实生活的目标，是使你的信仰更加纯洁，是使你外在的行为更加符合各种戒律，以保你来世能够获得拯救。所以现世更多的是被看作一个过渡阶段。人的欲望本身是人得救的大敌，甚至自然的美好对于人们来说也有可能是恶魔的诱惑。而一旦现实的生活发生了变化，世俗的生活变得丰富多彩以后，人的现实需要、现实的欲望满足，就变得重要起来，甚至是代表着传统的森严价值观的教会也会发生巨大的变化。

我们看《十日谈》里面，荒淫无道、男盗女娼的就是教父和修女，而这些人恰恰是应该代表最传统的道德观念的，应该是基督教德行的体现者。不过这一点也非常好理解，我们去看晚明的一些小说，比如"三言二拍"，也会看到里面那些"满嘴仁义道德，一肚子男盗女娼"的人物，往往都是儒生、道士、和尚，恰恰是这些表面上好像看来最应该遵守清规戒律的人。这也反映出整个社会的确是在经历着巨大的变化。

佛罗伦萨的长期繁荣和一个家族有很大关系，就是著名的美第奇（Medici）家族。我们看文艺复兴时期一些重要人物的传记都会发现，他们和美第奇家族往往有着各种各样的关联，比如达·芬奇、马基雅维利。文艺复兴是对现实生活更加重视、更加肯定的这样一种文化。想要突破中世纪的浓郁文化氛围，采取古典文化复兴的方式，当然是来得比较自然、比较容易的一条道路。

简单地说，文艺复兴的基本精神就是一种人文主义的精神。用瑞士历史学家布克哈特在他的名著《意大利文艺复兴时期的文化》中的论断，文艺复兴的基本精神就是人的发现。简单说来，就是以人为本。这个"以人为本"，不是我们现在强调民生的新的施政路向，而是和"以神为本"的中世纪的世界观正相反。以人为本强调，人是有价值、有尊严、有自由、有选择的，人的现实的生活是美好的、值得过的，人的欲望并不见得都应该受到压制。可以说，这是一种对于世俗生活的肯定和向往。

文艺复兴的文化繁荣和政治方面的状况分不开，这点我们刚才已谈到。用布克哈特的话来讲："政治本身成为一门艺术。"的确，不同统治形式的城邦在一起，不同的利益纠结在一起，尤其是内政和外交纠结在一起；几个强大的邻国总是希望插一脚，西班牙、法国都希望对意大利施加自己的影响，弄得意大利的政治局面极为纷纭复杂。正是这样复杂的局面，使得政治人物的才能得以充分发挥。看司马迁的《史记》，写到了先秦时期来往周旋于各国的好几位重要人物，他们的政治才能的体现和个人的业绩，离开了当时极其复杂的那种政治局面，是不能够想象的。

马克思、恩格斯都是有着高度文学修养的人，他们在评论历史事件和历史人物时，经常会有非常精彩的论断。他们曾谈到文艺复兴，那的确是一个大变动的时代，这个大变动就是封建制度的普遍的衰落和资本主义生产方式的发展。恩格斯更说，这是一个需要巨人而且产生了巨人的时代。[1]这的确是一个产生了巨人的时代。我们今天要谈到的只是其中的一位——马基雅维利。有兴趣的话,还可以去看另外一个声名显赫的巨人达·芬奇的传记。关于达·芬奇有一个比较早的、精彩绝伦的传记《诸神复活》,作者梅列日科夫斯基(Merezkovsky)是十月革命时从俄国跑出来在欧洲流亡的白俄罗斯人。达·芬奇的确很能体现文艺复兴时期的特点。人们的精神蓬勃向上,主观的世界已经远远不够人的灵魂逗留其中,人们不断地向外界开拓,充满了各种好奇心,要使自己的各种潜能都尽可能地发挥。文艺复兴的这种精神气质可以说在达·芬奇身上人格化地体现了出来。

马基雅维利的生平

马基雅维利大概没有想到,他后来能够留名青史,靠的不是实际政治上的作为,而是他政治上的希望彻底破灭以后写下来的著作。

马基雅维利生活在佛罗伦萨,这是文艺复兴时期的中心城市,也是一个政治斗争长期非常激烈的城市。比马基雅维利早很多年的但丁,就已经在佛罗伦萨感受到了政治斗争的残酷和暴虐。马基雅维利年轻的时候,曾经进入佛罗伦萨政治当局的核心层面,担任国务秘书。那时他经常往来于意大利的各个城市之间,也曾经受命到意大利周围的强国进行外交活动。可以说,他对于政治是有着丰富经历的,对意大

---

[1] 恩格斯在《自然辩证法·导言》中的原文:这"是一个需要巨人而且产生了巨人——在思维能力、热情和性格方面,在多才多艺和学识渊博方面的巨人的时代"。

利所面临的外忧内患也有非常深入的了解。他早年非常希望能够在政治当中一展身手，也有一些实际的作为，例如他已经开始筹备建立一支国民常备军。但是在后来的政治斗争当中，他所从属的那一派彻底失败了，他被赶出佛罗伦萨城，只能够居住在佛罗伦萨的郊外。

15世纪末期，佛罗伦萨有一个非常极端的教士叫作萨伏那洛拉①。跟其他地方在社会转型期出现的一些极端派人物一样，他指责人们在现实的生活里面毫无道德，过分淫荡。他指出，只有纯洁大家的信仰，端正人们的道德，才可能有一个美好的现实生活。在人心扰攘不安的时期，这样一种回到纯洁安定的状态的主张，产生了非常大的影响。甚至有一个时期，萨伏那洛拉成为佛罗伦萨的实际统治者。但是在对手聚集了足够的军事力量以后，他被彻底地打败，还丢掉了性命。这也给马基雅维利一个深刻的教训：一切的政治权力最后都离不开实力，尤其离不开武力做后盾。用我们熟悉的话来说，枪杆子里面才能出政权，实力政治是最重要的。

马基雅维利从政的时期，还曾经有一个人给他留下深刻的印象，我们看《君主论》的时候就会看到这个人——切萨雷·波吉亚②，前面的"切萨雷"实际上是从恺撒（Caesar）这个词变化来的，包括沙皇（Czar）这个词，都是由同一个词变来的。我们都知道恺撒一辈子

---

① 吉洛拉谟·萨伏那洛拉（Girolamo Savonarola，1452—1498），意大利宗教改革家，佛罗伦萨神权共和国领导者。

② 切萨雷·波吉亚（Cesare Borgia，1475—1507），教皇亚历山大六世的私生子，瓦伦蒂诺公爵。

没有当过皇帝，他正准备称帝的时候，被共和派刺杀了，但是后来的皇帝都以恺撒的名字作为尊称。切萨雷是教皇亚历山大六世的儿子，如果在教会戒律森严的情况下，教皇有儿子本身是非常荒唐的事，但是这个体制在西欧统治了一千来年之后，这样的事已经见怪不怪了。基督教会在中世纪的后期已经是非常腐败了，以后到宗教改革的专题当中，我们还会回到这个论题上来。

切萨雷·波吉亚不仅有教皇父亲作为后盾，在马基雅维利看来，他本身也是有很多值得肯定和钦佩的政治品质。有一个时期，马基雅维利甚至寄希望于他，觉得没准儿将来统一意大利靠的就是他了。因为他非常冷酷而有智谋，懂得为了达到自己的目的要采取什么样的手段，并且他好像总能够找到最好的办法来迅速地实现自己的目标。可是后来这位切萨雷·波吉亚也失败了，也丢掉了性命。马基雅维利在《君主论》里面总结了他失败的原因，并为他惋惜不已。

马基雅维利在政治斗争失败之后，被驱逐出了佛罗伦萨，到城郊做起了农夫。他在书信里面谈到，他每天白天在田地里面劳作，晚上回来则换上朝服、整理仪容，开始读书，神游于古人的世界，尤其是古罗马的各种历史，他的一系列著作就是那时写出来的。这一系列著作里面影响最大的，当然就是我们要谈到的《君主论》。

但他还有其他重要的著述，比如古罗马有一个著名的历史学家李维写过一本《罗马史》，马基雅维利就写了一本书《论李维〈罗马史〉前十书》，来评李维的《罗马史》，这本书篇幅很长，顺便说一句，它也是当代研究马基雅维利最受重视的著作，冯克利的译本名为《论李维》。马基雅维利还著有《佛罗伦萨史》《战争的艺术》和一部戏剧《曼陀罗花》,《曼陀罗花》至今还有地方在上演。

他生前总是希望自己在实际的政治领域能够有所作为,但是最终,使得他在历史上留下名字的——我们不好说留名青史,因为他的名声有时候不太好——却是他的一系列著作。

《君主论》的内容及特点

《君主论》在很多人的印象当中,也不过是讲各种权术、讲各种政治计谋的一本书,在很大程度上相当于中国所说的"厚黑学"——脸皮要厚、心要黑的学问。但是,希望讲完以后,我们能够试图回答这个问题:如果它只是一本厚黑学,如果它只是倡导一些权术,如果它只是讲政治家应该用的一些计谋,而且这些计谋、权术比起中国在这一方面极其丰厚、精深博大的传统来说,实在是非常小儿科,那么它如何能够成为西方思想史上一本非常重要的著作?

《君主论》这本书看起来并不困难,没有过多学理上的探讨,更多的是联系各种实际政治事务来发挥一些感想和心得。里面涉及的主要是古罗马的历史和当时意大利的形势,没有太多虚无缥缈的思考,对我们的阅读不会造成任何严重的障碍。但是书中所涉及的很多因素,是可以从不同的侧面来探讨的,所以我们的讨论不限于他书中的内容,而是他的问题所引发出来的与更广阔层面相关联的东西,这是我们讨论《君主论》的时候要注意的。

《君主论》一开篇，马基雅维利献词就表明，这本书是要献给美第奇家族的一个人——"豪华者"洛伦佐·美第奇，因为美第奇家族那时又重新在佛罗伦萨执掌了政权。马基雅维利大概怀有一种理想，觉得他写的这本书被看到以后，自己又能够重新被起用，可是这本书并没有给他带来这样的命运，他也再没机会重返实际的政治舞台。但是这本书倒的确让他在思想史、文化史尤其是政治思想史上占有了极其显赫的一席之地。

他是这么说的："一个身居卑位的人敢于探讨和指点君主的政务，不应当被看作僭妄，因为正如那些绘风景画的人们，为了考察山峦和高地的性质，便厕身于平原，而为了考察平原便高踞山顶一样。同理，深深地认识人民的性质的人应该是君主，而深深地认识君主的性质的人应属于人民。"

他大概是说，自己作为一介平民甚至是一介罪人，为什么斗胆来写《君主论》？因为只有距离遥远的人，才能够看清它的对象。就好像我们爱说的，要想识得庐山真面目，就必须不是身在此山中。

《君主论》这本书，篇幅不长，结构也很简单。一开始是讲，各个君主国可以分成哪些不同的种类，君主应该怎么样来进行统治；还讨论一些具体的问题，比如一个君主应该让人爱戴还是让人害怕等等。后面也有些章节来讨论要如何建立正规的常备军问题，讨论命运的力量和怎样与之对抗等问题，我们会有所选择地涉及。可以说，马基雅维利这本书的一些特点是我们不大会立刻就感受到的。

这本书有一个非常重要的特点，就是它充满了人文主义的精神、充满了现代的精神。

我们看《君主论》的时候,除了提到的人名、地名太多太陌生之外,不会觉得有太大的障碍。但是我们要想到,在《君主论》之前以及之后很长的时期内,讨论政治问题的著作基本上沿袭的还是中世纪的传统。而中世纪的传统,就是基督教神学占主导的、笼罩一切的统治地位的这么一种传统。中世纪最高的学问就是神学,别的学问都是从属于和效劳于神学的,神学、法学、医学、哲学是整个中世纪的主要学科。这个传统倒是在某些形式上沿袭下来了。现在在国外读书的话,很多以我们今天的眼光看来和哲学毫无关系的学科专业,最后拿到的都是哲学博士(Ph.D.)。

在这个传统里,所有问题的讨论,都是要以神学作为既定前提的。关于某某问题,上帝怎么说,《圣经》里面怎么记载的,权威的思想家怎么说的,人们要从这些前提出发来讨论相关的问题。

我们举一个例子,在中世纪的后期,政治思想领域经常会讨论这样一个问题:我们都知道,杀死国王或君主,这无论是在中国还是在西方的传统里面,都是一个非常严重的事。中国有一个专门的用词——弑君,你不能说杀,得说"弑",这是君王在语言专用方面的待遇。英文里面也有个专门的词——Regicide,就是弑君。大家知道点儿西文构词法,Suicide 是自杀,"cide"这后缀的意思就是杀害。"Regal"则是和王室、皇家有关的意思。杀害了自己的君主,这就是弑君。人民有没有弑君的权利?人民有没有推翻甚至剥夺统治者或君主的生命的权利?在中世纪后期,人们经常会讨论这样的问题,但是,相对立的观点都必须是从基督教的前提出发来做出推论的。

比如，赞成弑君的观点认为，上帝派君主来治理人民，他本身就应该让人民保有最基本的平安的生活和物质的保障，如果一个独裁者残民以逞，如果他反而使得人民的生命、自由、财产都遭受危害，那么他就是违背了上帝的旨意，这时你起而反抗，诛杀这个君主，不仅没有违背上帝的意志，而且是增添了上帝的荣耀。

但是相反的观点，也同样是以基督教的学说作为依据的。那就是，人在现实世界所做的一切都是上帝安排的，上帝安排给你一个仁慈的君主，那是你运气好；安排一个残暴的君主，那也是上帝的旨意，是让你接受更加严酷的考验。你只有去接受，只有顺从，只有忍耐，并且把你的悲惨遭遇当作洗涤罪孽的不二法门，所以人民任何时候都没有弑君的权利。

中世纪后期经常有这样的讨论，但是即便完全对立的观点，也同样必须要从《圣经》、从上帝、从神学的基本教条出发。这是当时的基本特点，甚至包括以后我们要讲到的马基雅维利之后一些重要的政治思想家，他们讨论政治问题时，也还经常要引用《圣经》，也还经常要用神学的教条来说明问题。可是，我们看马基雅维利的著述，完全没有这些内容，这在当时是极其罕见的。《君主论》的这样一个独特之处，是单看马基雅维利这本书，我们还不太能够感受得到的。

《君主论》的独特性还有一条，那就是在马基雅维利的时代，类似的给君主提供建议的君王宝鉴一类的书非常之多，但是绝大部分的书，大概除了马基雅维利这一本以外，基本上都和孟子说的差不多，比如一个君主他本身要有德行，他要热爱人民，他要以德服人，最后才能够成为一个又仁慈又有道德又能够驭服人心的统治者。几乎所有别的人都在这么说，而只有马基雅维利不这么说，他是完全以实际政治的成败来考量一个君主的作为的。

这些特点我们只有把它放在当时的具体背景下，和同类的著作进行比较，才能够有所感受。很多人认为，马基雅维利《君主论》的一个非常重要的价值就在于，他对政治采取一种世俗的态度，完全是就政治论政治，而不是从宗教、神学的背景来谈政治。像自然科学家对自然现象客观地、中立地来进行研究一样，他对政治采取的是一种科学的精神。所以，不少人认为，马基雅维利的一个重要的成就是让政治科学化。这点我们不多谈，但是马基雅维利有一句话，是人们会经常援引来作为论据的："我觉得最好论述一下事物在实际上的真实情况，而不是论述事物的想象方面。"也就是说，讨论政治现象，要从最实际的现实状况出发，而不是从空想的理想化层面出发。这样一句话是支配着整个《君主论》和马基雅维利其他著作的一个基本原则。

我们在这儿可以提出这样一种看法，那就是古今中外，很多社会政治理论甚至经济学理论，都常会把对人性的基本判断作为自己的理论前提和出发点。中国思想传统里有关人性的讨论异常丰富。有性善论、性恶论。也有人性无善无恶论，比如有一位告子的说法："性犹湍水也，决诸东方则东流，决诸西方则西流。"还有人性有善有恶论和人有性善性恶论，前者指的是同一个人身上，也有很复杂的善恶并存的情形；后者指的是有人性善，有人性恶。可以举的例子实在太多了。比如孔子的"性相近，习相远"，虽然没有说性善性恶，但是大概意思还是性善。

孟子说人性善，他举例子说，一个小孩要掉到井里面去，你来不及有任何功利的考虑，当下就要把他救出来。"所以谓人皆有不忍人之心者，今人乍见孺子将入于井，皆有怵惕恻隐之心；非所以内交于孺子之父母也，非所以要誉于乡党朋友也，非恶其声而然也。"①在孟子看来，这就说明人性当中有善的萌芽。恻隐之心、羞恶之心、辞让之心、是非之心，这"四端"，就是仁、义、礼、智这四种善的萌芽。如果人性是善的，那么一个社会如何才能够政治清明，才能够社会和谐，才能够变成一个非常美好的、比较理想的社会呢？如果所有的人的人性中原本就都潜藏着善的萌芽，答案自然就应该是：从统治者开始做起，把你人性中善的萌芽充分地发挥出来，最后推己及人，就会成就一个王道乐土。"王道乐土"这样的词，后来日本人总用，但实际上是从孟子这儿发端的。

《孟子》里面记载，他总是栖栖惶惶来往于各个国家，见这个王见那个公，推行自己的理想。比如说见梁惠王，王见来了这么一个老头，就问："叟！不远千里而来，亦将有以利吾国乎？"——老头，你不远千里到我这儿来，要带来什么好处？孟子嫌他境界太低，就说："何必曰利？亦有仁义而已矣。"——何必谈什么利，境界太低，我们来谈点仁义。那个时候的统治者、国王都挺纯朴，孟子见齐宣王，宣

---

① 出自《孟子·公孙丑》。

王就说:"寡人有疾,寡人好色。"——我这个人有毛病,我好色,所以别跟我谈什么仁义,我够不着。我们现在说起一个人有某方面的毛病,有时候会隐讳地说,他有寡人之疾,就是从这儿来的。孟子还跟齐宣王举例子说,我听说您看到要杀一只牛衅钟,您不忍心看到牛将死的可怜样子,不忍听到它悲惨的叫声,就让人用羊代替了牛。可见您就是有不忍之心,那么您只要推己及人,"老吾老,以及人之老,幼吾幼以及人之幼",那么"天下可运于掌"。这就是孟子的一整套社会政治规划的前提,他是从人性善出发来讨论如何解决实际政治问题的。

我们也可以看一看别的时代、别的领域、别的国家的理论,是不是也有类似的情形?当然是这样。比如说,中国改革开放很多年,到了1992年邓公视察南方之后,才确定了要建立市场经济体制。大家都知道,比较早也比较完备的为市场经济做了理论辩护的,是亚当·斯密①。他的论证,可以说逻辑上也非常简单。他说,市场是一只看不见的手(invisible hand),价值规律会自发地产生作用,因为从事经济活动的人——简单地说,经济人,有一个基本的特点,那就是要追逐最大利润,什么东西的利润最高他就要生产什么。也就是说,价格信号本身,是最能够改变人的经济行为的。所以,价值规律就好像一只看不见的手一样,可以最有效地来配置各种社会资源。可以说,这样一种对于从事经济活动的人的人性的假设,是这样一种学说的基本前

---

① 亚当·斯密(Adam Smith, 1723—1790),英国经济学家、哲学家、作家,经济学的主要创立者。著有《国富论》《道德情操论》。

提。如果没有这个基本前提，这一套为市场经济辩护的理论就不太站得住脚了。

中国古典小说《镜花缘》里面，有一个君子国，君子国里面的君子都是毫不利己、专门利人的。君子国里面的君子买东西，总是想多给对方钱；君子国里面的君子卖东西，总是希望尽可能便宜地卖出去。如果从事经济活动的人，不是亚当·斯密所设想的追逐最大利润的经济人，而是君子国里面的君子，那么这一套认为市场能够最有效地配置资源的学说，大概就完全站不住脚了。

我们所列举的这些学说、理论里面，对于人性的预设，都还是非常明确地呈现了出来。当代有些影响非常大的理论，也暗含了这样的预设。像我们多次提到过美国哲学家罗尔斯，他的《正义论》是当代社会政治理论中最为重要的一部著作。这本书讨论的就是，一个社会要怎么样分配它的各种好东西才是正义的。我们不妨设想一下，假如这个问题让你来考虑，你会从什么角度来出发？我们现在假设，一个社会已经有很多很好的东西，这些好东西包括物质性的东西，比如冰箱、电脑、笔记本、飞机、冰激凌、红烧肉；还可以包括非物质性的东西，比如较高的社会地位、较受尊敬的好名声、较多的往社会上层流动的机会等等。一个社会应该怎样分配这些东西才是正义的，才能够让人们普遍认可它呢？

罗尔斯先来假设，人们处在一个最初的位置，他称之为原初状态（original position）。原初状态的特点是有一层无知之幕（veil of ignorance）挡住大家。比如我现在处于原初状态，被无知之幕所遮挡，我只了解我的状态，而不了解别人的状态，然后来在这种状况下做出选择，我觉得应该按照哪些原则来分配才是正当的呢？如果我了解了别人的状况，我做的选择就会偏向于让自己处于最有利的位置。假如我智商200，然后我确认整个参与分配的150个人当中，智商和我一样的只有两个人，然后我就提出分配原则，说世界上的好东西应该95%归属于智商200的人；或者我误认为自己长得很漂亮，我就制定一个规则，只有容貌达到我这个水平以上的人才能够支配世界上90%的资源。之所以要有一个无知之幕，就是要使得选择分配规则的人，能够在没有偏向的情况下，做出所有人都能够接受的选择。罗尔斯就是从这个前提来推导他的正义原则的。他最后推导出来的那个原则，是一个所有人都觉得最保险不过的。比如我知道自己的智商100，我设想我可能属于中等的，而且我还要设想，我制定的这个原则是即便群体中80%的人智商都高于100，我也能够忍受的。罗尔斯大致就是从这样的角度来推想将要据以进行分配的这个原则的。

回到我们要讲的话题，我们是说，像罗尔斯这样的当代显学，讨论一个社会应该如何公正地分配的这样一种理论，实际上也隐含了对于人性的某些假设。所以，后来很多批评罗尔斯的观点认为，他的推论里那个被无知之幕所遮挡而在原初状态下来选择正义的分配原则的，是一个典型的中产阶级的庸人，最大的特点就是谨小慎微，这样的人不会有赌徒心理。美国也有不少这样的人，辛辛苦苦干上一年，然后两三天之内一下赌得精光。假如是这样的人处于原初状态，然后他来挑选分配的原则的话，他定出来的原则和罗尔斯定出来的大概就非常不同了。所以我们这儿再度讲到罗尔斯,一方面是想说明现代理论有自己的推论方式,这种推论的方式实际上是和传统一脉相承的,以后我们要讲到契约论的思想传统。另一方面,我们在这里主要是想表明,对于人性的预设,是很多理论的前提假设,只不过在有的人那里可以非常明显地表现出来,比如孟子、亚当·斯密;但是在有的人那里,可能是隐含的,不是明白地表达出来的,比如罗尔斯。

在马基雅维利这里,我们能够非常鲜明地看到一些对于人性的基本的假设和设定。这是一段《君主论》里面经常被人引用的话:

> ……关于人类,一般地可以这样说:他们是忘恩负义、容易变心的,是伪装者、冒牌货,是逃避危难,追逐利益的。当你对他们有好处的时候,他们是整个儿属于你的……当需要还很遥远的时候,他们表示愿意为你流血,奉献自己的财产、性命和自己的子女,可是到了这种需要即将来临的时候,他们就背弃你了……而且人们冒犯一个自己爱戴的人比冒犯一个自己畏惧的人较少顾忌,因为爱戴是靠恩义这条纽带维系的;然而由于人性是恶劣的,在任何时候,只要对自己有利,人们便把这条纽带一刀两断了。可是畏惧,则由于害怕受到绝不会放弃的惩罚而保持着。

总而言之,他认为人类是趋利避害的,人与人之间只有赤裸裸的利害关系,连温情脉脉的面纱都谈不上。那么利害关系就是政治生活中人们赖以做出抉择取舍的根本原则。

《君主论》要讨论一套统治术,这一套统治术可以说就是由他的那套人性论发挥而来的。马基雅维利有一个有名的问题:对于一个君主来说,是让人民爱戴他更好,还是让人民畏惧他更好?他是怎么回答的呢?当然,如果能够让你爱戴与畏惧兼而有之,又爱又怕最好,但是二者不可兼得,应该怎么办?他觉得还是让人民恐惧比较好。因为爱戴这东西是靠不住的,你没有办法保证一个人肯定能够爱戴你;但是畏惧、恐惧是比较有把握,一定能够做到的事。

其实孔子有些话也有点类似的意思,他说:"唯女子与小人为难养也,近之则不逊,远之则怨。"女子放下不说,小人为什么难养?你跟他亲近了吧,他就把你不当回事,你离他远了,他又心存怨恨。马基雅维利这想说的,倒和孔子这句有点相像。爱戴不大容易成为"可持续"的,而畏惧比爱戴来得更有保障、更可靠。在马基雅维利看来,人性趋利避害,或者还可以再加上一句"人性本贱"。他没说过这样的话,但可以说这实际上也是他的意思。

他又在别的地方说,君主千万不要碰他人的财产,因为人们忘记父亲之死比忘记遗产的丧失还来得更快些。就是说,一个人你可以对他有杀父之仇,父亲的死可以很快地淡忘,但是不要抢他的钱,因为那是他永远不能够忘怀的伤痛。这当然是带有一些愤世嫉俗的夸张笔调,但也是一种非常真切的对于人性的看法。由这样一种看法出发,如果人性就是趋利避害的,如果维系人与人之间的关系的完全是利害的纽带,那么统治者应该怎么做?好像理所当然的推论就会出现了。

《君主论》里面所教授的、所传递的很多实际的政治原则,就是由这样的前提出发而获得的。

读《君主论》,有时候会让我们中国人感到特别的亲切,而且还觉得它稍微简单了一点。用从前我们爱用的句式来说,早在马基雅维利一千七百多年之前,中国就有了比他更高明、更博大精深、更加之黑、更加之厚的权术论、谋略论。的确,马基雅维利让我们觉得不太陌生,很大程度上是因为他让我们想起法家学说,尤其是韩非子的学说。他的确与韩非子有很多相像的地方,而且在好多方面显得还不如韩非子来得犀利、敏锐。

比如对于人性的看法。韩非子用了很多例证来说明人性是恶的,或者说人性的本然的面貌就是趋利避害的。他举的最著名的一个例子是:

> 且父母之于子也,产男则相贺,产女则杀之。此俱出父母之怀衽,然男子受贺,女子杀之者,虑其后便,计之长利也。故父母之于子也,犹有计算之心以相待也。而况无父子之泽乎?①

父母生孩子,生了男孩大家都互相庆贺,生了女孩后就把她放到水桶里面给解决掉。因为养儿可以防老,养女孩子将来是要赔钱的。父母对于自己的子女,应该是人世间最没有疑问的,最排除利害考虑

---

① 出自《韩非子·六反》。

的真正的情感联系了。但是,就连父母对于子女,还是以盘算利害的这样一种心思来看待的,你还能够说人与人之间有什么超出利害之外的关系吗?

韩非子有时候还会有非常之冷酷、犀利的评论。他说,棺材店的人盼着人死,做轿子的人盼着人升官。你是不是说棺材店的人就坏,轿子店的人就好?也不是,大家都盼着自己的生意多一点,人死多了棺材店的生意就好,升官的人多了轿子店的生意就好。所以利害是主宰着人性、支配着人的行为的最基本的法则。

既然人性是这样的现实,那么统治者应该采用什么样的统治术呢?他就要掌握人性的弱点,从而来支配它,促进你希望发生的行为,避免你希望避免的行为。《韩非子》里面经常谈的是"二柄"。君主要进行有效的统治靠的是什么?靠的是"赏""罚"二柄。既然人性终归是被利害所支配着的,对于你希望发生的事情就赏,对于你希望避免发生的事情就罚,说穿了无非就是威胁利诱这四个字,只不过"运用之妙,存乎一心"而已。

从这一点我们也可以看到,历来的专制者、集政治权力于一身的统治者,他们的统治术很多都是非常之相似的。比如中国传统的"君人南面之术"里面强调的"乾纲独断",中国的传统里面爱说的"伴君如伴虎"。所谓乾纲独断就是,君主的权力不能够被别人分享;所谓伴君如伴虎就是,君主他一定要让身边的人、要让所有服从他统治的人都充满恐惧。这是韩非子,在很大程度上也是马基雅维利的《君主论》里面经常讨论的事情。因为权力是最吸引人的,一个君主不能让权力被别人分享,也不能够被你身边的人利用,不能被手下的人利用,所以统治术中必须有一条:你的喜怒哀乐必须隐藏得很深,不能让即使是你身边最亲密的人对你有所掌握,因为掌握了你的喜怒哀乐,就可以在很大程度上操控你的行为。

黑格尔后来曾经有一段讲主奴关系的话,说主人和奴隶的关系是可以相互转化的,奴隶完全可能变成主人的主人,而主人则变成奴隶的奴隶。他当然有他别的意思。我们也可以引申来发挥,那就是,一个统治者一旦被别人掌握了喜怒哀乐的基本规律,他就很可能被人控制、被人掌握。

中国的历史悠久,历朝历代出的皇帝多,基数大了,皇帝里面比较奇特的人物也多。其中有很多人如果不做皇帝,也可以成为非常优秀的其他方面的人才。比如说南唐的前后二主,南唐后主李煜只留下三十几首词,不到两千字,但已经是中国文学史上地位罕有其匹的大词人了。再说宋朝徽宗赵佶、高宗赵构的字画,都是非常了不起的。明朝出的皇帝没这么高雅,也有很多有怪癖的,比如明武宗朱厚照喜欢做生意,他在宫里面召集宫女、太监做一个假的集市,然后卖肉,手一抓说是六两,肯定不会是七两,非常有准头。

还有明熹宗朱由校热衷于做木匠活,史书里面的记载,说他做木工活,"虽巧匠不能为也",手巧极了。而且他生活当中最快乐、最惬意的事,最能够进入忘我的兴奋状态的事,就是挥汗如雨地干木工活、从事创造性劳动的时候。每当这个时候宦官有军情大事去报告,不免要扫他的兴,他总是说知道了你自己看着办。所以宦官认准了这个规律,总是在他最高兴的时候,木工活干得挥汗如雨的时候,去报告军国大事。这是不是奴隶变成了主人的主人的一个例子?

所以你看,历来的统治术总是要强调,君臣之间"上下一日百战"①,这是韩非子的说法。上下级之间每一天要发生上百场战斗,看不见,摸不着,但是极其惨烈和残酷,因为最值得人们觊觎和争夺的权力,就是在其间被人们抢夺来抢夺去。韩非子和马基雅维利的书里面谈权术谈得非常多,让人们觉得这书在道德上非常可疑。

我们再来看一段也经常被人们援引的马基雅维利谈统治术的话:

> 君主既然懂得必须善于运用野兽的方法,他就应当同时效法狐狸与狮子。由于狮子不能够防止自己落入陷阱,而狐狸则不能够抵御豺狼。因此,君主必须是一只狐狸,以便认识陷阱,同时又必须是一头狮子,以便使豺狼惊骇。

狮子,才足够勇猛,有令人生畏的气势;狐狸,才足够机智,机巧百出。可以为马基雅维利的这一段话做注脚的是一个美国人写罗斯福的传记,大家在图书馆可以查到,书名就叫作《罗斯福:狮子与狐狸》(*Roosevelt: the lion and the fox*)。

马基雅维利对于权术的讨论也包括了很多实例,比如他非常关注的切萨雷·波吉亚。波吉亚有很多作为,在马基雅维利看来是可圈可

---

① 典出《韩非子·扬权》。

点的。他占领罗马涅后，派遣了一个冷酷而机敏的军官雷米罗去整顿秩序，很快就让当地恢复了安宁和统一，但是过去的严酷也引发了人们内心对波吉亚的憎恨，于是他在某一天清晨将雷米罗腰斩示众。恢复秩序的目的实现了，残暴的恶名自己也不用承担。马基雅维利觉得这件事干得真漂亮。事又做成了，老百姓畏惧和爱戴的心又都同时有了，这在马基雅维利看来是值得称道的政治家的作为。

他说："对人们应当加以爱抚，要不然就应当把他们消灭掉，因为人们受到了轻微的侵害，能够进行报复，但是对于沉重的损害，他们就无能为力进行报复了，所以，我们对一个人加以侵害，应当是我们无须害怕他们会报复的一种侵害。"

《韩非子》里面也有类似的说法，意思是君主给人恩惠的时候要一点一点地给，绵绵不绝，让他感激不尽。如果给他打击的时候，首先是要尽量假别人之手，其次是要一举让他再也没有报复的机会，再也没有报复的潜能。你看，我们看到了马基雅维利的很多论述，和韩非子都是若合符节的。而韩非子的出现早他一千七八百年，不知道这对中国传统而论，是福还是祸。

我们对马基雅维利和韩非子作了一些比较，回头再来看《君主论》这本书的一些重要的特点。一个是我们刚才所说到的，他是以一种世俗的眼光，甚至是一种近乎于现代科学的眼光来看待政治的。可以说在经济学里面是亚当·斯密做到了这一点，在政治思想史里面则是马基雅维利做到了这一点。另外一条，我们会看到他经常是反对教皇的，他反对教权，但不是反宗教。为什么反对教皇？因为教皇的统治使得意大利不能够统一。但是他倒觉得宗教是不妨可以利用的。对宗教的实际功能高度重视,这一点倒是和卢梭、马克思还有后来的法国社会理论家涂尔干,都是非常之接近的。

《君主论》的又一个特点是,这本书让后世读者真切地感受到了一种趋势,一种气息,那就是马基雅维利真切地感受到的那个时代的大势所在——民族国家的兴起。所以,他拼命地在谈要靠一个君主,要靠一个雄才大略、不为日常的道德考量所束缚的君主来完成国家的统一。这当然有为专制君权张目之嫌,但是另一方面,在那个时代把君主的利益等同于一个民族的利益、一个国家的利益,的确是有其合理性的。这是我们在《君主论》中值得注意的一些方面。

这本书看似简单,却颇有些值得我们进一步讨论的复杂内涵。前面说了,马基雅维利主义这个词有各种各样的内涵。其中很重要的、常常被人们归之于马基雅维利的,就是这样一种见解:政治是肮脏的,或者说,成功的政治家应该为达目的不择手段。用马基雅维利在《君主论》里面的意思来讲,一个政治家、君主、统治者,他的行为所取得的结果,就证明了他的手段的合法性。换句话说,只要最后达到的结果挺好,那么采取的手段就无所谓。《史记》中说法就是:"大行不顾细谨,大礼不辞小让。"政治家的行为、一个国家的行为,不应该受到日常生活当中的道德观念的约束。这是马基雅维利非常分明地表达出来的意思。

我们先就这一点来做一些讨论。这里面就有一个很麻烦的问题,一个方面我们可以说,政治家的行为或者上升到一个国家的行为,是不是真的有这么一个层面，在这个层面上，我们日常生活当中的道德标准，放在他身上是不合适的。比如战争时候经常会发生的情形。包围住一个城市，想要不战而胜，最有效的手段就是围而不打，断绝城里的供给，使得城里没有水也没有粮食。这个时候也不能让城里的老百姓跑出来，如果他们跑出来，那么对城里的守军形成的压力就太小了。最后战争取得了胜利，但是平民付出的代价是惨烈的。这样的情形在很远或者很近的历史上都发生过，而且有时候会发生在我们通常会认为是正义的、在道德上值得赞许的一方。这个时候，无辜丧命的平民，就成了冷冰冰的统计数字中的一个"1"。

我们再举一个更加显明的例子，我们都知道珍珠港事变之前，美国是不大可能参战的。兼具狮子与狐狸的气质、有气魄又有胆识的罗斯福，早就想参战了，他身边的智囊也早就想参战了。但是相比起这样雄才大略的政治家来说，民众总是意见不一的，总是不愿意自己付出牺牲。他们总觉得旧世界乱成一团，新世界千万不要搅进去。我们以前谈到过，大量犹太人被屠杀的图片、实物送到美国，但很多美国人仍不相信。不相信的原因有两个，一个是不相信诞生过康德、贝多芬和歌德的民族会做出这样的事；另一个是总觉得这是犹太人让美国替他们火中取栗的阴谋。后来珍珠港事件的发生完全地改变了历史，这之后，美国马上全民一心，国会几乎全票通过，罗斯福立即宣布对日宣战，美国加入第二次世界大战的反法西斯阵营，注定了德、日、意法西斯的最后覆亡。

这里也有一个问题，珍珠港事件爆发之前，虽然日美之间并没有宣战，但是双方敌意已经非常之明显了，日本那时拥有非常庞大的海上战斗力，那么庞大的航空母舰编队，那么庞大的战斗机群，在那么多天里失去了影踪，而美国方面居然完全没有什么反应，最后等着珍珠港事件爆发，然后白白地损失了许多飞机、许多生命。这好像令人难以置信。所以在当时，在后世，都有很多传闻。

在中国的报纸上有时就会看到，说当时中国方面掌握的情报线知道了日本要偷袭珍珠港，还提前通过各种渠道给美国人发去了。当然，也有可能美国方面无法分辨出有价值的情报线索来。就好比有关"9·11"本·拉登的袭击，美国方面并非没有收到过情报，但是他们难以从每天成堆的情报中一下子找出准确的那一个。还有各种说法，甚至是言之凿凿，说罗斯福准确地知道珍珠港事件要爆发了，但是必须让它爆发。如果这场事件被避免了，比如罗斯福如果让VOA（美国之声）广播一下，说日军的编队已经逼近珍珠港，那可能就打不成了。但是不这样，美国就没有办法同仇敌忾，没有办法全民一心地进入第二次世界大战，进入反法西斯阵营了。

当然，我们不是说这就一定是事实，我们只是借此来说，假如真是这样的情形，那么，在政治家的作为、在一个国家所采取的重大政治军事决策当中，是不是真的存在着这样一个层面，我们很难用日常生活当中的行为道德准则去要求他、约束他、评判他？"马基雅维利主义"后来就获得了"Reason of state"这一层意思，意思是国家自有其理由，国家自有其理性，不能够用普通人日常生活当中的道德准则来约束和要求。

这的确是现实政治生活当中的一个层面，是我们必须认识到的一个层面——政治和道德之间有时候的确是存在一种张力。即使看起来，政治生活中在道德上应该认可的、受到褒奖的那些人物，如果用日常的道德准则去衡量他们的很多作为，恐怕也会很成问题。这是一个非常麻烦的问题。

所以直到现在，就《君主论》所呈现出来的马基雅维利的思想，人们也会有不同的看法，比如，马基雅维利究竟是道德的（moral）、不道德的（immoral），还是非道德的（amoral）？马基雅维利和道德之间究竟是一种什么样的关联？"非道德的"指的是在道德上是中立的，或者说与道德无关的，也就是说马基雅维利在分析政治生活时并不把道德考虑在内，完全是把政治作为一门科学来看待。

就像纳粹对犹太人进行大屠杀的时候，有各种各样的科学家、技术人员参加了大屠杀的过程，大屠杀有一个特点，它像工业化的流水线一样，把一个一个鲜活的犹太人制成了死尸，而且对死尸还最大限度地加以利用。这中间的很多人，在后来为自己辩护的时候说，自己干的是个技术活，是从上级那里接受的任务，考虑的完全是从技术的中立角度来完成这个工作，所以自己不应该承担任何道德上或者政治上的罪责。

对马基雅维利，人们经常会有一种看法，认为他的贡献就在于把政治思想世俗化了，他完全是把政治当作一门科学来看待，完全把道德与政治相分开。这是一种非常流行的看法。另外一种看法则给予完全相反的评价。因为一个方面，马基雅维利公然地传授各种各样的和我们日常生活的道德准则相违背的种种学说、宗旨。另一个方面，会有很多人，包括各种各样的宗教和学说的传统都认为，不可能依靠任何邪恶的手段来达到一个美好的目的；任何美好的目的、善的目的，如果是依靠邪恶的手段来达到的，它本身就是可疑的，它本身的善、它本身的正当性就是应该受到怀疑的。

还有一种非常正面的看法，认为马基雅维利是道德的。马基雅维利鼓吹君主、统治者要摆脱日常道德行为考量的束缚，他为的是完成一个最终的、更伟大、更高尚的、更上一层的那种善。也就是说，好像是为了大德，可以舍弃小德。我们在《君主论》里面，也会看到偶然出现一些激情澎湃的段落、一些热情洋溢的句子，这种时候，大致都是马基雅维利在鼓舞意大利人：我们应该来决定自己的命运，意大利应该在一个果敢的统治者领导下完成统一，摆脱异族的欺凌。完成意大利民族的统一，使意大利重现古代罗马的荣光，这毫无疑问是马基雅维利的最终目的。既然要达到这么一个最终的伟大的目的，现实政治里面不可避免地会出现一些和日常生活的道德考量不相容的行为，这就最正常不过了。

可以说，这些论断都自有其道理，而且各种不同的主张在学术史上都各自有大人物来支持。

后世对马基雅维利的评价

在西方思想史上很长的一段时间，马基雅维利都是一个不道德的形象，因为他公然教授人们政治应该是邪恶的，应该要不忌讳任何道德的尺度，来采取各种各样能够带来实际政治成效的行为。英国一个重要的思想家以赛亚·伯林[①]，前些年去世了。他是一个犹太人，长期在牛津大学任教，有兴趣的同学可以去读他的一部文集《反潮流》（Against the Current），现在有很好的译本。《反潮流》的第一篇论文就是讨论马基雅维利的，那篇文章叫作《马基雅维利的原创性》。人们对于马基雅维利历来有着各种各样的解说，伯林这样的一个重要人物是怎么来看待马基雅维利的思想史意义，来看待他的原创性的呢？

伯林的大概意思是说，西方思想从柏拉图以来，一直就有一个"一元论的传统"。伯林心目当中的一元论，指的是这么一种思想倾向：人世间值得人们追求、向往的各种美好的价值，它们最终都是连为一体的，都是相容的；我们在达到一个美好的价值的时候，距离其他美好的价值也就更近了。现实人生社会中，各种问题总是相互关联，一个根本问题的解决，将会导致别的问题终归可以得到解决。

比如说在《理想国》里面，一旦我们在一个政治共同体里面实现正义，每个个体就都能够获得他所能够达到的最美好的生活，最美好的生活和最美好的政治共同体的构成方式等是完全融合在一起的。所有的问题都有一个终极的答案，一旦找到这个终极的答案，所有的问题都会迎刃而解。可以说，这样的思维模式不仅是在西方，在其他的

[①] 以赛亚·伯林（Isaiah Berlin，1909—1997），英国哲学家、观念史学家和政治理论家。

文化传统里面也并不陌生。伯林的最重要的这本文集名为"反潮流"，他反的是什么潮流？就是这样一种一元论的潮流，一种肇始于柏拉图，在启蒙运动中得以发扬光大，在现代思想中叱咤风云的一元论的潮流。

在他看来，西方的思想史上也有另外一种传统——"多元论的传统"，这也是他本人所同情、所赞同的一种传统。这种传统的基本立场是：人们所向往的、所需要的、认为美好的、值得追求的价值是多种多样的，而多种多样的美好价值之间，并不是一损俱损、一荣俱荣。

并不是说距离一个美好的价值更近的时候，其他美好的价值也会随之而来。相反的，人们同时向往着的美好价值之间，可能存在着激烈的冲突。举一个最浅显的例子，我们中国人爱用"环肥燕瘦"这样的成语来说明我们对不同的女性美的鉴赏，可"环肥"和"燕瘦"二者是不能够相容的。又比如说，真、善、美之间是不是彼此相容的？在柏拉图那里，这一点没有疑问，因为柏拉图所继承的苏格拉底的教导就是，知识和道德是统一的，你真的知道、你真的了解，那么你最后就真的能成就最美好的德行。然而在别的人看来，也许情况会是不一样的，歌德就曾经有过类似的话，大概意思是说一个东西之所以为真，就恰恰因为它不美；一个东西之所以为美，就因为它不善。我们可以想后来的现代主义诗人波德莱尔的那部著名诗集——《恶之花》，美是建立在道德的邪恶基础上的。

也就是说，我们可以同时向往着很多东西，同时认为这些东西都是值得我们追求的美好的价值,然而这些东西中间,有可能会发生致命的冲突,它们之间可能不相容。就最世俗的、最实用的层面来说,比如我们仿佛已经离不开现代的交通工具、通信工具所带来的便利,但是,我又听到过不止一个人感慨,在现代化条件下不可能做出莫扎特那样的曲子来,那是一个人坐在当时连贯欧洲主要城市的邮车里面,慢悠悠地好几个星期才能从一个城市到达另外一个城市的情境下,也只有在那样一种情境下,才可能产生出那样一种风格的音乐来。

或者我们换一个角度来说明这个问题。从古希腊开始,人们就不断地讨论悲剧是什么。通常总会有人觉得,恶的东西战胜了善的东西,黑暗的东西战胜了光明的东西,这就构成了悲剧。按亚里士多德的说法,悲剧是能够借助于引起人们的怜悯和恐惧之情来使人们的灵魂得到净化的那种艺术形式,鲁迅也说过悲剧是"将人生的有价值的东西毁灭给人看"。

然而,也许另外的看法可以给我们更深的印象,比如《红楼梦》,它无疑是一部杰出的悲剧,这部杰出的悲剧表现的是什么?是同样美好的东西之间,人们最后必须做出抉择;或者说同样美好的东西、值得人们向往的东西之间,最后居然注定了要发生两者不能够俱存的致命的冲突。

人们所向往的美好生活,人们所希望肯定的道德观念之间,也是有着各种各样的冲突的。比如一个人刚健有为,充满了进取心,充满了对于这个世界的好奇,充满了改变这个世界的愿望等等,这在我们看来是非常之可取的一种品格。但是我们还可以同时欣赏另外一种品格，那就是强调谦卑，强调同情，强调爱，强调柔弱、宽恕、怜悯，强调无条件地爱所有的人，甚至包括你的仇敌。这样两种道德体系，我们无论更赞同其中哪一种，都会认为完整、忠实地体现了另外一种道德体系的人也仍然是值得我们尊敬的，仍然让我们感到了一种道德力量的召唤。

伯林的《马基雅维利的原创性》这篇文章里面所揭示的，或者说他心目当中的马基雅维利的意义在于什么？那就是马基雅维利不自觉地然而却尖锐地标示出了不同的道德观、不同的价值体系之间的冲突和矛盾。一方面，可能是类似于古罗马共和时期的那样一种道德——爱国、勇猛、尚武、刚健有为、公共精神；另一方面，从中世纪以来，直到那个时代还在社会当中具有莫大影响力的基督教的传统道德——谦卑、同情、仁爱、怜悯、宽恕等。这样两种道德体系之间，有着根本性的冲突。我们不能够设想同一个人的身上体现出这种道德体系的时候，还可能同时是另一种道德体系的完美实践者。而这两者至今，至少在西方之外的我们的文化传统这样一种立场看来，也仍然是同样值得我们尊重的。在伯林看来，马基雅维利就不期然地体现了不同的价值观、不同的道德体系之间的冲突。

从伯林对马基雅维利的这个解释中，我们可以看到当代思想里面的一些论争，所以我们稍微做了这样一点解说。我曾经推荐大家去看写得非常早但还是非常之精彩的一本书，就是达·芬奇的传记《诸神复活》。《诸神复活》里面，你也能够清楚地感受到不同的道德体系、不同的人生理想之间所产生的那种冲突。而这些不同的人生理想和价值体系，在我们看来，至少都是值得敬重的，并不是谁比谁就明显地更加可取。或者说异教的道德、古罗马的道德和基督教道德之间的这样一种冲突，在达·芬奇的身上，在马基雅维利的身上，都不同程度地体现出来。

我们讲马基雅维利的时候，侧重谈到对于人性的基本预设在古今中外的政治思想和社会理论中经常会产生重大的影响，成为其或明或暗的前提。我们举了中国先秦各家的一些例子，甚至还举了当代的美国政治哲学家罗尔斯的例子，来说明这一点。但是任何理论，都不能够完全涵盖现实生活，就像歌德爱引用的德国的古老名言："理论是灰色的，生命之树常青。"我们经常说，理论应该和实际相结合。理论既然要和实际相结合，就说明它永远不是实际，否则就用不着结合。理论总是片面的，总是把现实中无比丰富的各种因素抽取出一部分，加以分析、考量、排比和综合。我们不可能要求任何理论涵盖一切。比如有一种理论向我们解释说，花是植物的生殖器官，那么我们就不能要求这同一种理论能够向我们解释，夏天的最后一朵玫瑰在人们内心当中引起的那种"譬如朝露，去日苦多"的感喟，它不可能完成所有的任务。也就是说，理论有所偏重，有所欠缺，这是必然的。

但是，一个特定领域的理论，我们要求在它力图解释的范围内应该尽可能地健全，应该尽可能地解释它所要试图说明的现象，这应该并不过分。

由这点出发，我们也可以对马基雅维利乃至于对中国先秦的法家做一些评论。法家和马基雅维利对于人性都有相近的假设，那就是人性的基本原则就是趋利避害，完全是以利害考虑作为自己行为和选择的唯一准则。在他们看来，人性是恶的，或者对于他们来说，人性的现实就是这种冷冰冰的功利的考虑在支配着人们的作为。

我们如果要对它提出一些批评的话，可以说，这样对于人性的考察是不够健全的。一方面，的确如韩非子和马基雅维利都看到的，人性在很多时候表现为趋利避害。但是另一方面，也还有那么一些时候，单纯的利害关系并不能够解释人的行为；还有那么一些时候，人的行为会远远地超出利害的考虑之外。如果人性单单是趋利避害的，那么，威胁利诱、赏罚二柄就会是最成功的统治术，会是任何希望利用人性的弱点来施行统治的统治者的不二法门。

然而现实不是这样，老子就说过："民不畏死，奈何以死惧之？"会有这样的时候，老百姓连死都不怕了，你怎么还用死来强迫他？会有很多时候，我们深切地感受到，在人类历史上的许多重大事件和举动当中，即使日常生活当中表现得平庸无奇、再普通不过的人，也会表现出高贵的那一面来，也会表现为超出单纯的利害考虑来抉择，来做出种种壮举。随便举两个例子。

斯大林格勒战役是第二次世界大战的一个转折点，一开始战争呈现胶着状态，双方都意识到这是决定战争命运的重大关头，那个城市就变成了一个巨大的绞肉机。苏军一方在战争最惨烈的时候，每天投人数万人，所有的人几乎都可以肯定自己只要上了前线，毫无疑问就要断送生命。但还是有那么多人无畏地投入这样的战斗中。这个时候如果完全用利害的选择、功利的考虑来解释他们的行动，大概就说不通了。因为对于人来说，最大的祸害莫过于死亡，对于最确定无疑的死亡前景来说，还有什么比它更可怕的呢？但是，人们在某种理想、在某种道德原则的面前，连死亡都变得退居其次了，都不是最重要的了。这就是孟子说的："死亦我所恶，所恶有甚于死者，故患有所不避也。"

又比如好些年前曾经影响很大的电影——《泰坦尼克号》。我们都知道"泰坦尼克号"是真有其事的，哈佛大学有九十多个图书馆，其中一个著名的威德纳图书馆（Widner Library），这个图书馆就是一个年轻的学生在泰坦尼克号上遇难了，他们家非常富有，他的母亲后来就捐了一个以他的名字命名的图书馆。电影中很多地方当然是艺术虚构，但有一些地方是真实的。比如在最后面临生死选择的关头，很多人把求生的机会让给了妇女和儿童，又比如船最后缓缓地沉进冰水，所有还留在船上的人都确定无疑地将会死亡，那几名弦乐手还在平静地演奏，平静地迎接死亡，这也是真实发生的事情。这些人和那个时代街头的普通美国人、欧洲人并没有什么不同，但是在那个时刻，他们身上表现出来的，可以说远远超出了单纯的利害考虑层面。

我们可以引用大思想家、大数学家帕斯卡的一句话："人既非天使，又非禽兽。""neither angel, nor beast"是帕斯卡在《思想录》里面的一句名言，他的意思是说，人不像天使那么高贵，充满了神性；但是也没有禽兽那么卑贱。清华图书馆里可以找到一本书，就是用这句英文来作为书名的，是关于帕斯卡的传记。①

用清华的前辈学者何兆武先生的话，也可以说，人既是天使，也是禽兽。他可以表现得像天使一样高贵，甚至表现出他光辉的神性来，即使是普通人，在特定的场合下也会展现出让人感动的神性；他又是禽兽，或者像我们中国历来的骂人话——"禽兽不如"。这些不同的层面，是人性里面都具有的，而且也是过往的人们——无论是中国还是西方的历史上——在各个重大的历史关头，在日常生活的方方面面都呈现出来的。

而一种社会政治理论，如果它把对于整个社会或者整个人类政治的构想奠定在一个过于狭隘的基础上，可以说，它对人性的观察就是不健全的，因而就是有重大缺陷的。从这个角度，也可以对马基雅维利或者韩非子来提出批评。

我们都知道，法家在中国的历史上曾经非常成功。战国末期，秦国采用了法家思想，确实非常迅速高效地完成了统一中国的任务；但是秦朝并没有像秦始皇所期待的那样，二世、三世……千秋万世，绵绵不绝，而是二世而亡，天下又土崩瓦解了。可以说，秦朝的成功是法家的成功，以严刑峻法、以各种束缚普通百姓的权术来进行统治，可以在短期内取得很大的成功。但是，秦朝的迅速失败，也表明了法

---

① 《既非天使又非禽兽：帕斯卡的生平与创作》(Neither Angel Nor Beast: The Life and Work of Blaise Pascal)，作者为 Coleman, Francis X. J.。

家的失败。

人终究不只是一个趋利避害的人，不是用赏罚、用威胁利诱就能够完全掌控的驯服工具。这也是中西政治传统里面，值得我们一再回味的现象。

第四讲

宗教改革

我的话就是上帝的话。

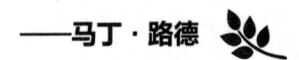

——马丁·路德

任何一种宗教或者准宗教，一旦拥有了足够的信众，一旦有了世俗的社会、政治、经济根基以后，在漫长的历史过程当中就会发生各种各样的变化。它的某些原初信仰开始被人们逐渐淡忘，反而更加注重外在的纪律戒律、制度规范了。因此，历来各种宗教、准宗教或者各种社会政治学说的后起改革者，经常都会做出同样的号召，那就是要求返回到原来比较纯朴、天然、注重人的内在信仰和内在心灵的纯洁的那个时代去，宗教改革的确也在很大程度上表现出这个特性，这一点是和文艺复兴有点类似的。

但文艺复兴和宗教改革还是有非常大的不同。文艺复兴带有一种世俗的精神，肯定的是人的现实生活，肯定的是现实人生的价值，肯定的是人有自由选择和提升自身的能力，或者说这就是文艺复兴的人文主义精神；宗教改革从本质上来说，还是在基督教内部发生的一个变革，所关注的还是神学范畴内的涉及来世的那些问题，而不是一种世俗的关怀，虽然它对于人们看待现实生活的眼光的确产生了非常大的影响。另外，可以说文艺复兴带有一定的贵族性质，更多的是在文艺、绘画、诗歌、戏剧等领域所发生的变化，并且经常和社会中一些受过良好教育、占有优势地位的精英阶层联系在一起；而宗教改革则不太一样，因为在那时整个西欧人口的绝大部分都是基督教徒，那么教义和整个教会结构上的重大变化可以说影响遍及了社会的上层和下层，在一定程度上也可以说，宗教改革的影响来得更加广泛，更加全面。

我们简单地谈一下宗教改革的几个分支，或者说宗教改革的几大主要组成部分。

马丁·路德的宗教改革

首先要涉及的是德国的宗教改革，德国宗教改革的重要人物是马丁·路德。他后来所创立的宗教派别也经常被称之为"路德宗"。马丁·路德出身贫寒，也是个非常早慧的人，幼年时代就充满了各种宗教的情操，总是为自己的罪孽究竟能不能够得到洗刷而忧虑不已。他成年以后就成为一名教士。但是，就有点像我们以前谈到的奥古斯丁一样，他虽然彻底地皈依了基督教，甚至选择教士职业来安顿自己的整个生涯，然而还是无法找到自己内心的平衡，无法找到安身立命之处。所以你看他的传记里面经常会有各种各样的记载，说明他总是来往于各种对于《圣经》的解释，总是来往于历史上和现存的各种教派的不同倾向之间。马丁·路德也像奥古斯丁在《忏悔录》里面自述的一样，都经历过一个突然的悟道过程，这是历史上很多宗教的先知领袖人物，甚至是某些带有神秘主义色彩的哲学家都共同具有的经历。明朝时候的大思想家王阳明也有这样的经历，他被发配到了贵州修文，然后在一个山洞里面突然悟道，得出了他的思想的基本原则，而他的思想的确是具有神秘主义色彩的。

可以说，马丁·路德所面临的情形，是基督教在这个时候已经是有着悠久传统的一系列学说的集合体，各种各样的学说，各种各样的前后相继的神学家们提出的不同教义，而教会又以罗马教廷为中心有着严格的等级制度，它控制着整个欧洲之内人们的精神生活，而且在很大程度上也控制着实际的社会政治和经济事务。另外一个方面，无论是宗教的经典，还是伦理的、政治的、社会道德的经典著作，白纸黑字之下，总是留给人们不同的解释余地。现在《论语》重又受到重视，也就是说孔子在两千五百多年之后，还可以不断地获得新的解释。

一部经典，一部有着足够的思想弹性和丰富内涵的著作，总是可以让人们从中得到不同的理解和解释。韩非子说孔子而后，儒分为八。① 孔子去世之后，儒家就分成了八家，每家都认为自己是得了真传的。恩格斯曾经写过一篇文章，那会儿马克思已经去世了，恩格斯是以马克思最亲密的战友、最理解其思想的身份出现的。他说，假如马克思还活着，他都不好意思称自己是马克思主义者了。这意思就是说，马克思刚刚去世不久，许多号称是马克思主义者的人，至少距离恩格斯心目当中的马克思主义已经相去甚远。也就是说，经典著作或者说宗教

---

① 《韩非子·显学》篇有云："自孔子之死也，有子张之儒，有子思之儒，有颜氏之儒，有孟氏之儒，有漆雕氏之儒，有仲良氏之儒，有孙氏之儒，有乐正氏之儒。"

学说等，都具有一些类似的特性，可以给人巨大的解释空间。解释权非常之重要。任何一部法律，最后都会有一个解释权归哪儿的问题。大家到商场买东西，商场有各种打折的活动，最后都有一句"本活动解释权归本商场"，因为即使白纸黑字的东西，其中还仍然有弹性。

《论语》这么一本篇幅不长的书，对它的解释差别却非常之大。孔子究竟要说的是什么？很多人都同意，孔子的一个核心概念是"仁"，但是这个"仁"的主要内涵是什么？它强调的是什么？人们还可以有各种不同的解释，许多人经常抓住他的一句话，视其为统领其他解释的最核心的一条。

《圣经》也会有这样的问题，《圣经》里面你会找到无数的记载来证明，离开了上帝在人间的代表——实际上经常被解释为后来的教会，普通的人、普通的信徒是没有办法获得真正的纯正的信仰的。你也可以找到无数的记载来表明，在耶稣看来，一个人完全可以凭借自己的良知来理解上帝，对于一个信徒来说，最要紧不过的就是他内心的纯洁，就是他对信仰的单纯和坚定。

我们说这么多，是想引出马丁·路德的那个原则来。马丁·路德一直摇摆于如何来理解《圣经》，如何来信仰上帝，最后他是从保罗的《罗马书》里面这一句话，觉得自己领悟到了整个《圣经》和基督教的真意，那就是："义人必因信得生。""义人"指的就是内在、外在两方面都靠得住的信徒。"因信得生"，你为什么得生？你为什么得到拯救？你的罪孽为什么得到恕免？都是因为信仰。人们经常把马丁·路德的学说简便地称之为因信得救论，也就是说，最要紧的并不是你外在的行为表现得多么遵守教会的规矩。如何在自己人生的各个阶段都完全遵守和完成教会所派给你的各项使命，遵守各项仪轨，那些都是次要的，要紧的是有信仰。但是我的信仰可以和你的信仰非常不同，同样是看一段《罗马人书》，我理解的一段经文和别人理解的会非常不同，怎么办？以前没什么好说的，教会是权威，教会是普通信众和上帝之间必不可少的中介，你必须按照教会的最权威的解释来信仰上帝。如果按照马丁·路德的这个说法，那就不一样了，每个人都可以按照自己的方式来理解上帝了，每个人都有了崇拜上帝的自由——而且是选择以自己的方式来崇拜上帝的自由、良心的自由和信仰的自由。

马丁·路德完成了这样的思想转变，阐发了自己基本的教义以后，他的许多活动也是和他的基本思想是相关联的。他很快把《圣经》译成了德文，在此之前《圣经》的《旧约》原文是希伯来文的，《新约》是希腊文的，后来逐渐有了统一的拉丁文权威译本。我们知道，中世纪的时候，整个欧洲通行的语言就是拉丁文。拉丁文在很长的时期内，是只有受过专门的教育和训练的僧侣和有学问的人才能够掌握的语言。作为普通人，都没有办法自己去阅读《圣经》，听也听不懂，只有听教士、神职人员来宣讲。而马丁·路德把《圣经》译成了德文，普通的德国人、目不识丁的德国人也可以听别人来念，并且由此产生出自己对于上帝的理解来，这是一个非常重要的变化。

前面提到宗教改革和文艺复兴有些相像的地方，一个就是它们都有点要回到自己的早期根源的倾向,我们以前也谈到过,可以把耶稣看作一个犹太教的改革者。犹太教直到现在都有一个特点,就是特别注重教会的结构和制度,注重各种各样的外在的规矩和律法。而耶稣强调的是,律法、规矩、规范那些都是次要的,重要的是内心纯洁的信仰。可以说在这一点上,后来的宗教改革者,比如马丁·路德,的确表现出要回到早期的原始基督教的这样一种色彩。

在整个中世纪的漫长过程当中,也不断地出现各种各样企图改革教会结构、改革教义的人物,但是为什么到了这个时代,像马丁·路德这样的宗教改革领袖会产生巨大的影响呢?当然有各种各样的原因。简单地说,一个重要的原因是大背景变了,社会经济形态的背景变化了,这个变化就使得天主教会原来的很多东西有点靠不住了,有点站不住脚了。比如,新的经济生活必然会带来一些新的观念,有些传统的观念慢慢地就受到了严峻的挑战。像犹太人在西方长期受到歧视,一个非常重要的原因就是他们很有钱,而且多从事高利贷行业。莎士比亚的《威尼斯商人》中,那个夏洛克被写成一个非常可恶的犹太人,就是因为他放高利贷。借给你一笔钱,然后居然要你还一笔高得多的钱,这在天主教的传统里面是不能够接受的。但至少这个高利贷,或者说借你一笔钱然后希望你以更多的利息来报偿的行为,在新的经济生活当中应该变成一个常规的事、例行的事。仅仅从这个小例子,我们就可以看到,原来的宗教观念和新的社会现实之间已经有点脱节了,而且基督教会长期掌有精神上的主导权和世俗的支配的权力,已经无可救药,实在是太腐败了。这一点我们可以看得非常清楚。像马基雅维利心目当中的那位卓越的政治家切萨雷·波吉亚,他就是教皇的儿子。教皇有儿子!这在早期基督教里是不可想象的事,但在后来居然是公然的、堂而皇之的事情了。天主教会的种种弊端,使得改革势在必行。

另外一个原因,就是基督教会与民族国家的经济冲突。从现代社会开始萌芽的时候,民族国家就开始逐渐展露雏形,而基督教会和民族国家之间天然地是有冲突的。基督教会要成为一个普遍性的教会,全世界它都要管。民族国家和天主教当局之间的冲突,还表现在世俗利益的冲突上。中世纪普遍存在着的"什一税"就是一个典型的例证。天主教会要收"什一税",也就是说普通人或者一个国家、一个城市的全部收入的十分之一是必须给教会的。民族国家逐渐兴起了,白花花的银子就从自己这里流到罗马去了,任谁看了都心疼,都不愿意再这样下去。所以在这样一种情形下,宗教改革必然迎合了世俗的利益对于天主教廷的反抗要求,二者可以说是一拍即合。

对于马丁·路德来说,使得他从一个思想上的革新者变成一场宗教改革运动的领袖人物,还在于一个特殊的契机。天主教会后期越来越贪婪,想方设法到处去敛财,手段越来越下作。马丁·路德时代的德国分成三百多个小邦国,没有一个统一的王权。如果有一个统一的王权,它还有能力跟天主教廷抗衡,那么天主教廷的影响还可以被抵消一些,但是德国的王权太微弱,所以,教皇和教廷的影响来得格外巨大。

那时候为了敛财,就有一批天主教廷的教士到德国来,卖一种叫赎罪券或者叫免罪符的东西，就是一张纸，然后可以卖不少钱。一张纸要有人买，还得有一套理论。比如我有一张一百块钱的纸币，这一百块钱的价值是以一个国家的经济实力和强制性的力量作为后盾的。那么教会卖的这张纸为什么能够起作用呢？它自有一套理论，也就是所谓的圣功宝库理论。意思是说，为了拯救世间的罪人，耶稣连自己的生命都奉献出去，被钉在了十字架上，他的使徒们也做出了种种的贡献和牺牲，他们所积下的功德，除了自己升天之外还用不完，像留在宝库里面一样。而这些多余的功德是由教会保管着的，教会可以发给大家用。所以如果你本人或者你的亲人有了什么罪孽，怕将来升不上天堂的话，花点钱来买一张免罪符，将来就会得到赦免，来世升天就有了保障。这是一笔非常"划算"的买卖，花点钱就能够让自己的亲人、让自己来世的灵魂得到一个可靠的去处，何乐而不为？所以免罪符卖得非常之好，卷走了德国大量的金钱。这事让马丁·路德感到非常愤怒，也让德国境内大大小小的统治者、诸侯感到非常愤怒，所以马丁·路德的宗教改革一旦发动，就有很多贵族、领主支持他。

1517年，马丁·路德在维滕堡，贴出了反映他基本思想的《九十五条论纲》，反驳免罪符的理论，然后提出自己的因信称义理论。刚开始，罗马教廷还以为马丁·路德又和以前教会内部出现的反叛者一样，或者轻而易举就被剿灭了，或者威胁一通之后就改正错误，回到正确路线上来，但是这样的事没有在马丁·路德身上得逞。马丁·路德一下子就明白自己已经走上了彻底和教廷决裂的不归路。他在占有一半多的人口和土地的德国贵族、领主的支持下，完全脱离了罗马教廷的影响，使得至少在西欧是一统天下的罗马教廷发生了分裂。当然整个德意志民族也因为宗教上的争端，在很长时间内变得更加纷乱不堪，仍然忠实于天主教会、罗马教廷的人与改宗路德派的人，在数量上基本上是一半对一半。

加尔文的宗教改革

宗教改革另外一个非常重要的组成部分，是加尔文的宗教改革。

约翰·加尔文[①]的年代比马丁·路德更晚一些，他是法国人，后来去到了日内瓦，他阐释的宗教改革教义在日内瓦得到了更多的传播，一度在日内瓦获得了几乎像君主一样的统治权力，建立了神权共和国。法国虽然后来也有一部分人皈依新教，皈依加尔文宗或者加尔文宗的各种变种，但一直是天主教徒占上风的这么一个局面，所以加尔文是在日内瓦完成他的大业的。

关于加尔文和加尔文宗，我们只简单地来谈谈他的基本教义，因为它和路德宗的教义有所不同，而且初看起来会让我们觉得有些奇怪。一般认为，要和天主教的传统决裂，那么你就要强调人的内心信仰的纯洁、信仰的自由，选择以自己乐意的方式来崇拜上帝的自由，而加尔文宗初看起来恰恰非常不一样，有点出乎我们的想象。

---

① 加尔文（Jean Calvin，1509—1564），欧洲宗教改革家，基督教新教加尔文宗创始人。教义上主张"预定论"。

加尔文的基本教义经常被称之为预定论。什么叫预定论？一个信徒的来生是否会得到拯救，预先就被决定了。我们在谈奥古斯丁的时候说到过，理性和信仰之间一直是有各种各样的张力和冲突，对此有各种各样不同的解决办法。各个宗教内部都会在理性和信仰之间徘徊，试图消解二者之间的张力。一种努力是要表明，信仰是能够被理性所证明的，理性和信仰终究是相容的，虽然信仰高于理性。另外也还有一种路数，那就是说，信仰之所以为信仰，就在于它的优越性，而神之所以是绝对的，就是在于它和我们这些短暂的、有罪孽的、有限的人比起来，实在是天差地远，相差太悬殊了。所以我们不能够指望以人的理性来推测神的意旨，因此理性是不能够真正地解释信仰的。可以说，在一定程度上，加尔文和后面这种倾向有更多的相近之处。

一般的看法总是认为，一个人可以通过洗心革面，使自己的内在信仰变得无比纯洁，使自己外在所做的事样样都循规蹈矩，然后就能够获得一个上帝的选民身份，被上帝选中就能得到赦免，将来可以进入天堂的。但是加尔文的基本看法是说，一个人妄想以自己的作为来改变上帝的意志，实在是过分夸大了自己的能力。上帝无所不知，无所不能，每一个人的命运预先就被上帝注定了：一个人是罪人，将来要被罚入地狱；或者是选民，将来是要得到拯救、赦免，这是预先就被注定了的，你不可能指望靠自己的努力来改变这样一种情形，就好比你用自己的些微的力量就能够支配万能的上帝，这是不可能的。我们之所以无条件地信仰神，就是因为它的绝对性，和它比起来，个体的努力、个体的意志、个体的理性实在是太微不足道。我们讲到马克斯·韦伯的时候,再来解释这个预定论,它有其特殊的一套机制,来对它的信徒产生一种微妙的影响,这恰恰是马克斯·韦伯《新教伦理与资本主义精神》这本著作的主要论旨。

加尔文宗后来产生了很多变种,其中一种被称之为胡格诺派(Huguenot),主要是在法国产生影响。法国后来有一度宗教战争打得非常厉害,宗教迫害很严重。因为是天主教徒占了上风,所以有很多胡格诺派的教徒被迫迁徙到欧洲的其他地方,或者就直接跑到新大陆去了。加尔文宗还有一个重要的变种,就是清教,你看清教徒(puritan)这个词的词根是"pure",纯洁。后来英国革命时,克伦威尔的那支军队的主要基础就是清教徒。"五月花号"(May Flowers)载到新大陆的都是清教徒,那是美国文化的底子,所以加尔文宗对于现代世界的影响非常之大。

现代文明除了人权、自由等等之外,还有一种价值,就是宽容(tolerance),而不少西方人认为这是首先在欧洲出现的一种价值,后来才跟人权、自由一样成为普遍价值。宽容从哪里来的?就是从不同宗教和不同教派的冲突中出现的,宽容主张不同的宗教对于同一个世界的不同理解、不同的教派对于同一个信条的不同解释可以和平相处。宽容是从占有优势者的善意那里来的吗?从来不是,它不是来自人们的善意。像加尔文宗这样一开始处于弱势的教派,一旦掌权,比它的对立面更加严酷,更迫切地要求思想统一。新教这个词,Protestantism,词根就是protest,就是申辩,为自己谋求权益。新教刚兴起的时候处于弱势地位，要面对既有的权威来争取自己生存和发展的一席之地。但是，当新教在一些地方成为主流时，它对于异端也是毫不留情的。"二战"期间自杀的奥地利作家茨威格，有一本小书《异端的权利》，讲的就是加尔文宗治下的日内瓦是怎么无情打击和残酷地收拾异端的。几乎所有人都天然地喜欢别人赞同自己。宗教宽容怎么来的？不同的势力和派别发现，我吃不掉你，你也吃不掉我，要让我活，也得要让你活，迫不得已只能想出种种和平共处的方式，宽容才逐步成为一种人们共同认可的价值。这是我们顺便提到的一点。

加尔文的宗教改革、路德的宗教改革使得整个欧洲大陆发生了很大的变化。而不同教宗、不同势力之间激斗正酣的时候，英国也进行了宗教改革，这可说是宗教改革第三个重要的分支。

英国的宗教改革

英国所进行的宗教改革，简单来说，就是首先要成立自己民族的宗教，国王是自己教会的天然领袖，在教义方面吸收了很多加尔文宗的成分，而在宗教仪轨方面又保留了不少罗马天主教的传统。英国宗教改革后成立的国教，就叫"圣公会"（the Anglican Church）。2011年获奥斯卡奖的影片《国王的演讲》中，原本严重口吃的乔治六世终于履行了国王的职责，发表了鼓舞人心的演讲。他为什么当上了英国国王？因为他的哥哥爱德华八世不当了，爱德华八世爱美人不爱江山——当然，在"虚君立宪"的英国，国王也没有真正的江山。他哥哥要和一位私生活丰富多彩的女性结婚，遭到了政府、教会和人民的反对，所以就退位了，因为英国国王同时也是教会的首领。所以在英国，国教和王室和政府权威最为紧密地结合在一起。

在宗教改革的大潮中，英国所采取的策略，也和这个国家在现代历史上的若干特点是一脉相承的，那就是在传统和变革之间寻找平衡点，尽可能在变革以适应时代的同时，又尽可能通过保留传统的成分以减少社会震荡。英国和很多地方一样，在宗教改革之后，在天主教分崩离析之后，出现了不同教派、不同宗教立场分立的局面，不同的地域和阶层也有很多不同的选择。比如爱尔兰和英国之间总有很多问题，以前有若干年"爱尔兰共和军"都是世界上比较著名的恐怖组织之一。爱尔兰和英国在历史上有很多的纠葛，其中一个就是宗教的冲突，爱尔兰一直是天主教占上风的。英格兰和苏格兰的纠纷也有宗教冲突的因素，英格兰内部也有不同的教派。在宗教改革之后，英国走了一条折中和平衡的路线，一方面脱离罗马教廷的管辖，以国王作为教会的最高首领；一方面又保留了很多和罗马天主教相同的外在的宗教仪轨，教义方面又吸收了很多和加尔文宗相同的东西。这中间也有若干的折腾，莎士比亚的一些剧作的背景就是宗教改革之后的纷争，比如《亨利八世》等等。

宗教改革的深远影响

宗教改革使得原来天主教独揽整个欧洲的情况发生了巨大的变化,造成了非常深远的影响。我们借助于马克斯·韦伯的分析,来看一下宗教改革以后所产生的新教,看看新教对于现代社会、对于广义上我们所理解的资本主义的发生发展,有着什么样的影响。

我们先对马克斯·韦伯的生平和著述稍作介绍。对于社会学专业的人来说,这是一个好比鲁班之于木匠一样的人物,他是社会学最重要的奠基人和理论家之一,对于其他学科的影响也非常大。可以说,当今的人文和社会科学各个学科的学者,都无法忽视马克斯·韦伯的理论成就;他在人文学科和社会科学的各个分支里面,都有不可替代的影响。他的主要著述都是在19世纪后期和20世纪初期这么一个转折年代完成的。现代社会是一个不同于传统的新的社会模式,理论家、思想家们以不同的范畴来把握它的特征。马克思是以资本主义、以商品的范畴为核心,来理解现代社会所发生的变化;还有人是以世俗化的范畴来理解现代社会的发生和变化的。韦伯理解现代社会的一个核心范畴就是理性化。对他感兴趣的可以去看一本书《理性化及其限制》,是社会科学院一位叫作苏国勋的学者多年以前写的。这本书出得比较早,但是作为一本通论性的著作来说,在现在的中文学界还有点儿不可替代。我们还可以列举出韦伯影响比较大的著作,如《儒教与道教》《经济与社会》《学术与政治》《世界经济通史》《社会科学方法论》等，都有中文译本。韦伯涉猎甚广，著作涉及方方面面，都是不同学科的人必须要关注的。

韦伯的一系列著作里面，有一类常常受到特别关注，那就是他研究世界上各大宗教的经济伦理系列著作，其中的一本叫《儒教与道教》。韦伯研究这些宗教，有其特殊的视角，他要研究这些宗教的学说结构——用韦伯爱说的话，就是这些宗教的伦理——和人的经济行为之间是一种什么样的关联。这是他所主要关注的问题。这一系列的著作里面，最重要的、影响最大的就是这一本——《新教伦理与资本主义精神》。也就是说，宗教改革以后所产生的路德宗、加尔文宗等一系列的教派及其教义、思想和现代资本主义社会及其精神之间，是不是有某种特殊的关联？这是韦伯提出并且要探讨的一个问题。

我们接下来是要讲他的一些基本论点。在《新教伦理与资本主义精神》这本书中，他实际上要讨论的是这么两个主题：一、什么是资本主义精神，或者说在他心目当中资本主义最基本的特点是什么。二、宗教伦理与经济行为之间的关系，具体说来，新教的伦理尤其是加尔文宗的伦理和资本主义经济方式之间是不是有某种特殊的密切联系。

所以我们这里首先要谈谈，什么是资本主义精神？资本主义可以是一个简单、纯粹的政治经济学的范畴，也可以是更广泛范围内的一个范畴，还可以是一个文化范畴或社会范畴。比如现代科学的产生以及它所代表的思维方式，比如民主、自由、人权这样一些现代社会人们普遍所接受的价值，可以说，这些东西也是和资本主义相伴相生而发展起来的。所以，我们要理解的资本主义是一个广义上的资本主义。韦伯的整个研究有一个前提，那就是，在任何文明、任何事业的背后都有着某种精神气质（ethos）或精神的支撑。韦伯主要是从这个方面来谈资本主义的精神的。

提到资本主义的精神，人们经常联想到的就是贪婪，贪得无厌、欲壑难填，使用各种罪恶的手段来完成资本的积累，榨取利润；是"圈地运动"，是"羊吃人"和野蛮残酷的黑奴贸易；是马克思的名言——"资本来到世间，从头到脚，每个毛孔都流着血和肮脏的东西。"韦伯所理解的资本主义精神，当然并不否定这些因素，但是他更强调的是另外一些层面。我们大概隐隐约约也知道，按照过往的理论模式，好像每个民族、每个国家都应该经历一个资本主义的发展阶段，而中国没有经历过，所以以前有很多学者讨论说，中国有没有过资本主义？没有过，这一点好像没问题。然后有很多人又讨论资本主义的萌芽，可是萌芽为何老是长不大？这当然是一个麻烦的问题。但是，至少有一点，就是我们传统上对资本主义的理解是比较狭隘的，也就是说总觉得中国或者说别的民族怎么就没有资本主义精神了？在某些时候，中国人追求财富的那种劲头并不输于西方人，可为什么我们没有产生资本主义？这里面涉及的因素很多，我们不做过多讨论。需要说明，在韦伯这里，资本主义精神有其特定的内涵，并非由贪婪就构成其核心。韦伯明确说过："获取、逐利、赚钱、尽最大可能的赚钱，这些冲动本身与资本主义毫不相干。它们根深蒂固地存在于所有人的内心。"

我们来看一下韦伯的这段话:"对财富的贪欲根本就不等同于资本主义;更不是资本主义的精神,倒不如说,资本主义更多的是对于这种非理性欲望的一种抑制或至少是一种理性的缓解。不过,资本主义确实等同于靠持续的理性的、资本主义方式的企业活动来追求利润,并且是不断地再生利润。"也就是说,贪婪在各个民族都能够见到,单纯的贪婪并不是资本主义,甚至可以说,资本主义抑制了贪婪。怎么来抑制的?资本主义是要你以一种持续的、理性的方法来追求财富,而不是完全地放纵自己的贪婪。比如竭泽而渔、杀鸡取卵式地来满足贪婪的欲望,就肯定不是他所说的资本主义。

韦伯从若干现象来谈资本主义精神,这种精神为什么会和宗教改革后所产生的各种教派的伦理发生关联呢?他说,现代西方文明有一些非常独特的东西,总体来说,就是高度的理性化。韦伯列举了很多现代西方文明独特的方面,比如,法律上是高度形式化的法律体系;政治上是官僚科层制的行政体制;道德上是从基于血缘、地缘的传统道德,变为基于职业的普遍道德标准。也就是说,现代西方社会普遍在各个领域出现了一种理性主义的精神,这实际上就是现代资本主义精神的一个体现。这种现代资本主义的精神,可以说主要包含了两个层面:一个层面就是,排除使用强力和不正当的手段,利用一切机会获取利润,也就是尽可能地用和平的、合理的手段来获取利润;另一个层面则是合理性的、严密的计算手段。什么叫合理性的、严密的计算手段?就是极其严格地以会计制度来控制成本和计算收益,以一种极其理性的方式,通过企业活动最后来获取利润。这一切因素集中起来,就变成了韦伯心目中的资本主义精神,这种资本主义精神在文字上做一番总结,就是:依靠勤勉、刻苦的品质,利用健全的会计制度,精于计算,把资本投入生产和流通过程,从而获得预期的利润,所有这一切构成了一个经济合理性的观念。此种观念还表现在社会生活的其他领域,形成一种带有普遍性的社会精神气质或社会心态,蔓延于近代欧洲,成为其独有的价值体系,最终导致资本主义的产生和发展。

可以说,资本主义精神在韦伯这里指的不是贪婪的欲望,也不是尽可能地获取财富以后就百般地消耗、挥霍财富,相反,他指的是人们非常勤勉地通过各种理性的手段来获取利润。也就是说,把创造财富本身变成了目的,而不是挥霍、消费财富。相反地,创造财富如果是为了享受、为了挥霍、为了消耗,反倒不是资本主义精神,而毋宁说是资本主义精神的反面了。

韦伯列举了我们所熟悉的富兰克林的一些文字材料,作为资本主义精神的例证。富兰克林,是美国的开国元勋,也是一个科学家,我们大家都知道的故事,他打雷天放风筝,证明了闪电也是电。他还是社会活动家和革命家,美国革命完成以后,他去到法国,参与了法国革命。富兰克林还是一个热心于教育整个新大陆的人民的人,他写过一本小书《给一个年轻商人的忠告》,有些像我们的劝世良言,是劝告新大陆的年轻人应该怎么生活的,我们来看里边的这段话:

> 切记，时间就是金钱。假如一个人凭自己的劳动一天能挣十先令，那么，如果他这天外出或闲坐半天，即使这期间只花了六便士，也不能认为这就是他全部的耗费；他其实花掉了或应说是白扔了另外五个先令。

时间就是金钱，这也是中国改革开放之初的"主旋律"。他还反复强调，信用也是金钱。一个人如果有信用，即使他只有几块钱，而实际上可以动用的却是几十上百块钱，等等。

在韦伯看来，富兰克林的这些劝告，就是资本主义精神的一种典型的反映，而这种资本主义的精神，恰恰和新教改革以后所产生的新的教义，尤其和加尔文宗的教义有很多契合之处。这个问题之所以会提到韦伯的面前，一个原因是，现代资本主义最初仅仅出现在西欧和北欧的一些地方，尤其是西欧。我们以前经常会听到人们讨论这个问题：中国的封建社会发展为什么长时期停滞？这个问题其实是非常可疑的。一个方面，封建社会是一个非常复杂的词，中国和西方在同一个时期的社会是不是都可以归于同一种社会形态，很可疑。另外一个方面，我们说它长期停滞，意思是说它是一个例外情况，正常的情况是大部分社会比较快地就自动由传统社会过渡到了现代；但历史上的实际情况是，西欧才是一个例外，全世界只有西欧才是自发地而不是在被迫的、被卷入的情况下，于十五六世纪就进入了现代，进入了资本主义。换句话说，例外的是西欧，而不是中国。所以，这个问题的提法本身还是有点儿疑问的。

早在韦伯之前，人们就观察到这样一个现象：在现代西方、现代欧洲，经济最发达、工商业最活跃的这些地区，恰恰都是新教徒占上风的地区。如果你绘两幅地图，一幅图标示出十六七世纪工商业最兴旺发达，资本主义发生、发展最快的这些区域。另一幅地图，标出新教徒占上风，新教徒占了比较大的人口比例的地方，这两幅图基本上会是重叠的。孟德斯鸠就曾经在他的《论法的精神》里面谈到过，法国后来进行宗教迫害，使得很多新教徒迁移到了欧洲其他国家，甚至迁移到了新大陆，这让法国的工商业一蹶不振。这个现象，或者我们刚才所说的两种地图的契合，是完全偶然的，还是中间有着某种关联呢？

韦伯的书名就标明了他的基本论点——"新教伦理与资本主义精神"，就是说这两者之间是有亲和关系的，是有密切关联的。新教，尤其是加尔文宗的伦理与资本主义精神之间有着密切的联系。在资本主义的产生和发展过程中，某种神秘的宗教力量起着重要和决定性的影响。韦伯的论证主要强调的是加尔文宗，而我们回想一下，加尔文宗的基本教义是什么，是一种预定论。预定论容易让我们想到宿命论。表面看来，这样的教义好像鼓励的是一种破罐子破摔的情形。因为如果我早就注定了是上帝的选民，那么我无论怎么捣蛋，无论怎么荒淫无道，都能得到拯救；相反，如果我早就注定了被抛弃，那么无论我如何谨小慎微，如何内心纯洁，外在的行为如何无可指责，我也仍然无法得到赦免。表面看来，这样一种学说应该产生的是这样一种结果；但是，韦伯的分析则是，它恰恰产生的是另外一种结果。那就是加尔文宗的伦理里面有这样一个微妙的机制：的确你没有办法改变上帝的决定，人的因素和神的因素比起来，是太微不足道了。但是，如果一个人内心纯洁，外在的行为无可指责，我们大致可以把这看成是上帝将恩宠施于他、上帝选中了他的一个标志。也就是说，虽然你不能够肯定，但是有理由认为，一个人如果思想很有问题、外在的行为也很放荡，恐怕就不大能够让我们相信，上帝会挑中这么一个人，而如果你内外都无可指责，我们大概可以说，这是上帝拣选了你的标志。

于是，一方面是对于改变自己的命运完全无能为力，另一方面又要克勤克俭，在自己的内在信仰和外在行为方面，都表现得尽量合乎标准，好像这样才能够劝慰自己、说服别人，我是被上帝选中了的，我并不是被抛弃了的。这样的情形，造成的是一种内心的高度焦虑感，这种焦虑感，反倒形成了一个巨大的动力，使得加尔文宗的教徒表现得与众不同。

为什么说新教和资本主义精神之间会有关联呢？在韦伯看来，有一个非常重要的关键点。"职业"这个词，我们大家都知道，侧重于世俗谋生的意义。又比如说，军人以服从命令为天职，"天职"这个词在英文里面是什么？是"calling"，召唤，上帝在召唤你，我蒙上帝的召唤。路德在将《圣经》译为德文时，把《圣经》里面的天职，翻译成了世俗的"职业"这个词（德语中的 Beruf）。"calling"有两层含义，一方面，它是上帝在"召唤"我；另一方面，这是我的"天职"，这是我的"职业"。于是，在新教，尤其在加尔文宗里面，世俗的职业就有了一种特殊的内涵。比如说我是一个商人，或者我是一个农场主，我是一个企业家。我有一份世俗的职业，我要靠这个职业来养活家人，我要靠这个职业来创造财富，我要靠这个职业在社会上谋得我的一席之地。但是，这个职业不光有世俗的意义，我在这个职业上面表现得非常之成功，我能够勤勉诚信，我能够创造而不是挥霍财富，这恰恰是表明我在忠实地执行上帝的召唤。这样，召唤、天职和世俗的职业行为之间，就发生了一种关联。我们经常会听到一些故事，比如说某一个身价上亿的大资本家，他刚刚做出一个涉及巨额资金的决定，然后他的下属就看到他从街边跑过来，兴高采烈地说自己买了一个打折的包。又比如说比尔·盖茨，我们知道他的绝大部分财富，已经明确地决定要回馈给整个社会，而不是留给自己或自己的家庭来消耗。创造财富而不是消耗、挥霍财富，这本身是资本主义精神的一个非常重要的部分。你获取了越多的财富，你在这方面越成功，恰恰表明你是在人世间完成上帝给予的使命。

因此，韦伯想要论证的就是，加尔文宗这样一种预定论，事实上造成一种特殊的效果，这种效果就是它的信徒内心总是高度地焦虑和紧张，一方面，自己的前途自己无从摆布，另一方面，越是无从摆布越想证明自己是被上帝选中而不是抛弃的。我要表明这一点，就越是要在现实生活当中取得成功。我非常勤勉，非常努力地创造了巨大的财富，但是，创造它而不是消耗它，才能够证明自己的价值，才能够证明自己和神的关系靠得住。用韦伯的话来说，宗教总是要让人克制，要让人禁欲的。但是，每种宗教不一样，天主教的方式是什么？比方说你去当修士、修女，你是要从世俗的生活中退出。而加尔文的预定论是怎样的呢？每个人都孤独地直接面对着上帝，充满着紧张和焦虑，而这种紧张焦虑又和人们对世俗职业的看法结合到一起，最后就产生了这样的观念：如果我在世俗的生活当中取得成功，我就会增加上帝的荣耀，而这一切是我被上帝拣选而不是被上帝抛弃的标志。经过这么一种转换，新教伦理和资本主义精神之间就变得非常之契合了，这就是韦伯的基本论点。

这样一种论点，当然会引起人们各种各样的讨论。一方面，有许多人非常信服。的确，像我们刚才所说，韦伯的研究本来就有一个起点，就是在整个西欧、北欧，从孟德斯鸠甚至在他之前就有人就观察到这种现象：新教徒和资本主义的发生发展之间的确有一种关联。像美国，后来崛起成为资本主义第一大国，它的文化底蕴的确是和加尔文宗有着最为密切的关联，这种关联让很多人相信韦伯所表明的新教伦理和资本主义精神之间所存在的某种契合性。

另一方面，人们也可以对此有各种各样的批评。比如，一种批评是说，把资本主义更多地解释成为一种精神层面的因素，好像完全把物质的、经济的因素给忽略掉了。这种指责对于韦伯来说，也许不是非常公平。因为他早就说过，他承认经济因素具有最根本的重要性，但是他的研究主要关注的不是这个方面。当然，我们也可以从另外一些角度批评他，比如我们一开始说到的地理大发现、对殖民地的掠夺、黑奴贸易等等，的确对资本主义的发生和发展起到了不可替代的作用，而韦伯的这个解释框架里面没有能够容纳这些因素。但我们需要更加注意的是，他并不是想说自己的整个解释框架就能够对资本主义作出一种说明，他作的是这样一种努力，即把资本主义更多地作为一种独特的精神因素来分析，而这一方面是特别需要我们加以重视的。

中国的历史，从1840年以来之所以动荡不安，很大程度上就在于它始终面临着如何处理好与西方的关系，如何与西方抗衡。直到今天，我们还在面临这个问题。而这个西方，就是资本主义的西方。对资本主义的认识，对现代西方文明的认识，我们一直在不断深入。我们学过中国近代史，都知道在五四之前，我们的先人们对于西方的认识，就有一个从单纯的坚船利炮到制度的先进，再到内在的文化思想因素这个层面的递进。我们今天说，要建设中国的新文明，需要吸纳世界文明各个方面的成就。这主要指的就是西方文明各个方面的成就，当然不只限于科技的、管理的、制度的层面，还理应包括若干思想的、价值的层面。对于资本主义的理解，我们需要一种更加全面，更侧重其精神性因素的出发点。而在这些层面，可以说，韦伯给我们留下了巨大的思考余地。

第五讲

科学革命

人的天职在于勇于探索真理。

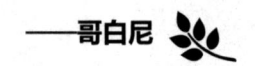

——哥白尼

影响人类过往的生活面貌的，有着方方面面的因素。其中哪些因素对于形成历史过程后来的面貌起到了更大的作用？是政治的因素？经济的因素？科技的因素？思想方式的因素？宗教的因素？这是一个难以简单回答的问题。在自然科学里面，可以通过受控的实验和建立数学模型的方法，来对特定因素或某个现象的影响程度来加以衡量。经济学家也经常谈论，某个产业拉动了百分之几的 GDP 增长。但是，对于具体历史事件对后世的影响，历史学家却很难给出精确的回答，也往往难以达成一致的看法。

比如我们谈到的，揭开了西方历史由中世纪步入现代的序幕的那几个重大契机——地理大发现、文艺复兴、宗教改革、科学革命——当中，哪一个对后世造成的影响更大？这是一个人们难以解答，并且因而很多人会认为没有什么实质性意义的问题。但是，在讲到科学革命的时候，我们先要列举两个权威人物的说法，他们都以对于不同历史事件重要性的比较，来表明科学革命意义的重大。

第一个权威人物是怀特海[①]，他是一个数学家，也是一个哲学

[①] 怀特海（Alfred North Whitehead，1861—1947），英国数学家、哲学家。"过程哲学"的创始人。

家，还是一个科学史学家。早年他与罗素一起写就了《数学原理》（*Principia mathematica*），奠定了现代数理逻辑的基础。这本书书名看似寻常，其实雄心勃勃，因为它与牛顿那部代表了科学革命巅峰成就的巨著是同名的。怀特海在他的《科学与近代世界》中谈到科学革命时认为，这是人类面貌自古以来第一次最深入的变革；而且，比之宗教改革让欧洲一百五十年"沐浴在血泊中"而言，"自从一个婴儿降生在马槽以来"，没有过一次巨大的变革是开始于如此小的骚动。一个婴儿降生在马槽，是指耶稣出世。对于西方文化传统中的人来说，还有什么比这更重大的事情呢？另外一个重要的历史学家，同时也是科学史学家巴特菲尔德[①]，在他的一本名著《近代科学的起源》中，把科学革命与文艺复兴和宗教改革的重要性相提并论，并且评论道：和科学革命对于现代历史、现代文明的进程的影响比起来，文艺复兴和宗教改革，几乎可以看作是偶然出现的插曲。当然，这样的观点有可能言过其实。但是无论如何，科学革命对于现代文明、对于现代历史所具有的意义，是不可以低估的。这是我们这一讲的一个引言。

科学革命的高潮是在 17 世纪，伽利略过世于 1642 年 1 月，牛顿出生于 1643 年 1 月。怀特海说，17 世纪是一个天才辈出的世纪。的确，提到科学革命，我们自然会联想到哥白尼、第谷、帕斯卡、笛卡尔、牛顿等等这些 17 世纪的天才人物，那是一个天才成群结队到来，

[①] 巴特菲尔德（Herbert Butterfield，1900—1979），英国历史学家。

群星灿烂的时代。罗素也在他的一篇文章说，假设这些天才里面有谁夭折在襁褓之中，整个历史的面貌都将大为不同。这让我们又想起帕斯卡的名言："要是克丽奥佩特拉的鼻子长得短一些，整个世界的面貌就会改变。"帕斯卡显然是在感慨，若干偶然的因素决定了历史进程和人类生活面貌。同样，在罗素看来，历史充满了偶然性，如果没有17世纪这样一些天才的人物就没有科学革命。当然也可以设想，可能真有一些比牛顿和爱因斯坦都聪明的天才人物在襁褓之中就已夭折，只不过人们无法求证而已。从这样的观点看来，历史进程受到太多偶然因素的影响。谈论中国历史时，我们也会经常看到人们感慨，如果慈禧太后或者谁谁早死或者晚死几年，整个后续的历史可能都将不一样。这也分明是对历史过程偶然性的感慨。

这个问题怎么看？的确，要说整个历史过程就都是被必然注定的，就好像是说，历史过程像是一幕戏剧，剧本早已被写好了，不同的演员来演，基本的情节不会发生变化，演员的努力只不过会使舞台上发生些微的而不是实质性的变化。如果真是这样，那又怎么在历史过程中安顿个人的自由意志呢？个人的抉择、奋斗归根结底又有什么意义呢？我们分明能感受到，个体的生活中有很多偶然的事件，比如每个个体的婚姻，偶然性太大了，特别是在网络时代。人类作为一个群体，它的历史发展过程当中也受到很多偶然事件的影响。但另一方面，人类历史的过程也有着受到制约的各种条件。我们观察人类生活的方方面面可以有不同的尺度和比例。比如研究汽车和火车的运行，我们只要考察一个平面，但是如果要设计国际航班的旅行路线，就要考虑到地球是个球体。我们研究某个国家的变化，会研究皇帝、大臣、将领的才干等因素如何影响到皇朝的命运；但就更宏观的、大尺度的人类历史来看，这些就变得不那么重要了。比如，很多不同学科的学者都从不同的角度强调，在整个北半球有一条15英寸降雨量的分界线，在中国那条线其中的一段就基本上和长城重合。15英寸降雨量的界限，意味着这一线以南以东的土地降雨丰沛，物产丰富，在这一界限以北以西就只能是逐水草而居的游牧民族。这就注定了在很长一段历史时期内游牧民族和农耕民族注定要冲突的大格局，如中国历史上所不断重演的那样。历史研究当中有时候会出现一些刚开始时出人意料但是却很有说服力的例证，这些新视角让我们对过往的人类社会产生新的认识。从后一个层面来看，许多人物的作为和偶然出现的事件，就在很大程度上丧失了其原本似乎具备的重要性。

天才人物，无论是科学家、思想家还是雄才大略的政治家，对于社会的偶然影响太大了。但是除此之外，我们也可以说，人类的发展，像我们所举的例子那样，有时好像也内在地具有某种必然的趋势，受到某一种把可能性降到很小程度的制约。比如说，对于现代史而论，哥伦布发现新大陆这件事重要极了，现在有些人论证说在哥伦布之前有人发现了新大陆。一个美国的退役海军上校，写了本书在中国受到热捧，因为他要证明中国人在哥伦布之前发现了美洲。[①]且不说这整个论证过程很多都是胡言乱语。换另一个层面来说，只有哥伦布发现美洲才成为一

---

① 此书指的是英国皇家海军退役军官加文·孟席斯所写的《1421：中国人发现世界》。

个重大的事件，因为新大陆的发现要和资本主义的发生、发展联系在一起，和新的世界体系的形成联系在一起，才能成其为划时代的事件。此前的发现即便是真有，也没有这样的意义。

哥伦布发现新大陆这么一个重大的事件，你可以说有偶然性。刚好是这么一个人做成了这件事，而且他还误以为自己发现的是印度。但是，这其中也有必然性。在那个时期，西班牙、葡萄牙和欧洲的其他地方，不断有探险家在出发，企图发现更加广阔的世界。可以说，就在那个时期，一定会有人发现美洲，即使哥伦布没发现，也会有其他人。再比如微积分的发明，对现代科学来说当然是个重大事件。我们现在确定地知道，莱布尼茨和牛顿是分别独立地发明微积分的。人类历史有很多这样的时候，某人成就了一桩在历史过程中产生重大影响的事件，但是这一桩事件不见得就一定要和某个人联系在一起。从这样一个视角来看，偶然性的因素又常常是被人们过分重视了。

现代科学，不仅标示着人类和自然之间的关系，开始因为人类认识自然的能力而发生了变化，而且它还意味着人们的思维模式、人们看待自身和世界的模式，发生了重大的变化。我们可以将现代科学的思维方式和传统的、经学的思维方式作一番对比，来说明科学革命在变革人们思维方式的方面所产生的重大影响。经学思维方式的一个基本特点是由既定的权威出发，而所达到的结论也不能够超出权威既定的范例和范围之外；还有一个特点就是正面的论据和反面的论据，最后都能够证明同一个论题。我们可以举这么一个例子。现代科学出现以后，在宗教神学的领域内也引发了一连串的效应。《圣经》的开篇《创世记》里面，记载了上帝创造整个世界的过程，那么以前的圣经学家们、基督教会的学者们也研究，上帝创造世界到底已经多少年了，然后得出各种各样的论点。

假设说，有这么一种通行的论点被接受了：上帝创造世界到现在为止已经是六千年了。如果这样一种论点，大家都居之不疑地接受了；那么我们发现一块化石，经过科学方法比如说碳14的测定，确定这块化石已经存在五万年了，我们受过现代科学洗礼的人就会修正以前的看法，从而确信至少这个世界是在五万年前就已经出现了，不可能是在六千年之前才出现的，这块化石就是再有说服力不过的明证。但是你假如站在一种要从权威出发、不超出权威所规定的范围的立场上，也可以用别的方式来维护原有的观念。你完全可以说：上帝创造了这个世界，上帝创造这个世界到现在为止是六千年，这没有问题；这块石头已经存在五万年，也没有问题。那么这两点怎么协调到一起呢？那就是，上帝创造世界的时候也创造了这块石头，他把这块石头创造成四万四千年之前就出现的了。当然，我们举的是一种非常极端的、有些戏剧性的例子。

这样一种经学的思维方式，其实我们以前也触及过，我们说马基雅维利的思想有一个特点，就是高度的世俗化，完全摆脱了用神学的眼光来看待政治的。我们当时举例说，中世纪后期政治思想的一个重大问题是，人民有没有反抗暴君的权利。即使是完全相反的论点，也都是要从《圣经》里面，从宗教权威那里来找到基本依据的。这样的思维方式，遍及于人类生活的各个领域。在对待整个自然界，在对待整个宇宙的看法方面，也是如此。我们怎么来看待自己所处的这个世界？我们怎么来看待人、天、地之间的关系？仿佛是理所当然地，就会出现一些既定的教条，而这些教条是人们所不能够突破的。比如，人是上帝所钟爱的，他必定处于整个世界的中心，表明他作为万物之灵的得天独厚的地位。又比如，天体运行的轨迹必然是圆形的，为什么？因为天体是完美的，而完美的天体只能够按照完美的轨迹来运行，圆形是最完美的轨迹，因为它的起点同时也是终点，而且圆周上的各点到达这个圆心的距离是完全相等的。必须满足这些基本的前提，然后才来进行天文学的观察、研究、推论和思考。

我们都知道，哥白尼所要挑战和企图推翻的是传统的托勒密天文学体系，而托勒密体系是在接受和维护刚才如前所说的这些前提的基础上，再来对天文学现象进行描述和解释的。但是，如果实际观察到的天文现象非常之复杂，用刚才这些个教条很难解释的时候，怎么办？那就不断地添加各种各样的教条。比如，一个天体的运行轨迹如果它不是完全的圆形，我就再添加几个乃至几十个圆，最后来证明，这个天体仍然是按照圆形的轨迹来运行的。这在传统的天文学术语中叫作"本轮"和"均轮"。到了哥白尼时代，并不是说托勒密体系不管用了，还管用，因为上千年来它不断根据天文观测的结果进行大大小小的修正。甚至于在当时，它比哥白尼的学说还能够更好地解释天文现象，但是它的麻烦在于太复杂，为了兼容过多的教条，把自身变得非常之麻烦。

我们可能会觉得，西方传统中有这样的经学的思想方式很正常，因为它有基督教长期笼罩着人们思想的历史；而中国并没有一个人格神的宗教传统，所以它要么没有这种思维方式，要么程度也大为不同。但是可以说，中西传统在这方面并没有特别大的实质性的分别。中国传统的思维方式，也可以说是一种经学的思维方式。我们举一个例子。

近代史上，1898年中国发生了戊戌变法，其中最重要的人物康有为，他最重要的理论著作是《孔子改制考》《新学伪经考》。也就是说，距今仅仅一百多年，作为当时最激进的政治家和改革家之一的康有为，要为当时中国的改革、要为当时中国在社会政治方面的大变动，企图作出理论上的论证的时候，他所诉诸的权威是谁？对，孔子。他必须把孔子论证成两千多年前就具备了今日改革的基本思路的这么一个人物，必须把自己论证成两千多年之后得到了孔子的微言大义的这么一个人物。这实际上就是一种非常典型的经学思维方式，这样一种经学思维方式在人们看来再理所当然不过的时代，离现在不过一百多年。我们没有在自己的本土上，自发地产生过一场科学革命，所以我们没有经历过一场比较彻底的科学革命的洗礼。所以，在我们的头脑当中，在社会生活的各个方面还保留着的经学思维方式的残余，有时候非常之顽固，非常之浓厚。举个改革开放之初的例子，那时允许个体经营了。但当时有一段时间都规定个体经营雇工不能超过七个。之所以有这个数字规定，据说是马克思的著作讲过，雇工八个以上就存在剥削。这样一种经学的思维方式离我们非常之近，甚至在今天，在我们生活的各个领域里面，还会时不时地冒出来一下。

我们还知道，无论是中国还是西方的传统社会里面，天文学都是有着特殊地位的。因为天文学直接涉及一种文化、一个民族的宇宙图景。这样一个图景，规定了人类，或者说你这个民族，你这个特定的王朝，在整个宇宙当中所占据的地位。所以天文学经常带有非常浓厚的宗教的、政治的、意识形态的色彩。传统的中国是一个农业国，中央政权的一个非常重要的职能就是，每隔一段时间要根据变化了的情况修订历法。因为农业生产是要按照历法来进行的，运行了几十年或者几百年后，历法的误差会明显变大，不实用了。这时候就必须根据新的观测和研究，来重新修订历法。

中国历代政权都有一个机构叫钦天监，主要工作之一就是这个。明朝时钦天监屡次推算日食不准确，崇祯皇帝召回了大科学家徐光启重新编订历法，徐光启就在西方来的汤若望等人的帮助下完成这件事。那么制定天文历法就需要观测天象，就要观测各种天体运行之间的关系，就要有各种各样的数学模型，就要计算。虽然，我们的传统中没有托勒密那样严整的体系，没有基督教那套神学传统，但是也有很多先入为主的观念，这些观念就变成了一种很难逾越的教条。

比如计算天体运行之间的关系，算来算去，小数点后面是一个无穷无尽的余数，是一个不干净的数字，人们就觉得这不对劲，为什么？因为高贵的天体的运行，最后居然和这么一个不干不净的数字挂上钩，好像是一个非常不体面的事。《元史》里面就记载，元代的官员和天文学家们就碰到了这样的问题，然后得出来的结论是什么？"天行有悖。"算来算去，没算错，观测也没错，可是算出来是这么一个数字，结论就是天行有悖，天的运行不太正常，因为它要正常，就不可能是这样的。徐光启当时提出来的一个命题:"天行有恒数而无齐数。"说天体的运行是有规律的,如果用数学关系来表示,会是一个恒定的数字,但是不见得是一个整齐的、干干净净的数字。这个命题在我们今天看起来实在是卑之无甚高论,但是,在当时则体现为一种新的精神:任何权威的教条,比起我们自己的观测和理性的推论来说,都是不能够算数的。仅凭这一点,徐光启就足可以在思想史上占据重要的一页。

我们举以上的例子,一方面是想表明,之所以更多地从文化史和思想史的角度来讨论科学革命,是因为科学革命本身是人类思维方式发生革命性变化的重大标志,涉及文化史和思想史上的重大改变。另一方面也是通过这些浅显的例子来再度说明黑格尔的那句话:"我们之所以是我们,乃是因为我们有历史。"人类现有的一切,都是历史的产物。我手上的粉笔头是历史的产物;在座的每个个体都是历史的产物;桌子、电脑也是历史的产物,是人类文明不断积累、发展的成果;人类思维的方式、人类思维的基本概念,也同样是历史的产物。我们今天认为理所当然的思维方式,在过去也许是不曾出现过的,也许是人们在某些时代还无从设想;而今天所盛行的、人们认之为当然的思维方式,也许在今后,也会被人们看成非常之可怪,而被当作一种历史上的遗迹来加以考察,并且企图来重新加以同情的理解。

从哥白尼到牛顿

接下来,我们要做两方面的工作,一方面是讲一下科学革命所涉及的一些人物，在文化史和思想史上，究竟有些什么样的特点。他们在以往我们的教育和阅读当中，经常给人们留下一些错误的印象，我们也借此机会来做一点纠正。我们的重点不是讲他们的科学成就，那些大家都很熟悉，也很容易就能了解到。另一方面，在涉及科学革命当中的这些人物时，我们会把同时代、前后时间相仿佛的中国科学史上一些重要的人物穿插在其间，我们想看一下，同一时代，当西方出现科学革命的时候，代表着中国传统的科学技术发展的最高成就的是哪些人，他们在做些什么事。

以下这个列表最直观地展现出来了这一点。借此我们会介绍下当今科学史研究、中西文化比较研究中的一些重要问题。

西方科学家	中国科学家
哥白尼（1473—1543）	李时珍（1518—1593） 徐光启（1562—1633） 宋应星（1587—约1661）
第　谷（1546—1601）	
布鲁诺（1548—1600）	
伽利略（1564—1642）	
开普勒（1571—1630）	
笛卡尔（1596—1650）	
帕斯卡（1623—1662）	
牛　顿（1643—1727）	

哥白尼

首先要谈到的当然是哥白尼，现代科学史上最伟大的波兰人就是他和居里夫人。这些年一些新的研究成果表明，哥白尼是不同文化发生交流碰撞的一个受益者。因为哥白尼虽然是波兰人，但是他的很多研究实际上是在意大利罗马做出来的。现有的研究充分地证明，他利用了很多十字军和商人从阿拉伯世界带回来的天文观测资料，还吸收了阿拉伯世界的天文学诸多成就。我们知道，耶路撒冷是三教圣地，基督教、犹太教、伊斯兰教都视之为最神圣的地方，中世纪时以基督教为主导的西方世界有过好几次大规模的十字军东征，要从异教徒的手中夺回圣地。这也是商业贸易之外，促使西方对拜占庭文明和阿拉伯文明有所了解的一个重要途径。阿拉伯世界在相当于西方中世纪的漫长时期里面，积累了很多天文观测的资料。哥白尼在做出自己的革命性发现时，很大程度上利用的就是阿拉伯世界这方面的成果。

哥白尼本人，我们可以说，他更多的是一个数学家，而不是一个从事实际天文观测的天文学家。哥白尼的"日心说"刚出现的时候，也有一小部分科学家支持，但并不能够马上就被大众接受。为什么？除了传统的思想习惯以外，一个非常简单的原因，对于当时的人来说，托勒密体系是符合人们常识的，而哥白尼的体系是和人们的常识相反的。比如"天圆地方"，"天似穹庐，笼盖四野"，这是每一个民族对于天的最直观的感受,在这样的感受里,地球是居于中心的。假如不是包括太阳在内的星体围着地球转,而是地球围着太阳转,那么就会产生疑问。比如我扔一个粉笔头,它就应该会落在我的西边,而不是落在原地,这在那个时代是一个非常正常的疑问。都会问为什么?因为那时大家还不知道那是惯性的作用,惯性的概念,是很多很多年以后才得到确立的。而哥白尼要做的事是什么?实际上他做的更像一个数学家的工作,这个数学家的工作就是表明,假如不是以地球作为中心,而是以太阳作为中心来重新考察,重新推想天体运动之间的关系,可以用更加简洁、更加准确的方式,来完成这个任务。这实际上就是"哥白尼式的革命"的主要意义。

第谷

再看下第谷·布拉赫[①]。第谷本身并不是一个非常有革新精神的科学家,他主要的贡献是对天文现象有大量新的很精确的观测,并且把这些成果传给了他的弟子开普勒。其实第谷是非常坚决地反对哥白尼的体系,而完全相信托勒密体系的合理性,所以从这个事实,我们也可以看出,科学革命过往留给我们的,那种新旧之间不可调和而新的终于彻底战胜旧的这么一种印象,是有点靠不住的。

---

① 第谷·布拉赫(Tycho Brahe,1546—1601),丹麦天文学家和占星学家。

布鲁诺

我们大家都有一个印象,认为布鲁诺是哥白尼学说坚决的、狂热的拥护者,他就是因为坚持日心说而被烧死在罗马鲜花广场上。这个印象也是不大准确的,布鲁诺当然对哥白尼的日心说有非常大的热情,但他被教会烧死主要不是因为日心说,因为那会儿日心说流传还不太广,相信的人也没那么多,危害没那么大,教会没必要因此而把他烧死。更主要的原因是,他从日心说这里发挥出来一套泛神论:太阳是中心,而地球不是中心,而且整个宇宙不只有一个太阳,有无数个太阳,有无数个地球围绕着无数个太阳,世界是由无数个类似的世界构成的,因此有无数个神。他是因为这样一种多神论,而受到教会当局迫害的。

伽利略

在科学史和思想史上,伽利略经常被认定为是第一个真正具有了完美的现代科学精神的人物,他的成就是多方面的。现代科学一开始,也要从西方文化的传统里面吸取资源。柏拉图曾说过:"如果确实存在着上帝,如果真的是上帝造出了世界上所有的花草树木、飞禽走兽,那么,他一定是一个几何学家。"所以,柏拉图的思想里面有一个倾向和毕达哥拉斯学派非常接近,那就是强调数。古希腊思想中有这么一种倾向,那就是整个宇宙、整个世界是和谐的,而这种和谐,以及这个世界里面一些奇妙的关系,最后是可以用数学工具来把握的。也就是说,把所研究的自然现象尽可能地数学化,这是古希腊思想的一种固有因素,这在现代科学创始之初,发挥了非常大的作用。

伽利略和作为欧洲现代哲学开山祖师的笛卡尔,都有过几乎一致的断言。伽利略说"数学是上帝用来书写宇宙的文字",笛卡尔说"上帝必以数学法则建造宇宙"。不同的表述方式,意思都非常一致:整个世界自有其奥秘和规律,而这些奥秘和规律,终究是可以用数学的工具表达出来的。伽利略研究抛物体的运动、斜面物体的运动、天体的运动。他还改良了各种各样的工具,他创制了天文望远镜,来观察月球的表面,证明月球表面是不平的。他改良了计时仪器,原来的计时仪器,不足以用来观察自由落体运动,等等。他做这一切的时候,都有一个基本的信念:上帝创造了世界,整个世界、整个宇宙的奥秘是上帝才能够完全把握的;人类的理智虽然是有限的,但是就我们所能够了解的各个小的局部来说,完全可以达到上帝一样清晰、正确的认识。人类的理智完全可能在某些特定的局部,达到和上帝一样清晰、准确的知识。这里所展现出的人类对自身理性的自信,确乎洋溢着现代科学蓬勃向上的青春气息。

如果说,伽利略的成就在很大程度上是揭示了地面物体运动的规律的话,那么开普勒[①]的成就则是揭示了天体运动的规律。我们刚才

[①] 开普勒(Johannes Kepler,1571—1630),德国天文学、数学家与占星家。

说伽利略被认为是现代科学精神的完美体现,开普勒在年代上比他稍晚,不过这个"天空立法者"还有很多不那么科学的色彩。开普勒是一个天赋非凡的数学家,他还是一个名气不小的占星术士,他有很多神秘主义的情怀。他之所以常年从事天文学的观测,从事天文学的研究,很大程度上就是因为他有一个内在的信念。他坚信全能的上帝所创造的宇宙一定是和谐的,完美的宇宙后面一定隐藏着完美的数学公式。"天体运动不是别的,不过是几种声音汇成一种连续的音乐。这种音乐只能为心智所领悟,不能被人的耳朵倾听。"开普勒的行星运动三大定律,就是由这么一种信念支撑着的。由此可以看到,科学与宗教、与某些不那么科学的占星术、巫术传统之间的关系,也常常微妙而复杂。

牛顿

标志着科学革命达到巅峰的,就是伟大的牛顿。牛顿生于1643年,在现代科学史上,能够和牛顿相提并论的人物,大概也只有爱因斯坦了。《自然哲学之数学原理》是他科学成就的一个总结。自然哲学是什么?我们说过,按照中世纪的传统,神学是最高的学问,别的学问包括法学、医学、哲学等都应该服务于它,都应该是它的仆人。这别的学问,就包括法学、医学、哲学等。自然哲学,实际上就是研究自然现象的学问。自然哲学在牛顿这里,很大程度上就是我们后来物理学的同义词。牛顿的科学成就是多方面的,万有引力定律的发现当然是最引人注目的部分。对光学的研究，也是其中非常重要的一部分。另外，牛顿和莱布尼茨各自独立地发明了微积分。这些巨大的科学成就当中，只要做出其中一项，就足以留名青史了，但是牛顿同时做出了那么多，真是科学史上一个了不起的人物。

科学革命，从思想史、文化史的角度来考察，包含着不同思维方式的转变，也包含了原有的思想教条被抛弃而新的思想前提被确立的这么一个过程。我们从牛顿的《自然哲学之数学原理》里面能看到，现代科学有其基本的前提，这些前提不是自然科学研究本身所能够证明或者推论出来的，但却是现代科学赖以奠定自身的一些最根本的、最基础性的前提。

一、寻求自然事物的原因，不得超出真实和足以解释其现象者。

在这本书中，牛顿总结了他的哲学中的推理规则，也就是在他进行物理学研究时所自觉遵循的基本规则。我们来看其中的两条，第一条："寻求自然事物的原因，不得超出真实和足以解释其现象者。"下面有一段小字是解释了："为了达到这个目的，哲学家们说，大自然不做徒劳的事，解释多了白费口舌，言简意赅才见真谛，因为自然喜欢简单性，不会响应于多余原因的侈谈。"这个译文稍微有点别扭，要说的是什么意思呢？要研究一个自然现象，不要寻找太多的东西，简单的、足够解释这个现象的就够了。我们刚才谈到哥白尼的体系为什么能够建立，为什么在一开始能够受到一些科学家，并且后来受到越来越多人的支持？并不是当时的天文观测终于表明了太阳是在中心，地球不是在中心，而是假如以太阳为中心，可以用简洁得多的方式,来解释那些同样的天文现象。

从中世纪的后期开始,西方思想中就开始出现了"神圣的简洁性"这样一种观念。也就是说,同样都能够解释同样一个现象,简洁的那个就更加可取。这一条不是自然科学研究或者推论过程得出来的一个结论,但它是现代科学的一个基本前提。我记得有一次看电视上采访华裔诺贝尔奖获得者朱棣文,他谈到,研究工作中有一次要做出往哪个方向来构思理论的抉择,他说之所以做出当时的选择,是因为那样做更简单、更美。更简单、更美,并不是研究过程当中的一个推论或者结论,但是成了他选择研究路径的一个基本动机、基本准则。神圣的简洁性,这是中世纪后期就出现的观念,从这个事实,我们也可以看到,近来的研究经常强调中世纪和现代并不是截然分开的,现代的很多因子是在中世纪特别是中世纪的中后期就萌芽并逐步发展起来的,的确有很多现象来表明这一点。

二、因此对于相同的自然现象,必须尽可能寻求相同的原因。

牛顿谈到他进行研究的第二条准则是:"因此对于相同的自然现象,必须尽可能寻求相同的原因。"这好像也是卑之无甚高论的一句话。牛顿的解释是,比方说,人是在呼吸,野兽也是在呼吸,人和野兽的呼吸并没有什么大不同;欧洲的石头往下落,美洲的石头往下落,它们之间也应该没什么不同;做饭用火所发出的光和太阳的光、地球的反光和行星的反光,都是同样的现象。对于这些相同的现象,在研究的时候也要尽可能地寻求相同的原因。我们会觉得,这好像是老生常谈,甚至不太明白为什么牛顿会把它标举出来,作为一个值得一提的规则。但是我们回过头来想，就像刚才谈到的传统世界对于天体运动的设想，无论在中国还是在西方，都有那么一些与现在不同的观念。

比如，在西方传统的观念里面，天体的运行必然是按照完美的轨迹来运行的，必须是圆形的轨迹，而且还认定，离我们越远的天体就越高级，越是由更加干净、更加稀薄、更加透明的东西来构成的，等等。这种观念认定了，构成这个世界的是在质上完全不同的东西。再比如，中国的传统里面爱谈圣人，那么圣人和普通人的人性是一样的吗？明朝时候有人认为是一样的，"满街都是圣人"[1]。但是，在更早和更多的时候，很多人是不承认这个的，那时候认为"唯上智与下愚不移"[2]，圣贤凡愚之间、人与人之间天然地在智能和道德禀赋方面就是有着质的差异的。我们是借用牛顿的"哲学推理的规则"，举了两个例证来说明，科学革命的发生本身是思想史上的一个重大的事件，它不仅标示着人们在认识自然方面所取得的重大突破，也表征着人们思维的模式发生了革命性的变化。

科学革命的意义及影响

我们可以推想，这样一场从哥白尼到牛顿所成就的、以经典力学体系的奠定而达到巅峰的科学革命，对于思想史、文化史，对于人们

---

[1] 出自王阳明《传习录》。
[2] 出自《论语·阳货篇》。

的观念，对于当时的社会，对于当时有知识、有教养的人们的思想，发生了什么样的影响，产生了何等的冲击。也许，你可以回忆一下中学物理课上，自己推算出来第一宇宙速度、第二宇宙速度时的感觉。中世纪的传统中，人们对人类的理性怀有一种非常谦卑的看法。理性也许可以用来帮助我们论证和坚定我们的信仰，认识所生活的这个世界；但是相对于上帝的安排，相对于整个宇宙的奥秘来说，理性实在是太弱小、太有限了。它如何可能了解宇宙的深邃的奥秘？而在宇宙人生的各种奥秘之中，最深邃的奥秘又是什么？那就是天体的运行。人生活在世界中，和整个宇宙、和外在世界有着各种关联。那么，天体的运行之间是何种关系，天体的运行与人类所栖居的地球之间是何种关系呢？

现在，居然有人用一个简单的、后世的中学生都能掌握的数学公式，一下子就揭示出来了。原来，整个世间最深邃的奥秘是人们的理性就能够把握的，人类的理性原来具有这么了不起的功能，它不仅不是脆弱的，反而是异常强大的。我们寻常人虽然没有机会也没有能力像牛顿那样来亲自揭示这样的规律，但是我们一旦受到启蒙，受过基本的教育，就能够了解他所做的研究，可以对天体的运行达到和他同样清晰、同样准确的认识。这对于那个时代的人们来说，是一个非常大的冲击。

人和外在世界的关系是什么？人的理性具有什么功能？人究竟能够做些什么？经历了科学革命的洗礼，人们对这些问题的看法发生了巨大的变化。人，不再是脆弱而有限的一种生灵，相反，他具有理性，而理性能够了解世间最深邃的奥秘。外在的宇宙、外在的世界有着各种各样的奥秘,但那些奥秘并不是外在于我们的,而最终是可以被我们把握和理解的。而且,外在的神秘的宇宙,是被一些人类的理智所可能掌握的规律所支配着的。这些观念经由科学革命,开始进入人们的头脑,甚至直到现在还支配着人们的头脑,形成人们头脑当中又一种似乎是理所当然的前提和信念。我们可以举几个例子,来表明科学革命对于人们观念世界的影响。

英国的一个桂冠诗人,熟悉英国文学的同学肯定知道,Alexander Pope,中文一般译成蒲柏①。牛顿去世的时候,蒲柏给他写了这样的墓志铭:

Nature and nature's laws lay hid in night;	自然和自然的法则隐藏在黑暗中,
God said, 'Let Newton be!'	上帝说:让牛顿出现吧!
and all was light.	于是一切都变成光明。

这就是当时人们的认识,是不是很像宋儒对孔子的高度评价"天不生仲尼,万古如长夜"②?从前,人们生活在黑暗之中,人的理性对于世界的奥秘是不能够了解的,外在的世界对人来说是一个奇异的、神秘的、不可能去了解的世界,人要关注的是自己内心的灵魂,相信外在的一切都是上帝的安排。自然和自然的法则隐藏在黑暗中,人们

---

① 蒲柏(Alexander Pope, 1688—1744),18世纪英国最伟大的诗人。
② 出自《朱子语类》卷九十三。

对此蒙昧无知。牛顿出现了,然后一切都变得光明了。牛顿的科学成就,尤其是他揭示出了万有引力定律这样的大经大法,所有的一切,我们都能够看得清清楚楚了,我们能够清晰地了解整个世界的奥秘了。这是多么巨大的转变!蒲柏的诗句,反映出来的是一个时代的普遍共识。的确,在以后很长一段时间内,自然科学的发展仿佛就是要把牛顿的方法、原则和普遍真理,落实到各个具体的研究领域中去。

再举一个例子,后来法国的数学家、物理学家拉格朗日①也曾不无嫉妒地说过:"牛顿是世界历史上最伟大的天才,也是世界历史上最幸运的天才,因为世界只有一个,作为世界的根本法则的解释者也只有一个人。"牛顿是伟大的天才,这没什么好说的。为什么说最幸运呢?这就像周瑜说的"既生瑜,何生亮",别人就算比他更加天才也没用了,因为解释世界的根本法则这件大事已经被他做了,即便有同样甚至更伟大的天才,也英雄无用武之地了。那时候,人们就觉得牛顿已经把大事都做完了,别人要做的不过是在他的基础上修修补补而已。我们列举了一位诗人和一位科学家留存下来的关于牛顿的文字,就可以更加真切地体会到科学革命的意义了。除了对于客观世界方方面面的影响之外,还有什么比人类改变了对自己在所处世界中的地位的认识更重要呢?

我们今天不是从科学史领域本身,来谈科学革命所引发的巨大变化的,而是主要涉及科学革命的思想史意义。可以说,对于很多人来

---

① 拉格朗日(Joseph Louis Lagrange,1736—1813),法国著名数学家、物理学家。

说，科学革命促进的是人对于自身的一种更积极、更乐观的看法，因为人的理性居然能够了解整个世界的奥秘，而在把握了世界的奥秘之后，人类当然就可以更自信、更自如地面对大自然。所以，不了解科学革命，我们对18世纪的启蒙运动，对启蒙运动的那些基本信念，如理性的至上地位、历史在不断进步等等，就难以有真切的了解。

在有的人那里，科学革命也可能带来的是一种相反的后果，像科学革命的一个伟大参与者、杰出的科学家帕斯卡。对于他这样内心高度敏感而又宗教情怀深厚的人来说，科学革命带来另外一种震荡。以前人和世界之间是一种温情脉脉的关系，世界像是被一层神秘的帷幔所包围着，人生有很多让人好奇的、值得探究的东西，而现在，一切都失去了温情和色彩，世间万物都被冷冰冰的法则所支配着，而且，人和上帝的特殊关系也被科学革命新构筑出来的世界图景所否定了，那么，又何从寻找人的安身立命之处？这是我们需要了解的另外一种面相。同样是在杰出的科学家身上，科学革命所引发出来的可以是非常不同的效应。

中国没有自发地产生过像西方从哥白尼到牛顿的这样一场科学革命，这是一个既定的事实。在学术史上，有很多人从各种各样的角度来讨论，中国为什么没有产生现代科学的这一问题。传统中国有没有科学？有，这点没问题，甚至还有过非常高的科学成就。中国古代的数学就曾经发展到非常高的程度。大家看金庸的小说，黄蓉那么聪明，也被周伯通曾经的亲密战友瑛姑出的那几个问题难住了。那些数学问题和解法都是中国古代数学史上确曾出现过的，代表着古代数学所达到的高水平。

当然，也有不同的看法。著名学者吴大猷就曾经说过："一般言之，我们民族的传统，是偏重实用的。我们有发明、有技术，而没有科学。"他本人是杰出的科学家，这样的说法当然有他的道理。有的哲学史家说，中国文化太强调实用，强调的都是能够马上派得上用场的东西，太重视政治、伦理的价值，因此不鼓励对纯粹智慧的追求，缺少西方那种为知识而知识、为探求真理而探求真理的精神等等。过分注重实用，妨碍了中国科学的发展，导致了现代科学没能在中国发展起来。这些看法都各有其道理，都能够给我们一些启发。

我们今天要介绍的是清华的前辈学者何兆武先生的观点。他有一部文集《苇草集》，书名就是取自于帕斯卡的一段话："人是会思想的苇草，他像苇草一样脆弱，却因为有思想而高贵。"《苇草集》里面有一篇论文，叫作《传统思维与近代科学》，我们要介绍的就是其中的论点。何先生认为，现代科学的出现和发展，需要一些特定的物质条件和思想条件。首先，物质条件上，科学的发展必须和某个社会阶级的利益结合在一起。在现代之初，资本主义的发生和发展，使得科学的发展与新兴阶级的利益再密切不过地联系在了一起。恩格斯曾经说过："社会一旦有技术上的需要，则这种需要就会比十所大学更能把科学推向前进。"的确如此，航海术、开矿、冶炼……新的生产方式需要人们的知识疆域不断扩展，需要人们对自然界有更多更深入的了解，以使得人类能够更加有效地利用和"征服"自然——现在人们开始反思"征服"这样的词了。现代科学出现在西方,是和新兴的、正在上升的、特定阶级的利益结合在一起的。

何先生所谈到的另一个物质条件是,科学的发展必须受到现有的政治社会体制的尊重和鼓励,也就是说,现有的体制必须能够把大量的聪明才智吸引到科学事业上来,必须能够让最优秀的头脑从事科学研究和技术发明。这和上面所说的那一点是相互关联的。可以说,除了现代西方,在其他的文化传统和文明那里,包括中世纪的西方,的确不存在这个条件。在19世纪后期和20世纪很长时间当中,很多阿拉伯国家或者从前是殖民地的亚洲国家的王公贵族们,都会把自己的孩子送到西方,送到伊顿公学、哈罗公学,送到牛津、剑桥去学习。但是这些子弟回到祖国以后,很少有人会进行朝向西方模式、朝向现代化模式的变革。为什么?因为那不能够维护、巩固,相反却可能危及他本人的利益。他在那个社会的优势地位靠的是传统的体制,是血缘,而不是聪明才智。

《天工开物》被李约瑟誉之为"17世纪中国的百科全书",宋应星是《天工开物》的作者。这部巨著实际上在当时并不受重视,到清代以后甚至被禁毁以致失传了,民国时人们又重新在海外寻访到原著并带回来。宋应星在《天工开物》的序言里面就沉痛地感慨说:"此书于功名进取毫不相关也。"也就是说,他所做的把当时和前人的聪明才智、技术改进记录下来的这件事,和功名利禄完全没有关系。和功名利禄有干系的是什么呢?是高贵的血统,是科举仕途。大家看看《儒林外史》里面,人们为了应付科举考试想出来的各种各样的作弊办法，还有各种考前的培训，就后一方面来说，可谓是"新东方"的先驱。这些为什么会发达起来？因为它会带来功名利禄。如果现有的政治社会体制不尊重科学技术创造，也许会有一两个宋应星来做这样的事情，但不能期望科学技术在这样的社会得到长远的发展。改革开放的早期阶段，有一个被人热议的话题，叫作"搞导弹的不如卖茶叶蛋的"，前者的收入不如后者。真要总是这样的情形，那就无法设想科技事业能够得到长足的发展。

何兆武先生在谈到近代科学出现所需要的特定物质条件之外，也谈到了思想方面的条件。这些条件，和我们刚才就牛顿的那几条哲学推理中的规则所讨论的，非常接近。这里简单归纳一下：

第一，世界观上必须以一切人和物一律平等的普遍的铁的法则，作为其思想前提。牛顿那句话怎么说的？对于相同的自然现象，必须尽可能寻求相同的原因。而在传统的世界观——无论西方还是中国——看来，外在的自然界和人类社会都是品类不齐的，都是不一样的，圣人和凡人肯定不一样，天体和地球肯定不一样，它们不可能服从同样的规则。而现代科学重视的不是质，质的不同也要被解释为量的不同，它必须持有这样一种平等的世界观。

第二，真正的科学知识必须是人们进行有意识、有系统、有目的的观察和实验之后，所得出的结果。重视实验，重视自己的观察，不能以信仰和教条为准，而必须以经验和事实为准。徐光启"天行有恒数而无齐数"的命题，就在很大程度上体现了这样的精神。还有我们所熟悉的伽利略在比萨斜塔上做球体下落实验的故事，这不一定是真的，但是也反映了现代科学的一个基本特点，就是任何权威的论断，都没有我自己有目的的、系统的实验和观察靠得住，我要相信的是理性、相信的是实验。

第三，由观察和实验所得的结果，必须概括成一个数学模型。这是何先生所总结的最后一个思想方面的条件，就是说要数学化。我们也知道，甚至直到现在，很多学科的发展水平都是以其数学化的程度作为一个衡量标准的。而现代科学的一个特点，从哥白尼到伽利略，从开普勒到牛顿，都是始于有系统、有目的的实验、观察，最后总结为一个数学模型。即使在宗教信仰中曾经来回摇摆，思想里面具有强烈的神秘主义因素的帕斯卡，他同时也是一个极具现代科学精神的科学家，帕斯卡曾经为了研究气压，做过好几个实验，他身体不太好，就让他的姐夫山上山下来回跑，来测定山上和山下不同海拔条件下气压的变化。科学革命的时代，那些现代科学的奠基者，进行了大规模的实验，而这些实验，最后都被总结成了一些数学模型。

对何兆武先生观点的介绍，并不是对如此重大的问题提供一个标准答案，而是给大家的思考和讨论提供一个基点，同时也让大家看到历史学家和思想史家是怎样提出和思考问题的。

第六讲

笛卡尔

我思故我在。

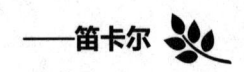

——笛卡尔

本专题我们主要围绕笛卡尔的《谈谈方法》，来讲讲现代哲学开端时的情形。前面几讲当中涉及的人物及其著作，都和西方社会步入现代以来若干大的转变相关，今天我们要涉及的是现代哲学的开端。

我们以现代哲学重要的奠基人笛卡尔和他被称为"现代哲学的宣言书"的《谈谈方法》这本小书，作为这一讲的中心。这本书篇幅非常之小，而且有一个非常好的中文译本，是辞世不久的北大王太庆先生的译本。这本书大概是哲学史经典著作里面最容易读的一本书，大家完全可以去自己看看他究竟是以什么样的方式来展开思考和推论，去看看现代哲学在初期是以什么样的思维方式来思考其所关注的一些基本问题的。

从现代初期开始，哲学所关注的问题和古代、和传统有非常大的不同，可以说它集中关注的是和认识论相关的问题，这和此前的情形有一些分别。认识论的问题包括很多，比如：

人是怎么样来认识外在世界的？

人的认识究竟具有什么样的性质？

认识能不能够达到真理？

如果有真理的话，真理的特性究竟是什么？

人的认识能力有没有局限?

如果有局限的话,这个限制在什么地方?

这个世界最后究竟是可知的还是不可知的?

……………

这些问题都是认识论的一些基本问题。可以说,这些问题在古代、在中世纪,也是人们在不断探讨、不断思考的。但是到了现代,认识论才成为现代哲学的核心问题。讲到古希腊的时候我们曾经谈到,早在苏格拉底之前,从泰勒斯开始,古希腊哲学中就经常讨论:万事万物在不断变化,在这流变不居的万物背后有没有一个不变的东西在支撑着它?如此等等。苏格拉底之前的古希腊哲学家们主要考虑的就是这些问题。这些问题当然会涉及认识论,但是他们不会把认识论问题作为思考的最主要、最核心部分。中世纪哲学和神学是纠缠在一起的,这并不是说神学的讨论当中就不会包含有哲学意义的问题,但是哲学始终处于为神学服务的位置,是神学的"婢女"。

经验主义和理性主义

现代哲学从一开始,就分成了两个大的流派,一个是经验主义(Empiricism),一个是理性主义(Rationalism)。我们先简单地看一下,哲学史上经常提到的几个重要的代表人物。

首先是经验主义的开山祖师,和笛卡尔同样被誉为现代哲学奠基人的培根①。培根的一生也很有传奇色彩,他是一个卓越的文学家、科学家,也曾经是英国政界非常重要的人物。有一种离奇的说法认为莎士比亚是培根的一个笔名,当然,还有一个更离奇的说法,说莎士比亚是当时伊丽莎白女王的笔名。因为在当时写戏剧就仿佛明清时期写小说,对于高人雅士来说是上不了台面的事。

经验主义后继的人物有洛克②、霍布斯③。霍布斯的年代比洛克还稍早一点,这两位都是现代政治思想中非常重要的人物,我们以后主要探讨的不是他们的哲学认识论的立场,而是他们对现代政治观念的贡献。现代文明社会的一些价值,是在西方文明里面最先出现的,在特定的时代带有特定的阶级和特定的意识形态的特色,但是它们在很大程度上也成为超越这些特殊性的普遍的人类文明的成就。比如说人权、自由、民主这些价值就是这样。我们回头要从霍布斯和洛克出发,来讲讲什么是人权,什么是自由主义的基本内涵。霍布斯和洛克在自然科学方面也很有贡献,既是哲学认识论的主要人物,更是现代政治思想的大师。贝克莱④也是经验主义哲学阵营中的一个大人物。

创造人类知识和智慧的不同门类和不同学科中,有些领域天然是年轻人的天下,比如数学家和计算机科学家,大概很难找出大器晚成

---

① 培根(Francis Bacon,1561—1626),英国哲学家、思想家、散文家。
② 洛克(John Locke,1632—1704),英国哲学家、医生,著有《论宗教宽容》《政府论》等。
③ 霍布斯(Thomas Hobbes,1588—1679),英国政治家、哲学家。
④ 贝克莱(George Berkeley,1685—1753),通称为贝克莱主教,英国经验主义哲学家。

的例证来。数学没有诺贝尔奖，最高奖菲尔兹奖只奖励给四十岁以下的数学家。不过，数学史上好像也确实很难找出这个年纪以后有重大突破的数学家来。

另外有些领域则好像要上了一定年纪才能够做得比较好，比如说历史学家。当然也有比较年轻的历史学家，但是历史学家和中医一样，仿佛都要垂垂老矣才能够被人信任。

在哲学这个领域里，情形稍微有点奇怪，一方面出了不少少年天才，比如贝克莱，正式身份是基督教的哲学家，他最重要的哲学著作是在二十五岁的时候就写出来的；还有经验主义大师大卫·休谟[①]，他最重要的著作《人性论》是在二十一岁的时候出版的，虽然当时卖得并不太好，后来他又写了一个比较好读的简写本才好卖了。另一方面，也有大器晚成的，比如康德的哲学被称之为"批判哲学"，而他最重要的著作——"三大批判"的第一部《纯粹理性批判》，是在他快六十岁时才写成的。只不过，早在康德年轻之时，人们就知道他迟早会出杰作（masterpiece）。

我们再来看看理性主义阵营的情形。理性主义的主要人物首先是笛卡尔[②]，我们以前知道笛卡尔主要是他的数学家身份。理性主义的后继者中还有斯宾诺莎[③]和莱布尼茨，斯宾诺莎是一个有浓厚的数学

---

① 大卫·休谟（David Hume，1711—1776），英国哲学家、经济学家、历史学家，著有《人性论》《道德原则研究》等。
② 笛卡尔（René Descartes，1596—1650），法国哲学家、数学家、物理学家。
③ 斯宾诺莎（Baruch de Spinoza，1632—1677），近代西方哲学的三大理性主义者之一，著有《笛卡尔哲学原理》《伦理学》等。

兴趣的人，莱布尼茨更是一个数学史上的天才人物，一个非常重要的数学家。

这里可以引出几个非常有趣的现象。一方面，哲学是一门什么样的学问？我记得以前我中学的教科书说哲学是最普遍的学问，因为它是关系到世界观的，观念世界里还有什么比世界观更大更普遍的东西？没有了。又有人说它是探讨人与自身、与自身的心灵、与他人、与外在世界的关联的这样一种学问，那么这样一种学问应该是最普遍不过的了。可是，另一方面，这样一种讨论最具普遍性问题的学问，又极其具有地域、民族、文化、哲学家个性的色彩。这是个非常有趣的现象。

比如说，我们刚才谈到的经验主义和理性主义的哲学，人们今天一提，经常是欧洲理性主义（或大陆理性主义）和英国经验主义（或英美经验主义）。也就是说，虽然欧洲大陆也出经验主义哲学家，英国也出理性主义的同情者，但是基本上从哲学传统来说，经验主义是从英国发展起来的，在英国和美国产生了最大的影响。而理性主义是在法国、德国，在欧洲大陆得到长足发展的。不同的学派、哲学思想，常常反映出不同地域、民族、文化传统和哲学家个性的色彩。

另外一个现象，我们也可以稍微谈一下。我们翻开一本中国哲学史，目录上经常见到的，是孔子、孟子、董仲舒、朱熹、王阳明、孙中山、毛泽东，以哲学家、理论家身份出现的这些人，往往同时也是一些政治人物。但是打开一本西方哲学史，从毕达哥拉斯、德谟克利特到现代的比如笛卡尔、莱布尼茨等，这里面的很多人，往往也是科学家,是和自然界打交道的人。也就是说,从这么一个明显的外在现象,我们也可以得出这样一种非常粗略的看法:中国传统的哲学思想更多的是以政治、伦理、道德作为取向;西方的哲学思想更多的是以自然、自然科学作为其思维模式和主要关注对象。这当然是一种非常粗略的考察,但是中西方之间的确存在很大的差异。

经验主义和理性主义这样两个大的现代哲学流派,在基本的理论立场上是有差异的,我们可以先略微地来说一下。在中学或者大学的时候,我们都受过一点辩证唯物主义的认识论的教育,应该都知道感性认识、理性认识这些基本术语。我们就从这些基本的概念出发。

人的认识从哪里来?这是认识论要探讨的基本问题。好像人们总是可以很容易地区分出两种不同的认识的功能,或者两种不同的认识的来源。一方面,人有各种各样的感官,眼、耳、口、鼻、舌、皮肤等,各种各样的感官会接受外界对象的刺激,而会产生种种的感觉,这是我们认识的一个来源。

另一方面,我们头脑里面有一些认识,是和我们直接的感官没有关系的。比如:

两点之间线段最短;

同一平面内,两条平行线永远不会相交;

假设 A 和 B 都大于 0,如果 A>C、B>C,A+B>2C;

……

我们能够进行以上的推论,好像这些认识是我们的头脑里面就能够自然地、清楚明白地呈现出来的,与感官没有直接关系。

可以说,经验主义和理性主义这样两个现代欧洲哲学的不同学派、不同思路,就是从这些基本的前提出发,形成各自在认识论问题上的基本立场的。

从经验主义的立场看来,人的认识归根结底可以还原成为感官经验。我的感官和外界发生各种各样的接触,我看到我前面是方形的物体,我摸到它是坚硬的,我闻到它有油漆味,那么我综合各种各样的知觉后得出一个认识:我的面前有一张桌子。种种感官知觉是我的认识的来源。我的认识可能非常高深,可能非常复杂,但是如果我们仔细分析这样一种认识的来源,它最终必定是来自感官经验,只不过感官经验可以不断地积累、不断地加工、不断地整理、不断地升华,无论多么高深、多么抽象、多么充满奥妙的认识,最终也是从感官经验得来的。可以说,这就是经验主义的基本立场,虽然在经验主义的不同代表人物那里,个人的倾向不见得完全一样。在有的思想家那里,他既坚持经验主义的基本立场,又在某些方面非常接近于理性主义的思路,情形很不一样。我们刚才说的是一种比较纯粹的经验主义的思路,这样一种思路把经验主义的立场贯穿到底,最后就会得出一些非常有意思的结论,这是以后我们还要谈到的。

我们知道有个传统印象,认为哲学史上所有的派别都是因为在一个最重要的问题上的分歧,而分裂成为不同的阵营,那就是世界的本质是物质性的还是精神性的。所有的哲学理论都可以区分为一方是唯物主义的,一方是唯心主义的。这样的说法当然也没错,但是哲学史的内容比这个要丰富得多,我们不能够仅仅从这个角度来了解哲学史。

英语中有一个文字游戏:

What is mind? No matter.
What is matter? Never mind.

我们可以把这段英文解释为:什么是唯心主义?那就是 no matter,否认物质的存在。什么是唯物主义? never mind,从来不谈精神,从来不谈心灵。我们都知道,no matter、never mind 在英文中都是没关系、别介意的意思。在经验主义和理性主义这两者之间,经验主义坚持感官经验是认识的唯一的来源;而理性主义则相反,理性主义坚持认为,感官经验的确会给我们提供一些认识的基本来源,但是归根结底,感官经验是特殊的、具体的、充满谬误和幻觉的,而这种充满幻觉、充满谬误的东西无论如何不可能自发地变成一个正确的东西。正确的东西、真理性的认识从哪里来?只能从我们天赋的观念或者说天赋的理性的认识能力那里得来。"两点之间线段最短",任何一个理智正常的人,都可以再清楚明白不过地认识到这点,这是理性主义的前提。

我们有时候也会自发地或者不自觉地受到一种诱导,觉得经验主义应该是天然地和唯物论有更亲密的关联,而理性主义是天然地和唯心论有更亲密的关联,是不是这样?实际情形未必如此。

我们可以来做一个讨论,这实际上就是后来的贝克莱或者休谟的基本立场：我的面前摆着一张桌子，我们站在经验主义的立场来分析，一切认识都来自感官经验，来自我的触觉、我的嗅觉、我的视觉等，最后让我确定，我的面前是一张桌子。我之所以确认我面前是一张桌子，是因为什么？因为我有一堆知觉集合到了一起，使我产生"有一张桌子"这样一种观念。但是在这一堆知觉之外，是不是有一个实实在在的东西是这个桌子，或者是支撑起这些知觉的某个东西呢？这是我从逻辑上没有办法来判定的。从逻辑上来说是不是这样？什么是物质？不过是一堆知觉的集合而已。一个东西，我为什么说有它？为什么说它在？因为它被感知到了。

"存在就是被感知"，这是贝克莱著名的命题。为什么说我面前有张桌子？因为我感知到了它。如果我没有感知到它，它是不是还存在呢？还有张三可以感知它，李四可以感知它，王五也可以感知它。如果没有人感知它，对于主教贝克莱来说，还可以有上帝感知它。反过来说，如果你说一个东西存在，但是我们无法直接、也无法间接地感知到它，那么你说它存在还有没有意义？没有意义。那么你是不是就可以说它不存在？当然我们不是说这样的立场你就一定要赞同，但至少它是可以自圆其说的。我们刚才的例子就是要表明，恰恰是这样一种经验主义，你从它的前提出发，最后得出来的是一种最彻底的唯心主义的命题和观念，所以经验主义和唯物主义并没有天然的结盟关系。

理性主义的几个重要代表人物中，笛卡尔和莱布尼茨都是重要的数学家，斯宾诺莎虽然没有特别突出的科学贡献，但他也是在数学方面很有天赋，对数学极度入迷的一个人。斯宾诺莎的著作，写作方式和证明数学题的方式差不多。命题——对上帝的爱是一种理智的爱，然后论据一二三四，最后证毕，像完成一道数学题一样。理性主义好像和数学有一种天然的亲密的关联，这是非常有意思的。

从古希腊直到现在，对于自然科学家、对于数学家、对于哲学家来说，数学都是一个非常特殊的领域。别的学科，比如物理学、化学，好像和人们的感官、和实验有着无法摆脱的密切关联。但是数学不一样，它像是人类理智的一个特殊领域，在那里，人类仿佛凭自己天赋的理性，就能够构造出一套理论大厦。我们从小就被告诉不能"闭门造车"，那样"出门不能合辙"。直到现在为止，每当批评本本主义、经验主义、教条主义时，都认为"闭门造车"不行，理论要不断地被经验和实践所检验才行。但是在数学领域，情况好像不一样，你完全可以"闭门造车"，只要你造得没问题，只要你推论、演绎、运算的过程不出错，"出门就会合辙"。数学好像具有一种神奇的魔力，外在的经验世界都要服从于理性所构造出来的东西，数学仿佛具有《周易》里面所说的"先天而天弗违"的这样一种特性。"先天"是说比一切现有的东西都更早，都在先，但是这个在先不一定是时间上在先，而可以是逻辑上在先。"天弗违"是说，世间的任何一切不会违背它。也许数学的这些特性，让数学家对于人类的认识有一番别样的体验。

笛卡尔的生平

我们再回到笛卡尔身上，简单看看笛卡尔的生平和著作。笛卡尔出生在法国一个贵族之家,从小受到了良好的教育,他的基础教育是在耶稣会士的学校完成的。

这里就耶稣会多说几句。一种制度或组织,经常在一开始的时候,思想上和体制上都比较纯洁,是按照其基本的教义和原则来组织的,但是一旦获得了稳定的权威以后,就不可避免地要有一种蜕变、腐化的趋势,而这种趋势,仿佛只有受到巨大外力的强迫时,才可能得到抑制,才可能从根本上、从内部发动整肃的运动。这是历史上和现实中经常会发生的情形。天主教会也是这样,天主教在很长时期内不仅主宰、支配了欧洲人的精神生活,而且对世俗生活也有非常强大的控制和影响力,所以它也有这么一个腐败、蜕化的过程。

我们还记得马基雅维利笔下非常惋惜的切萨雷·波吉亚,马基雅维利认为他具有成为杰出政治家的很多重要素质,但他是教皇的私生子。在更早的时代,怎么可能设想作为罗马教廷最高领袖的教皇会有私生子?到后来大家都司空见惯了,教皇要是没有几个私生子,好像反而不太正常了。

后来,宗教改革——马丁·路德的、加尔文的,包括英国进行的独特的宗教改革——对于罗马教廷造成了巨大的冲击。这时天主教会内部也产生了反宗教改革(Counter-Reformation)的运动。反宗教改革实际上就是天主教会内部的一些人和派别,他们也要做出努力来对抗宗教改革对天主教会的破坏。一种努力是要向外扩展,来和新教争夺地盘;另外一种努力是进行内部改革,因为外部遭逢重大的危机,总是内部出了各种各样的问题。这里面起了重要作用的一批人,就是耶稣会士。

耶稣会的核心人物是一个叫作罗耀拉①的西班牙人。西班牙处于西欧的最南端，和北非只隔着一道直布罗陀海峡。相当长的一段时期是西方对抗伊斯兰教、对抗阿拉伯世界的前哨，所以在政治上和宗教上一直是很僵硬和保守的。这个罗耀拉有点像奥古斯丁，也是一个浪子回头金不换的人物。浪子一旦回头，会比任何本来就很虔诚的信徒，表现得更加极端、更加坚决、更加彻底，这是浪子回头的特点。罗耀拉成立了一个准军事化的组织——耶稣会。耶稣会的组成人员有好多是天主教会内部最有教养的人物，受的教育程度最高，最有学术素养；同时又是按照军事化或准军事化的原则组织起来的，管理特别严密，上下等级森严，因此能够保证行动的有效性。耶稣会士做了很多事，比如卷入各国的宫廷政变，在各个国家之间来回穿梭，开办学校、医院，派出大批的人物到"化外之地"去传播宗教，等等。明清之际中西交流史上那些最重要的人物，像利玛窦、汤若望等，就都是耶稣会士。

笛卡尔就是在耶稣会办的学校受的教育，可以说接受了当时欧洲最好的教育。笛卡尔生下来就很虚弱，医生认为他活不长，但一个好心的护士坚持照料他，最终笛卡尔活下来了，不过终生都很虚弱。笛卡尔后来读了大学，大学毕业后总觉得自己虽然读了很多书，但是对于整个世界的了解还非常有限，就决定来读现实世界这本大书，

---

① 罗耀拉（Ignatius Loyola，1491—1556），天主教耶稣会创始人，西班牙贵族，1540年在教皇保罗三世的支持下创立耶稣会，并任总会长。

所以他参加了当时欧洲大陆上的三十年战争。当然，他身为贵族子弟，身体又不好，不大会干有生命危险的事情，主要是到处参观访问去了。

说到哲学家在战场上的故事，可以讲一个近一点的。第一次世界大战的战场上，曾经出现过非常特殊的情况。有一本很有名的小说叫作《西线无战事》，后来拍过电影。讲的就是"一战"中的很长一段时间，西线没有大规模的战事，双方的军队都在掩体中对峙着，只有狙击手一直没有消停，偶尔你一高兴不小心把头露了出来，就会被特等射手给干掉。在西线就曾经有过一个非常重要的人物维特根斯坦，20世纪最杰出的哲学家之一，他倒没有不小心到被狙击手干掉的地步。他在西线作战的间隙写了很多思考札记，一则一则的。后来他的文字被送到罗素手上，罗素说自己看不懂，但是他相信维特根斯坦是个了不起的哲学天才，于是在剑桥大学给维特根斯坦授了一个学位。这是第一次世界大战的时候发生的事。

在笛卡尔看来，之所以要读"世界这本大书"，是因为当时他受到的训练和教育，虽然是欧洲最好的，教师很优秀，同学里面也多是聪明才智第一流的人物，笛卡尔自己也经常得到老师们的赞扬，但是他总觉得学到的东西有点不对劲，对自己整个受教育的过程产生了深刻的怀疑。这是他要去读世界这本大书的一个基本动机。他也说，在现实世界演出的这一幕活剧当中，自己其实更是一个观众而不是一个演员。我们说过，从亚里士多德的《形而上学》开篇第一句就谈到"求知是人类的本性"，人们是为了好奇而求知，而单纯的没有功利目的的知识，才是最高的知识。从希腊开始，西方文化中就有这么一种为求知而求知、为真理而真理的传统。笛卡尔在《谈谈方法》里面谈到自己这一生要做的事时，彰显出来的也是这样一种传统。歌德笔下的浮士德，为了了解整个世界的最终奥秘，不惜把自己的灵魂抵押给魔鬼。《浮士德》里面一个人物一出来的唱词是"生来为观看"，反映的也是同样的一种情怀。

笛卡尔在1639年的时候出版了《谈谈方法》，他的这本书被称为"现代哲学的宣言书"。这本著作本身篇幅不大，但是有几个了不起的附录，有折光学、气象学，还有几何学。几何学这一部分表明了笛卡尔想用代数的方法来解决几何问题的一种努力，他就此创立和发明了解析几何。当然我们推荐大家看的中译本，后面并没有这个附录。他后来还写过其他几本重要的哲学著作，包括《第一哲学沉思录》和《哲学原理》。笛卡尔一直身体虚弱，所以他一生当中很多时间是躺在床上思考，很不容易从床上爬起来的。后来瑞典女王克里斯蒂娜（Christina），听说了笛卡尔的大名，要聘请笛卡尔过去给她教点哲学，教点数学，这位女王又是一个勤政爱民的统治者，每天非常早的时候就起来干公事了，干公事之前，要先听笛卡尔讲哲学、讲数学。北欧的天气非常寒冷，天亮得非常晚，笛卡尔不久患上了肺炎，后来在瑞典去世了。这就是他的简单生平，大家在《谈谈方法》里面也能看到。这本书很大程度上也是笛卡尔的一部思想自传——他接受的是什么样的教育，这种教育使他产生了什么样的疑惑，他从事哲学研究之前有些什么样的考虑，他是怎么样来奠定自己的思考的最基本原则的……

这些都在《谈谈方法》这本书里面谈到了。

《谈谈方法》的内容

《谈谈方法》，书名开宗明义就是要讲方法。为什么？因为笛卡尔一上来就说："良知是人世间分配得最为均匀的东西。"经常有人抱怨自己生来没有别人家有钱，没有别人漂亮等，但是很少有人会抱怨说自己生来没有别人聪明。可见笛卡尔的"良知"，指的实际上是人的智慧、人的理智。从笛卡尔的这个前提出发，人们的智力天赋好像都差不多，可是最后达到的结果却大不一样，有的人取得了杰出的智力上的成就，有的人则完全是一塌糊涂。所以笛卡尔得出的结论是："人们单有聪明才智是不够的，主要在于要能够正确地运用才智。……行动十分缓慢的人只要始终循着正道前进，就可以比离开正道飞奔的人走在前面很多。"所以，方法再重要不过了。无独有偶，现代哲学的另一位开山祖师、经验主义的奠基人培根，他最重要的著作叫作《新工具》，亚里士多德有一部著作《工具论》，培根这本著作的书名显然是从亚里士多德那里而来。我们看到，现代哲学的这两位奠基人，虽然他们的理论立场有所不同，一位是经验主义的开山祖师，一位是理性主义的奠基鼻祖，但他们都是从对传统经院哲学的方法和路数发动攻击开始，来进行自己的思想创造的。

笛卡尔谈到他探索各种方法的经历时提及，自己受过最好的教育，但是最后为什么对这些教育很不满。因为哲学数千年来，吸引了无数第一流的头脑，他们讨论来讨论去的都是些同样的问题，而没有取得实际的进展。神学是教人升天的，是讲来世如何得到拯救的，但是完全不按照一种可靠的思路来推进人们的认识。其他的各门学科里面，好像只有数学是建立在最坚实、最可靠的基础上的，由天赋的清楚明白的观念和清晰的推论过程构成。数学这样一种方法、这样一种思路本应该运用在更宽阔的领域中，然而却被局限在非常狭窄的范围内，并且本身也没有得到太多的发展。当时各门学科的现状，让笛卡尔感到非常失望。他觉得，以前的学者，那些具有第一流的智慧的人，都白白地把精力耗费在上面，必定是其中的方法出现了问题。

笛卡尔在写《谈谈方法》的时候，是已经取得了若干成就的。所以他说，我并不是比别人聪明，我只不过碰巧比较早地来审查自己所使用的方法。他自信发现了一些行之有效的方法，所以能够使自己得到一些切实的收获。那么他的方法是什么样的呢？笛卡尔是这样来讨论的：假如一座建筑物，是由很多不同时代的建筑师、在不同的时代、怀着不同的目的来修建，那么它最后肯定是七零八乱，整体非常之不和谐、非常之糟糕。而我们如果反观自己头脑里面的种种观念和种种知识，恰恰就是这样一种不那么妙的情况。我们在自己的理智没有来得及成熟之前，在自己有能力独立地作出判断之前，头脑里面就被自己的父母、教师和其他人不断地灌输了各种各样的知识和观念。毫无疑问，这些知识和观念中间，肯定有一些是正确的，但是这里面也会有一部分甚至很大部分是错误的、荒谬的。我们头脑里面所积累的观念的状况，就如同不同时代的人不断地在同一个地基上修建的一座破烂不堪而又极其复杂的建筑。

要怎样才能够改变这样一种状况呢？笛卡尔提出，既然我们的头脑里面有各种各样的观念、各种各样的知识，它们各自的来源不一样，而且是没有经过我们独立的理智的考察就进入了自己的头脑，所以我们如果要使自己的思想正确，要使自己的整个思想系统建立在一个坚实可靠的基础上，一生中就需要一次彻底的怀疑。就像先把所有的东西都从地基上清空，然后重新建立一个最坚固的地基一样，必须采用这样的方法。所以彻底的怀疑、怀疑一切，就是笛卡尔的方法最基本的特征。

但是笛卡尔马上就声明说："我这样不是模仿怀疑论者，学他们为怀疑而怀疑，我的整个打算只是使自己得到确信的根据。把沙子和浮土挖掉，为的是找出磐石和硬土。"这话说得非常鲜明，怀疑主义者是为怀疑而怀疑，是犹疑不决，是认为世上本没有任何东西是确定可靠的。而笛卡尔怀疑一切，是要找到一个绝对不能够怀疑的起点，是要找到一个坚固的基地。也就是说，他的怀疑最后是为了达到真理，达到确信。这是他和怀疑论者非常大的不同，所以他也经常因被指责为怀疑论者而辩驳，他说："有人指责我为怀疑论者，因为我反驳了怀疑论。有人指责我为无神论者，因为我论证了上帝的存在。"

这里，我们也可以谈一下怀疑论（scepticism）。这是古希腊就发展起来的一种哲学倾向，在所有的时代都存在。怀疑论，也有基本的推论路数和赖以立足的基本论据和论证方式。

古希腊智者中一位叫高尔吉亚①的,他的影响非常大,柏拉图的对话里面有一篇就是《高尔吉亚篇》。高尔吉亚的怀疑论,可以说有这么逐步后退的三个层次的命题。第一个命题是"无物存在"。这是说,世间没有任何东西是真正存在着的。很多其他的哲学派别、宗教派别,比如说佛教,在这点上是与之相似的。这一点非常好理解,因为世间万物都变动不居。"子在川上曰,逝者如斯夫。"②我们很容易就感受到,世间的种种现象、种种有生命的事物,总是不断流逝,一去不复返。以更加持久、更加长远的观点来看,日月、江河、山川、大地也不是永恒不变的,世间没有一个东西是真正的可靠的存在,所以无物存在。

高尔吉亚的第二个命题退了一步,"即使有物存在我们也不能认识"。因为人的认识能力是有限制的,人不可能真正地、完全地认识一个对象。我们自诩为认识了的对象,那不过是我们肤浅的自以为是罢了,实际上我们不可能达到对事物的最彻底、最深入的认识和把握。这点我们也应该不难理解。

高尔吉亚的第三个命题又后退了一步,"即使能认识事物,也不能传达给别人"。即使我达到了一个认识,也不能够把我的意思原封不动、毫厘不爽地传达给你。我们可以做点解说,这也恰恰是维特根斯坦这些人在20世纪讨论语言哲学时的一个核心问题。维特根斯坦

---

① 高尔吉亚(Gorgias,约前483—约前375),古希腊哲学家和修辞学家,著名的智者。
② 出自《论语·子罕》。

早期哲学和晚期哲学的不同，很大程度上就在于，他后期的哲学非常强调语言的使用有一个社会环境。人的思维离不开语言，人类的相互交流也离不开语言。虽然人类还可以有别的交流手段，但是语言的交流是人类交流的一个最核心、最主要的手段。语言一方面使人们得到交流，另一方面也会在人与人之间造成隔膜。古诗有云："常恨言语浅，不如人意深。"①

为什么这么说？因为语言的基本单位是概念，我们不同的人对同一个概念，永远不可能有完全同样的理解。如我们前面曾举过的例子，把"红"这个字设想为一种对应的色彩时，我和你、和他所联想到的，可能就会很不一样。因为我们从小被教育"红"这个概念的时候，它的对应物就不一样。另外，我们的生理结构不可能一样。我们体检时有一项是检查色盲或色弱，虽然你可能既不色盲也不色弱，但是这两个词的存在，就证明着我们对于颜色的辨识的程度肯定是不一样的。而且"红"这个词在不同的文化、不同的传统和不同的社会政治形势下也会被赋予非常不同的内涵。比如清末，李莲英是老佛爷面前的大红人，又比如现在常说哪个影星正在走红，这个"红"就有特定的含义。再比如，又红又专，这个"红"又是另一重含义。而且在中国，很长时期以来"红"还有着特定的社会政治和道德的内涵，与具体的社会、政治、历史的经历相关。所以不同时代、不同国家、不同人对于同一个词、同一个定义的理解，会非常之不一样。同一个概念在任

---

① 出自唐代刘禹锡的《视刀环歌》。

何两个人心目当中，都不可能完全具有同样的内涵。所以从这个角度来说，我要把我的意思完全、准确地传达给你，那是不可能的，当然这是非常极端的看法。我们也完全可以换另外一个角度来说，完全的、准确的、百分之百的、一点都不扭曲的传达不可能，并不意味着基本忠实的、基本可靠的传达也不可能。说了这么多，不过是想要表明，怀疑论的这些观点并不是没有其根据的，并不是没有自圆其说的能力的。

无论在认识上，还是在道德和人生取向上，人们总希望找到一个坚实可靠的基点，因而怀疑主义历来的名声都不是很好，笛卡尔也要急于摆脱掉怀疑主义这个恶名。但是怀疑主义有时候也是个好处，它可以对任何教条、任何未经人们反思就假装是真理的东西，产生极大的冲击力。怀疑主义在古希腊又曾经被称为皮浪主义（Pyrrhonism），皮浪①是古希腊怀疑主义的代表人物，怀疑主义在他的手上已经更多地变成了一种人生哲学，或者说是伦理学上的一种怀疑主义。其大概的思路是，既然外界的事物都是流变不居的，都是人们所无法完全真正掌握的，那么一个人应该怎么样来安顿他的生活呢？那就只有反求诸己，回到自己的内心，寻找内心的平静和安宁。外在的一切都无从把握，所以要找寻一条内在的救赎之路。

和传统的怀疑论不一样，笛卡尔要通过怀疑一切寻找确定可靠的思想原点，这是笛卡尔既定的思维路数。怀疑一切，也还得有怀疑的

---

① 皮浪（Pyrrho，约前365—约前275），古希腊怀疑派哲学家，怀疑主义创始人，早期怀疑主义代表人物。

办法和原则。笛卡尔明确说，在怀疑一切，在重新建构自己可以确信的知识的大厦之前，自己首先确定了这些基本的原则：

一、只有自己确信无疑的，才纳入自己的思想体系当中。之所以要怀疑一切，就是因为以前接受的很多知识、很多观念靠不住，所以在重新以理性来审察这些东西的时候，不能够轻易地放过任何一个。

二、每一个困难的问题，分解成小问题，依次解决。这倒是解析几何的发明人应该有的基本思路。

三、要按事物的次序思考，照由简单到复杂、由容易到困难的步骤进行。

四、要把所有情形都考虑到，避免遗漏。

在此之外，笛卡尔还反复谈到这样的意思："我始终只求克服自己，不求克服命运，只求改变欲望，不求改变世界的秩序。"这样的说法，一方面是要给当时的宗教、政治权威发一个信号——自己要做的事非常之有限，不希望产生其他方面内涵。另一方面也的确符合笛卡尔这个人给自己赋予的使命，因为他就是要做世界的一个观众，他不是要介入到世界的活剧之中，而只是要了解人生、世界的奥秘。

怀疑一切，认为什么东西都是靠不住的，甚至于连自己是在做梦还是在清醒的状态，都难以确定。我们可能有这样的经历，有时候梦境比自己亲身经历过的事还要更加真切。"庄生晓梦迷蝴蝶"，不知道是庄子做梦成了蝴蝶，还是蝴蝶做梦成了庄子。这一切都可以受到怀疑。可是，怀疑来怀疑去，最后只有一点是不能怀疑的，那就是我在怀疑这件事本身是不可怀疑的。正是由我在怀疑这件事本身不可怀疑，笛卡尔得出了他的哲学从而也是现代哲学的一个奠基性命题，用拉丁文写出来是"Cogito, ergo sum"，翻译成英文是：

  I think, therefore I am.

即"我思故我在"。我怀疑一切，但只有我在思考、我在怀疑这件事本身不能够怀疑，所以有我，所以我在。

先说一下这个问题的哲学蕴含。什么是"我"？我的identity，我的认同、同一性、身份何在？美国有个电影《谍影重重》，英文名就叫作 *The Bourne Identity*（《伯恩的身份》）。某一个人，他如果失去了记忆了，或者发生了某种根本性的变化，于是要找他的identity（身份）。我们的身份证简称ID，Identity card，那个identity就是身份，就是我们自我的同一性。

人在非常幼小的时候是没有"我"这个观念的，幼儿只会用名字来称呼自己，比如说阿宝要干吗，阿娇要干吗；然后突然有一天，他（她）不再很傻很天真，而是能够明确地说"我"要干吗，那么他（她）和这个世界就已经区分开来了，这是他（她）智力发展的一个飞跃。从前，我是一个牙牙学语的小孩，后来又成为一个没有什么远大理想却有着很多坏习惯的青年，现在我又变成了另外一个人，以后我还将变成一个垂垂老矣的白发老者。那么究竟什么是我？我的identity何在？我不断与外在世界进行物质和能量的更新和交换，我的观念世界和现实世界也在不断变化，为什么经历了那么多变化的我还是我？为什么我"依然故我"？我的 identity，我的连续性何在？这是一个非常麻烦的问题。

我们有时候会经常看到这样的说法——"今日之我非昨日之我"，那什么是我？我思故我在，这个命题中所强调的我是什么？

我的头发是我吗？如果把我的头发一根一根地拔掉，然后引用古希腊智者的问题——什么时候才可以严格地说我是一个秃子？但即便所有人都认为在严格的意义上我已经成为一个秃子以后，大概我还是我，我依然故我。所以，我的头发不是我。

如果我的手或者脚断掉了，我加入了残疾人联合会，我还是我，这一切变故并没有改变我的存在，没有使我不成为我。如果按照这样一种思路看起来，"我"是什么？这个我好像就成了王阳明所说的"人心之中一点灵明"。这"人心之中一点灵明"就近似于笛卡尔"我思故我在"中的这个"我思"。我在思考，那个思考着的我，那"人心之中一点灵明"，仿佛成了我的最根本的规定性。所以大家可以看到，怎么界定"我"，不是一件容易的事。

除了我在怀疑这一点不能怀疑，怀疑一切，由此得到了一个起点——"我在"。但是我不能够唱独角戏，光有我还不行，还得要由"我在"而推论出世界的存在。在这个问题上，笛卡尔又显示出了他所受到的传统经院哲学的影响。他沿用的几乎完全是我们以前说过的基督教神学早期理论家安瑟伦的那一套推论方式，亦即所谓关于上帝存在的本体论证明。

我们以前说过,任何宗教或者准宗教都有一个理性和信仰之间的关系如何安排、雅典和耶路撒冷之间的关系如何平衡的问题,我们举的例子是,有一种努力是想用理性来为信仰来作论证,安瑟伦就是这种努力的代表。他的证明是说,"我"是有缺陷的,在道德、智力、生理方面的缺陷等等,然而在这个有缺陷的我的心灵里面,有一个完美无缺的上帝的形象,而有缺陷的我的心灵当中不可能自发地产生这么一个完美无缺的观念,所以这个完美无缺的观念只可能是由外部加诸我内心的,是完美的上帝在我们的心灵中留存了有关他的观念,因此上帝存在。这样的论证有一个先入为主的思想前提:创造物的性质不可能比创造者更完满。这一前提就一定能够成立吗?不见得。说个不那么严格的例证:莫扎特的音乐被杰出的小提琴家梅纽因称赞为"无一句不美";爱因斯坦更是说聆听莫扎特的音乐,让他相信了上帝的存在。可是,从莫扎特的书信和传记来看,这位不世出的天才身上,倒是有不少经常出现在庸人身上的小缺点。创造物比创造者来得更完美,至少并非不可能。安瑟伦的这个证明被笛卡尔几乎原封不动地引用过来,以证明上帝的存在和外在世界的存在。

笛卡尔由怀疑一切出发,推出"我思",由"我思"推出"我在",由"我在"推出上帝的存在,由上帝的存在推出整个世界的存在。这样,上帝就成为整个世界的源泉。灵魂和形体(物体)的共同源泉就是上帝。笛卡尔建立自己哲学体系的方式和整个思维框架,其基本的特点就在于运用理性的、科学的,甚至是几何学的方法,来探讨和解决问题。这是理性主义非常值得我们注意的一个特点。笛卡尔的这一套方法，用理智的方式来解决人类所面临的问题。这种方法经常被冠以一个名词——笛卡尔式的方法（Cartesian method）。

自笛卡尔以降，这套方法得到了长足的发展。但是比笛卡尔稍晚，几乎是同时得到发展的，还有另外一种思维方法——帕斯卡的方法。帕斯卡除了他多方面的杰出的科学成就以外，在哲学方面也有非常深刻的见解。帕斯卡在《思想录》中谈到，有两种东西都是不健全的：排斥理性和仅仅承认理性。排斥理性只能够回到蒙昧，回到信仰，回到教条；仅仅承认理性，认为人性的一切、人类社会的一切、人类所面临的所有问题都是理性所能够囊括和解决的，这在帕斯卡看来也是过分的。

理性的方法，科学的方法，能够解决人类面临的一些问题，但是人毕竟不仅仅是由理性构成的。人类社会所面临的许多问题，也不是仅凭理性就能够获得圆满解决的。笛卡尔代表了西方自现代以来的一种传统，一种主张以理性来解决一切问题、应对人生和社会所面临的一切困难局面的主张。这种主张在启蒙运动的时候达到了一个顶点，并且在后来实证主义、科学主义思潮里面获得了长足的发展。帕斯卡与笛卡尔的方法不同。笛卡尔的方法是以头脑思考的方法；帕斯卡的方法是以心思维的方法，以自己的灵心善感、以自己心灵最敏感的那个部分去把握人生的奥秘，领悟世界和人的关系，领悟人作为有限的存在同无限、永恒之间的关联。他企图用人的灵心善感为人类自己的生存找到一个基点。可以说，这两方面的方法，都是健全的人性所不可缺少的，都是健全的生活所不可偏废的。

第七讲

古典自由主义的滥觞

在没有一个共同权力使大家慑服的时候，
人们便处在所谓战争状态之下。

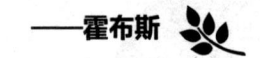

——霍布斯

当今世界，各个国家不管政治制度、意识形态、所追求的理想的政治生活有多大的不同，大概都不会公开或者直接地，对现代文明中通行的某些基本的价值观念提出质疑。没有一个国家会公然地以反人权作为自己的政治原则，顶多是说对于人权完全可以有着非常不同的理解。也很少有一个国家公开承认自己是不民主的，至多也不过是说，民主可以有着不同的实现方式，而自己的民主比之别的"虚伪"的民主而论要更加优越。无论如何，民主、自由、人权这样一些基本的价值观念是很少有人会提出质疑的。任何思想、任何价值观念都其来有自，很多都可以追溯到很早，但成为现代文明所普遍接纳的基本政治观念，并得以系统地阐发和确立，则是在现代初期的欧洲。我们今天讲古典自由主义的缘起和内涵，就要涉及这些观念的形成、基本内涵以及怎样维护。我们会涉及一些重要的思想家和政治理念，一些重要的历史文献，再来对它们的发展做一些描述。

严复、赫胥黎和《天演论》

一个民族对于其他民族思想文化的接受和引入不可能是全盘照搬，而是经常会有所选择，有所改变。一方面，本民族固有的文化传统会在这个过程中发生作用；另一方面，一个民族在有迫切需要的时候，从别的文化中首先注意到的、首先愿意引进和介绍的，也往往是其中一些特别的部分。所以经常会出现有意思的情形。许多时候，在原来的文化传统里面并不重要的人物或著作，在被译介给其他文明、其他文化的时候，却突然获得了特殊的重要性。中国也有这样的例子。19世纪末中国杰出的启蒙思想家严复翻译了很多书，其中自由主义的经典著作占了很大比例，比如亚当·斯密的《国富论》(《原富》)。在古汉语里面"原"有动词"推究本源和合理性"的意思，黄宗羲的名篇《原君》，就是要讨论君主的来源和合理性的，"原富"就是探究国家富强的道理和方法的意思。严复还翻译了约翰·密尔①的《论自由》(《群己权界论》)，"群"就是别人、社会，"己"就是一己、个体，他人、社会与个体之间权利的边界何在？这是密尔这本书的核心问题，严复的译名极为准确，这本书是现代自由主义发展史上的重要文献。严复还译了孟德斯鸠的《论法的精神》(《法意》)。除此之外，严复的其他一些译作，也都是西方思想文化史上极为重要的经典著作，对于

---

① 约翰·密尔（John Stuart Mill，1806—1873），英国哲学家和经济学家。因其父亲詹姆斯·密尔也是著名的哲学家，所以约翰·密尔又称"小密尔"。

时人了解西方现代社会的思想和发展历程发挥了重要的作用。但是严复的译作中,在当时产生了最大影响乃至于几乎家喻户晓的却是《天演论》,这是他翻译的书当中相对不重要的一本,相对来说,在西方学术谱系中可算是一个二流作者写的二流作品。

上一讲我们谈到,科学发现不仅影响了科技发展,还会在不同程度上改变人们的思维方式,改变人们对自我、对社会、对世界的看法。现代史上,科学革命之后,达尔文的进化论是再典型不过的例证。它很容易地就被赋予了超出生物学之外的社会政治的内涵:既然可以用进化论"物竞天择,适者生存"的原理,来解释大自然中物种的存亡进废,那么就很容易用类似的原理来解释人类社会,表明为什么成功的资本家与物种竞争中的成功者有着相似的品质,也可以解释在各个民族展开竞争的疆场上某一些特定的群体所获得的最后成功。所以人们很容易就发展出一套把生物进化理论用之于人类社会的理论,称之为社会达尔文主义(Social Darwinism)。当然,将进化论用之于人类社会,也有一种解说是,在现实的动植物甚至微生物世界里面,最后能够获得成功、获得生存的,往往是那些会相互帮助、相互扶持的群体或物种,因此我们应当相互友善,这有助于群体的成功。但是,还经常被理解为弱肉强食的丛林法则。"物竞天择,适者生存"(natural selection, the survival of the fittest),大自然会选择让能够适应环境的活下来,不能够适应的就被淘汰。

《天演论》的原本,是英国学者赫胥黎所写的《进化论与伦理学》,他从进化论推演出一套关于人类社会中不同群体、不同人之间应该如何相处、应该如何彼此相待的伦理准则。达尔文进化论极盛之时，对其可能的社会政治内涵著书立说并加以发挥的人不在少数，赫胥黎不过是其中一位。在时人眼中，赫胥黎只是一个二流的学者，这本书在西方也不过是一本二流著作。现在，只有专门研究进化论在社会政治思想方面所产生的效应的专家，才会对其人其书有所了解。但是这本书却曾在中国产生了"无与伦比"（exceptional）的影响。

胡适的原名并不叫胡适，之所以改名用这个"适"，又把字改为"适之"，就是受到了《天演论》的影响。看五四前后一辈人的回忆录，比如斯诺写的《红星照耀中国》里面毛泽东的自述，他们都受到《天演论》极大的影响。因为那时候中国面临着亡国灭种的危机，用毛泽东的话来说，到了要被开除"球籍"的地步了。我们必须找到一种理论来解释为什么一度的天朝上国会沦落到这般境地，还需要在找到这么一种解释的同时，找到一条路来避免这个最坏的结局。进化论所揭示的天道是"物竞天择，适者生存"。总不变化、抱残守缺，最后必然要落到被淘汰的处境。但是这样一种解释框架，也提供了一线生机。这一线生机是什么？那就是"变则通，通则久"。要变革，要想办法适应这个环境，然后才有可能由生存竞争的弱者转而成为强者。因为这种社会达尔文主义的思潮对中国影响非常大，自然就产生了这样一种思维方式：什么东西都是越往后的越好，越新的越好。所以有时候，在原本的文化传统里面并不重要的著作，被转换移植到别的文化传统里面之后，会变得非常重要。《天演论》在现代中国所产生的巨大影响，大概是赫胥黎本人都梦想不到的，更不会想到在英国并不是特别知名的他，在中国几乎是家喻户晓的人物。

相反的情形也会出现，那就是，在原来的文化系统、原来的思想谱系里面非常重要的人物，别的文化、别的传统对这个文化和传统进行介绍、移植的时候，却被有意无意地淡化了，或者说，由一个非常显耀、重要的地位变成一个不那么显耀、不那么重要了。我们今天要谈到的霍布斯、洛克和他们的著作，也许就可以算是一个例子。在中国有很多受过良好教育的人，对霍布斯和洛克的名字并不熟悉，对于他们的著作还非常之陌生。他们都是我们这一讲所要重点涉及的古典自由主义的重要人物，同时也是现代哲学史上英国经验主义哲学的重要人物。

我们讲笛卡尔的时候说过，现代哲学从一开始，就分成了在基本的理论预设上区别明显的两个学派，还显现出各自的地域特色，这就是英国的经验主义和欧洲大陆的理性主义。在培根之后，英国经验主义的重要代表人物就是霍布斯和洛克，再往后就是贝克莱和休谟。霍布斯和洛克在哲学史上有着重要的地位，也是认识论上重要的人物，就这个话题我们还可以稍微再说几句。

经验主义和理性主义当然各自都有其基本前提，但并不是每一个代表人物，都会单线地把这个前提沿着它既有的逻辑推论下去。在霍布斯和洛克这里，他们一方面既坚持了经验主义的基本前提，另一方面思想里面又会有一些和理性主义相通、相关联的因素。比如，霍布斯认为，世间所有的一切都是由物质和物质的运动构成的，而物质的运动最终都可以分解为各种机械运动，包括人的思维。人的思维表面看起来非常复杂，实际上不过是非常机械的各种运作的一种升华而已。用加减法就能说明最复杂不过的思维过程。比如，我看到远处有一个黑影走过来，再看到她是一头秀发，然后再看到她的面容，我的心开始怦怦地跳，这正是我期望要看到的人。这是一个逐渐相加的过程，人的思维就是按照这样的方式进行的。但是，在霍布斯看来，数学是人类理智的一方特殊领地，在那里，人类的知识不是来自经验。霍布斯这个从经验主义前提出发的哲学家，却也给天赋的理性留下了一块"保留地"，那就是数学。

我们再稍稍涉及一下经验主义的最后一个代表人物休谟。经验主义和理性主义都是伴随着现代自然科学发展起来的，而现代自然科学似乎有一个基本的信念，那就是：外在的自然现象是被铁的法则所支配的，是有规律的，是被客观的因果关系支配着的。

比如，我们看到一个铁球 A 碰触了另外一个铁球 B，A 碰上 B，然后 B 运动起来了。我们会说，A 的碰触是 B 发生运动的原因，B 的运动是由于受到 A 碰触的结果。

比如，夏日里太阳照射着石头，然后石头变烫了。这样我们会认为，太阳的照射是石头变热的原因，石头变热是太阳照射所产生的结果。

也就是说，在这两个例子中的前一个事件和后一个事件之间是有必然联系的。我们再次看到 A 要碰触到 B 了，A 还没有接触到 B 时我们心里面就想到 B 要运动了。我们看见太阳晒着石头，手还没有触摸到那块石头时心里面就会预期着，那块石头变热了。那么这个因果观念是从哪儿来的？这本身就是一个问题。如果你从经验主义的立场出发，一切知识都只能来自感官经验的话，那么我们头脑里面所能拥有的观念，只能是无数次的 A 碰触了 B，然后 B 运动起来了；无数次的太阳照射着石头，石头变热了。然而从经验里面你得不出因果这样的观念来，它是无法从经验产生的。经验里面只包含了 A 碰撞 B，B 运动了；太阳照射石头，石头变热了。经验无法告诉我们，前者是后者的原因，后者是前者所导致的结果。

那么因果或者说这种必然联系，它的本性究竟是什么？在休谟看来，那不过是一种我们心理联想的习惯。因为如果一切认识只能来自经验，而经验里面又无法提供因果关联的话，我们为什么会说 A 碰撞和 B 运动之间、太阳照射和石头发热之间有因果关联？那是因为无数次地看到了类似的现象，以至于我们不期然地产生了一种心理预期和一种习惯性的联想。这就是因果关系的本质，这就是必然联系的本质，这就是自然科学的所谓规律的本质。

这样一种观念，把因果、规律、必然性的客观性给取消了，当然是唯心主义的。19 世纪末 20 世纪初，物理学领域内发生了一场革命，这场革命的主要人物马赫[1]和庞加莱[2]，在科学的前提方面有他们自己的一套看法。他们的思路经常被称为"约定论"，把科学规律视作一种约定，是约定俗成的，是受过同样训练的科学家群体内部都能够接受的，并且在现有范围内仍然能够有效地解释经验现象也被试验所反

---

[1] 马赫（Ernst Mach, 1838—1916），奥地利物理学家、心理学家、哲学家。
[2] 庞加莱（Jules Henri Poincaré, 1854—1912），法国数学家、物理学家、哲学家。

复证实的。约定论并不认为规律是客观世界所存在着,然后被我们的主观认识所正确地反映出来的东西,它不是这样看的。可以说,马赫和庞加莱的这种看法,实际上是休谟思想的一个变化了的版本。所以经验主义这些推论并不像乍一看那样经不起推敲,或者说绝对是实际从事科学研究的科学家所不能容忍和接受的。或者换句话来说,自然科学家不一定非得需要一个前提——科学研究就是要揭示客观世界存在的规律——才能进行有效的工作。也许有机会的话,我们还可以专门来谈一下,历史学家研究过去,也许不见得需要一个前提,认为历史学所要做的一切就是要复原或还历史以本来面目。

要讲古典自由主义的兴起,我们需要对17世纪的英国政治史有一些了解。文艺复兴时期,意大利占据了整个欧洲世界的核心位置。后来,随着地理大发现和对新大陆的开发,情形开始发生了变化。西班牙、葡萄牙和荷兰,因为航海技术的高度发达,及其在地理探险和早期殖民活动当中的大量努力,都曾经在西方世界里起到举足轻重的作用。英国在西方世界崛起,开始扮演主要的角色,相对来说略晚一些。在现代初期,英国对于整个欧洲,可以说并不比西西里岛对于意大利更重要。西西里岛好歹还有黑手党,是意大利乃至整个世界谈论的话题,英国大概当时还没有这样的话题。就在16世纪,英国进行了非常有特色的宗教改革。在欧洲大陆,马丁·路德和加尔文所引导的宗教改革脱离了罗马教廷。英国则在既要进行激烈变革的同时,又要尽可能地维系更多的传统因素,表现出一种在传统和变革之间保持折中,走一条中间道路的特色。英国的宗教改革最终建立了以王权为核心的国教(圣公会),国王天然就是教会的首领。其基本特点是,在教义上很多地方和新教有更多的相近之处,同时它也宣布独立于罗马教廷;但是教义的某些部分尤其在外在的宗教礼仪方面,保留了很多天主教的因素。除国教圣公会外,别的教派也同样存在;在苏格兰、北爱尔兰,天主教或者新教里加尔文宗的变种清教都有长足的发展。

1588年西班牙与英国发生冲突,西班牙的无敌舰队出动攻打英国,当时所有人都认为英国这么一个小小的岛国,面对强大的无敌舰队,肯定是不堪一击的。因为那时候西班牙和英国的实力有着霄壤之别。但是这个庞大的舰队被英国海军打败了。有一个出身海盗而后来被封为爵士的海军将领,指挥这场战争取得了胜利。[1] 当时恶劣的天气也帮助了英国,大风将西班牙舰队吹得七零八落,英国认为自己得到了上帝的特殊庇护。因为参战的英国人很多是清教徒,所以这场风也被称为"清教之风"(Protestant Wind)。这场战争过后,英国跻身西方大国的行列,迈出了大国崛起的第一步。

17世纪,英国政治上也发生了巨大的变化,经历了一个长期的革命。这场革命是从1640年开始的,当政的国王是查理一世。我们如果对后来的美国革命和法国革命有所了解的话,就会知道,现代史上的几场重要革命,都来自西方社会一个根深蒂固的政治传统:"无代表,不纳税。"与我们"普天之下,莫非王土;率土之滨,莫非王臣"

---

[1] 此处指的是弗朗西斯·德雷克(Francis Drake,约1543—1596),英国著名的私掠船船长和航海家,因击退来自西班牙无敌舰队的攻击,受封为英格兰勋爵。

的传统不同，西方的王权是受到贵族阶层制约的。王室想要收税，必须得到贵族代表后来是纳税的各阶层代表的同意。国王要花钱，想收税，就必须让国会开会。英国这会儿和法国1789年时一样，查理一世和路易十六都是因为急着花钱要收税，迫于无奈才召集国会开会。可是一旦开会，国会和国王之间就会发生冲突。英国的冲突最后就演化为一场战争，这场战争于1642年爆发。议会军队和国王军队之间的战争持续了好几年。一开始，国王的军队当然是所向披靡，因为国王的军队是一支职业化的、训练有素的军队，国会的军队是临时拼凑起来的乌合之众。但是，国会的军队，按照毛主席的说法，"在战争中学习战争"，总不能老吃败仗，总有打胜仗的时候。另外，沧海横流方显英雄，在战争的过程中有着特别手腕和特殊才能的人就涌现出来，这时一个重要的人物——我们大家都非常熟悉的克伦威尔——也就应运而生。

克伦威尔本是一个乡绅，他是清教徒，他率领的军队也主要是清教徒，清教徒打起仗来如同他们在世俗工作中那样，非常投入，很有专业精神，所以这支军队很快成了国会的军队里面战斗力最强、最有实力的部队。在动乱的时代枪杆子决定一切，克伦威尔就成了国会方面最有实权的人物，后来他带领着这支被称为新模范军的军队，打赢了国王的军队，直接把查理一世抓住处死了。这短暂的几十年是英国历史上到目前为止，仅有的没有国王的共和时期。

克伦威尔去世以后，斯图亚特王朝很快就复辟了，查理二世复辟以后，还没来得及干太多事情就死了，詹姆斯二世继位。这是一个书呆子国王，爱好著书立说，但是他上台以后有很多非常固执的举动，尤其是笃信天主教，这惹恼了当时在宗教上高度敏感的英国人。我们知道，英国宗教改革走的是非常独特的道路，它有自己的国教，有自己的民族宗教，是独立于罗马教廷的；还因为英国和法国隔英吉利海峡相望，两国在历史上是世仇——百年战争中出的那位圣女贞德，打的就是英国人，成为法国传奇式的民族英雄。法国长期是天主教徒占上风的国家，直到现在为止天主教的实力还非常之强，而詹姆斯二世又有着非常浓厚的亲法色彩，所以这就麻烦了。特别是詹姆斯二世后来生了一个儿子，而这个将来有可能继承王位的孩子被公开受洗成为一个天主教徒。国王的血脉最后会落到亲法的天主教徒手中，这在英国的各派政治势力看来都是一个不能接受的事情。于是，当时英国各个重要政治派别的人物就联合起来，进行了一场革命，这场革命就是历史上著名的1688年"光荣革命"。光荣革命之所以光荣，就在于这场革命没有流血。革命一发动，詹姆斯二世就闻风而逃，因为国内已经没有太多的支持他的力量，他逃到了法国，受到了法国的庇护。当然这好像就证实了人们先前的怀疑。革命以后，各派人物联合起来，邀请詹姆斯二世已经成年的女儿、远嫁荷兰执政威廉的玛丽公主，把她和她的夫君请回英国担任国王，玛丽公主和威廉执政信奉的是新教。英国就这样完成了一场革命，原来的国王的血脉世系还在，但是对于英国政治传统的威胁被化解了，这就是17世纪英国所经历的政治变动的主要情形。

光荣革命后来被英国的各派公认为他们共同的政治传统，这个政治传统的特点在于，一方面完成了必要的变革，另一方面尽可能地维护了原来的传统。如何在传统与变革之间保持平衡，以尽可能小的代价完成社会变革，这是现代社会经常面临的一个难题，所以英国式的政治传统得到很多人的高度评价就不让人意外了。威廉和玛丽就任国王以后，《权利法案》被通过，王权对于整个国家的控制力量被大大削弱。当然君主更多地成为国家象征，英国政治制度成为"虚君共和"的君主立宪制的典型，这是后来逐渐演变形成的。

霍布斯和洛克

我们要开始涉及我们的主要人物——霍布斯和洛克。他们的生平不用多讲，这两个人都是一辈子从事科学、哲学和思想创造的人物。数百年来，英国重要的人物，基本上不是出身牛津就是剑桥，从牛顿开始到霍布斯和洛克，包括克伦威尔都是如此，少有例外。

霍布斯生于1588年，卒于1679年，洛克生于1632年，卒于1704年。两人生活的主要时期，都正好经历了英国历史上最动荡不安的那一段。对霍布斯来说，这样的经历大概让他坚信，再糟糕的政府也要好过混乱无序的无政府状态。洛克本人早年还和很多科学家过从甚密，据说玻意耳的科学成就里面就有他的贡献，因为他经常和玻意耳在一起讨论各种各样的问题。这至少说明洛克对当时自然科学的实际进展非常了解。

在17世纪的时候，英国开始出现了现代政党制度的雏形，当时主要的两个党派，一个叫作辉格党（Whig）一个叫作托利党（Tory）。Whig 和 Tory 原来都是骂人的话，Tory 骂这边是 Whig，Whig 骂那边是 Tory，后来双方骂来骂去都习惯了，就号称自己是 Whig 或 Tory。辉格党就是后来的自由党，自由党在第二次世界大战之后势力衰微，地位被工党取代。托利党就是保守党，直到今天在英国政坛上还非常活跃。洛克就常年担任辉格党的领袖人物沙夫茨伯里的私人秘书。有一个说法是，沙夫茨伯里有一次生病，找了很多名医都没治好，后来洛克给他治好了，沙夫茨伯里对洛克了解深入之后，发现这个人不但可以医人，还可以治国，觉得他有很多突出的政治智慧。对洛克而言，有机会和英国政治的高层人物有密切往来，使得他对于英国的政治情况有了更多的了解和把握。在詹姆斯二世复辟活动高涨的时期，沙夫茨伯里被迫流亡欧洲大陆，洛克也跟在他身边，光荣革命以后才回到了英国。

基本概念

在把霍布斯和洛克的政治理论进行比较讨论之前，我们先来解说一下现代西方政治理论所使用的一些最基本的概念工具。

一、自然状态

现代科学从一开始就有一个特点，就是要把研究的问题先分解为更小的容易解决的问题，然后再把这些因素组合起来，最终解决一个比较复杂的问题。就像要研究抛物线运动，就要先把它分解为纵向和横向两个方向的运动，然后再把它综合起来进行研究。我们上堂课讲了笛卡尔，笛卡尔给自己确定的思想的规则，也有一条是把困难的问题先分解成比较小的问题，然后再进行研究和还原。政治思想要讨论的是些什么问题？比如说，人类结合在一起，他们之间会产生政治关系，结成政治结合体，那么，一个合理合法的政治共同体，应该是怎么样的？有政治共同体，就必然有权威，权威的合法性从何而来？权威的使用究竟有没有一个合理的界限？这个界限何在？如此等等。这些问题是政治思想、政治哲学天然地要讨论的问题。从这个思路来看，假如人类之间并不存在政治关系，假如人类并没有组织成为一个共同体，那么他们本来会处于一种什么样的状态？这就是自然状态（state of nature）。自然状态是和政治状态、公民社会相反的一种状态，或者说，它是先于社会的一种状态。

二、自然法和自然权利

自然法（natural law）和自然权利（natural right），这也是相对来说比较麻烦的概念。我们先从这么一个角度来说：语言是承载人类思想的最基本的工具，所以不同语言的不同特性，有时候也会影响人们的思维模式和思维内容。现代思想中有些非常重要的概念，在中文和西文里面的蕴含不一样，我们理解起来会有些麻烦。我们先从"nature"说起，nature 有自然的意思，也有本性、天性的意思。再看"law"，"law"这个词有法律的意思，也有规律的意思。这两层意思在中文里是很不一样的。规律是不以人的意志为转移的铁的法则，比如万有引力定律；又比如，无论是焦大还是林黛玉，只要从楼上往下跳，加速度都是 9.8 米 / 秒^2，这是规律，铁的法则。法律是党领导着人民，按照人民的意志所制定出来的规范，大家必须遵循，而且有国家的强制力量作为保障，是人为制造的，在中文里不同蕴含必须用不同的词表示出来的。而在英文以及主要的几种西文中却可以用同样一个词来表示。从西文里来看，外在的 Nature 是大自然，与之相对应，人类内在也有人的本性（human nature），对于自然有效的法则、规律也同样适用于人和人的本性，这是再自然不过的推论了。"自然法"这个概念不是现代才有的，古希腊后期就有，中世纪的思想里面也有。什么叫作自然法？或许可以这样来解释：每一个具体的人类社会，每一个地方，都会有基本的风俗和法律，但是我们有时会说，你这个具体的条文或做法不合理，因为我们心里面还有一个天然的、符合自然的、正当的东西。一个人只要有理性的禀赋，他就能够自然而然地认识到这样的法则，比如人"生而平等"，就像他认识到"两点之间线段最短"一样。中国传统里面，如果有人做了令人发指的坏事，却没有受到应有的制裁，我们就会说他丧尽天良，我们会发出天理何在的疑问。"天良"和"天理"，就是人们凭借自己天然的禀赋，认识到什么样的东西是合理的、正当的。西方文化传统里面与之类似的，就是自然法的观念，它是一种更高的观念。现实的人类社会里面会有很多实实在在的成文法、实在法，但人们总是相信，在这些成文法、实在法的背后，还有一个更高的东西作为正当性、合理性的最高准则而存在着。

和"law"相似,西文中一个词的多重含义,在中文里需要不同词才能对应的情形,还有"right"。"right"有右边的意思,和 left(左)相对;还有正确、正当的意思,this is right 和 that is wrong 是刚好相反的。"right"的另一重意思是权利。"自然权利"是和"自然法"相对应的一个概念,从前把它翻译成"天赋人权",但是这个翻译不好,因为"天"在中文有多重含义,"天赋人权"的意思,好像权利是某个神恩赐给我的。而自然权利不是谁给的,不是别人或者什么神给的,是一个人作为人,本于自然(by nature)就应当具有的权利,所以不宜翻译为"天赋人权"。

三、权利和权力

人有自由的权利,在没有违背公开而明白呈示的法律和规则的情形下,有着充分的自主选择的自由。比如,年满十八岁有了选举权;随着中国社会经济的进步,越来越多的社会成员都认为,公民在养老、医疗等方面得到起码的保障,是一项应得的权利:这些都是人的权利。

权利(right)和权力(power)这样两个词在汉语中的读音是完全一样的,这是容易让人混淆的。权力说的是,我有能力让你按照我的意志来行动,权利则是指人们应该得到或享有的东西。这是非常不一样的。比如说人人都有工作的权利,这是 right,比如说人人都有在不违背法律的情况下自由迁徙的权利,还是 right。

自然权利的蕴含是，一个人生来就拥有各种各样的权利。这样一些权利在不同的历史境遇下可以有不同的界定，但是人们总应该有这样的权利，这是现代政治的最基本的观念。有权利当然会有义务，但是义务是权利派生的，而非权利是由义务派生的，这有一个谁主谁次的问题。

四、契约

再看最后一个概念，契约（contract）。契约就是合同，两方或者多方缔结的契约就是相互之间权利和义务的约束关系。为什么这里要提到契约？因为政治思想、政治理论要讨论国家从何而来、政治权力的合法性从何而来这类关涉起源的问题。现代西方政治理论解释国家和政治社会形成的理论，主要是契约论这样一种理论形态。马克斯·韦伯有一套关于权威合法性来源的理论。简单说来，我要服从一个权威，不仅是他说了算，而且我发自内心地觉得我要服从。

合法性的来源，一种是传统型（traditional），过去如何，现在还是如何。我为什么统治你，因为我爸爸统治你爸爸，我爷爷统治你爷爷。

另一种是超凡魅力型（charismatic），宗教领袖和先知往往就拥有这样的魅力，有的社会政治运动领袖也是如此。比如，可能在某个时段某个地方，会有不少人觉得，能够追随元首真是莫大的幸运和幸福，跟着他奋斗，让自己庸俗日常、没有指望的生活焕发出前所未有的光彩和意义。这样的魅力也会带来统治的合法性。

再有一种合法性的来源是法理型（rational），那就是基于同意的合法性。通过利害的考量，人们认识到以特定的方式形成一个政治共同体，服从一个权威对于大家是有利的。比如，现代西方常常有一种将政府视作必不可少的恶（necessary evil）的观念，有政府、有权威，个体自由就会受到管制，权力的行使就有可能威胁到个体；然而归根结底，人们无法脱离一个政治共同体而生活，权威的存在必须得到容忍，只不过需要限定其行使范围。一种粗糙的说法是，传统政治是砍人头的政治，谁砍的人头多谁就当老大；现代社会是数人头的政治，谁越得到民众的支持，得到的选票越多，就能够统治民众，换句话说，这就是一种基于同意的政治。我有所失，但是有所得，两者相比较我选择了这样一种方式。就此而论，契约论所要表明的国家、政治共同体和权威的产生及其合法性来源，都是基于同意。

人们处在自然状态下，天然地就具有自己的权利，由于各种各样的缘故，人们觉得有必要脱离自然状态，于是彼此间达成一个契约，脱离自然状态结成一个政治共同体，产生了一个权威，这个权威才具有了权力。这个权力是从哪儿来的？那是共同体中每个成员把自己或大或小的一部分权利转让给他，他才具有的。也就是说，power 来自 right，此权力来自彼权利，这是现代文明社会都认可的一个基本原则。国家、政府的权力从哪儿来？是由公民权利转让而得来的。我本身拥有各种各样的自然权利，我把我的权利转让一部分给你，然后你才能够开始管辖、支配我。当然，我的转让不会是无条件的，总是因为有所失之后还有所得，而且得大于失，才会做出转让的决定。

现代西方有关政治共同体、国家形成的主流理论就是契约论。与此相应的,可以把中国传统中有关国家或政治秩序形成的理论,粗略地称为"圣人制作论"。《荀子·礼论》中说:"人生而有欲,欲而不得,则不能无求,求而无度量分界,则不能不争,争则乱,乱则穷。先王恶其乱也,故制礼义以分之,以养人之欲,给人之求。"他讲的是"礼",实际上他这个"礼"的内涵也非常之广泛,也可以把它理解成政治共同体的规范。人生而有欲望,但是欲望不总能得到满足,因为资源是有限的。人们总是处于相互争夺资源的过程中,无论是以和平还是非和平的方式。如何才能改变这种局面?荀子就说先王——或者说圣人——因此就制作礼义法度,制造边界,就是政治社会的秩序。也就是说,如果人类没有文明的边界,人与人之间没有秩序,没有度量分界,那就是一个丛林法则做主的野蛮状态。大家如果读过明清之际的大儒黄宗羲的名篇《原君》,就会看到他也是以类似的路径来解说政治权威的出现的。

霍布斯的《利维坦》

那么,在霍布斯和洛克那里,自然状态是什么样的?假如人们本来处于自然状态,人与人之间不发生任何政治关联,那么为什么要脱离这种状态,结成政治社会,结成一个共同体,并拥有一个权威呢?霍布斯的主要著作为《利维坦》(*Leviathan*),"利维坦"本是《圣经》

中描述过的一个巨大而可怖的动物，霍布斯以此来代指人类结合而成的国家。在他的眼里，原本处于自然状态下的人们，为何最终一起缔造了这么一个庞然大物呢？霍布斯相信，人们在自然状态下是处于相互为敌、相互争斗状态的。人和人之间会有竞争，因为他们要争夺有限的资源。人与人之间、国家与国家之间会有猜疑，不可能完全相互信任。竞争和猜疑，这一状态好像人们始终都没有摆脱。就像大家都知道全球变暖所将要带来的巨大威胁，但是看看几次试图解决这个问题的国际会议的情况，就会很遗憾地发现，在这样一个科学家和政治家会聚一堂的地方，竞争和猜疑终究会压过善意和理性。最后人们还要争夺荣誉，因为人们总希望能够被人另眼相看。如果人性是这样的，那么我们就可以一望而知，自然状态下，如果没有一个共同权力，人们只可能处于战争状态之下。

霍布斯是这样来描述自然状态的：

> ……在人人相互为敌的战争时期所产生的一切，也会在人们只能依靠自己的体力与创造能力来保障生活的时期中产生。在这种情况下，产业是无法存在的，因为其成果不稳定。这样一来，举凡土地的栽培、航海、外洋进口商品的运用、舒适的建筑、移动与卸除须费巨大力量的物体的工具、地貌的知识、时间的记载、文艺、文学、社会等等都将不存在。最糟糕的是人们不断处于暴力死亡的恐惧和危险之中，人的生活孤独、贫困、卑污、残忍而短寿。

在这样一种"狼对狼的状态"下，人们除了依靠自己没有别的指望，各种各样的产业不可能发展起来。顺便说一句，仔细看看霍布斯所举的这些例子，会让我们发现此时的英国社会与传统社会相比已经发生了很大的变化，现代的很多东西开始出现了。霍布斯连着用了五个词来形容自然状态下那种人们朝不保夕的情形：孤独（solitary）、贫困（poor）、卑污（nasty）、残忍（brutish）、短寿（short）。这样，自然状态就变成一种人们必须想办法脱离的状态。

人的内心有着各种各样的冲动和追求，有着种种不同的驱动力，有主动想追求也有极力想避免的东西。在霍布斯看来，支配着人内心的最强大的驱动力，就是人们总是要力图保全自己的生命。从反面看来，在硬币的另一面，这种驱动力就是对于 violent death 的恐惧。什么是 violent death？就是死于暴力之下。有点像中国骂一个人最狠的话，也就是"不得好死"。在自然状态下，这样一种危险是时时存在而迫在眉睫的；在丛林法则之下，人们都有暴死于他人之手的可能。由于人的本性，人们注定了会陷入这样一种状态，但人还有理性，所以人们就企图摆脱这样一种状态，也具有了摆脱这种状态的可能。

在霍布斯的自然状态下，驱使人们的最大的力量是内心对于"不得好死"的恐惧（fear），那么摆脱自然状态是人们唯一的选择。这需要人们的理性，需要人们做出选择，为了摆脱自然状态进入文明状态，宁愿把自己的自然权利贡献出来换取自己的安全保障。

"……自然权利就是每一个人按照自己所愿意的方式运用自己的

力量保全自己的天性——也就是保全自己的生命——的自由。因此，这种自由就是用他自己的判断和理性认为最适合的手段去做任何事情的自由。"这是霍布斯在《利维坦》第14章中作出的明确界定。

霍布斯所说的自然权利，就是人们在自然状态下为着保全性命，自己的事情自己做主，不受他人的摆布。这样的自然权利固然好，但由此导致的自然状态，却是人与人之间相互争斗，人们时刻面临暴死可能的可怕状态。要摆脱这种状态，人们就需要订立契约，需要权利的转让。他们就把自己的权利转让（transfer）出来，让渡给一个权威、主权者，后者能够带来秩序，保障人们的安全。由于他获得了人们的权利，所以拥有极大的权威和极大的权力。总而言之，政治权威的各种各样的权力是由各个社会成员的权利转让而得来的，公民权利的转让是政治权力（political power）的来源，这是现代政治理论的共识。

霍布斯有一个清楚的逻辑：为了摆脱这种丛林状态，所有人都愿意把自己的权利交给国家，然后利维坦这个国家机器、这个庞大的怪兽就诞生了。既然自然状态让所有人都觉得无法忍受，对于每个人的生命和安全来说过于危险，所以人们最大的根本利益就是迅速摆脱这样的自然状态，进入一个政治社会。政治社会必须拥有权威，而任何权威如果没有完全的权力，政治社会就是不稳定的。所以我们必须在脱离自然状态后，进入到一个有着绝对政治权威的社会。在很大程度上，霍布斯最后是支持了一个具有巨大的甚至是专断权威的统治者的格局。

霍布斯一生经历过的最重要的事件，就是从1640年到1688年英国的政治动荡，这让他认为再差劲的政府也好过无政府状态。因为害怕生命和基本的安全得不到保障，对于政治秩序的脆弱性又有着强烈的担忧，霍布斯有一种明显的要为权威、权力拥有者奠定不容置疑的坚实基础的倾向。在霍布斯的笔下，人们在订立契约时，要把所有权利都交给主权者，因为在他看来，不完整的权利转让无法令由此建立起来的权威真正支撑起社会政治秩序。这是自由主义传统中如洛克等人和他有着巨大分歧的地方。这里需要简单提及的是，虽然表面上看起来，霍布斯的基本立场是支持一种掌握了全部的权威、无所不能、无所不为的政府，但是他依然被视为自由主义的奠基者，因为他全部立论的出发点还是为保障个人和个体才建立一个国家。现代政治思想把权利作为政治权威的基础，国家权力来自人民权利的让渡——霍布斯在这个基本点上并不含糊。另一方面，我们把他和以后要讲到的洛克以及卢梭相比较就会发现，由于对自然状态的设想不一样，不同的理论家所推论出来的政治权威的合法性基础和权力边界都会有非常大的不同。

洛克的《政府论》

洛克在政治思想方面影响最大的著作就是《政府论》。《政府论》分成两篇，一般更受到重视的是第二篇，也就是中译本的下篇。上篇主要是和别人辩论，辩论的对象是罗伯特·菲尔默[①]。菲尔默是詹姆

---

① 罗伯特·菲尔默（Robert Filmer，1588—1653），英国王党分子，作家。1680 年出版了《家长制》一书，在此书中根据政府起源的家长理论为君主制的神圣权力辩护，抨击霍布斯的契约论。

士二世的御用理论家。詹姆士二世本来也是个书呆子国王，写了各种各样的文章来论证王权是神授的，神圣不可侵犯的。洛克的《政府论》上篇实际上就是和菲尔默的君权神授来辩论的。《政府论》下篇是比较正面地来建立一套政治理论，通常被认为是在光荣革命以后发表，而且是为光荣革命作出理论辩护的。现在的研究认为这种结论有些站不住脚，因为这本书是在不同时间写就的。但是这本书的确建构了一些普遍性的理论原则，而且被后来西方主流的政治意识形态所接纳。

洛克的《政府论》是从考察自然状态、考察人类应该拥有的基本自然权利入手，来谈人类政治共同体的起源。我们先来看洛克是怎么看待自然状态的：

> 为了正确了解政治权利，并追溯它的起源，必须考究人类原来所处的自然状态是一种什么样的状态。那是一种完备无缺的自然状态，他们在自然法的范围内，按照他们认为合适的办法，决定他们的行动和处理他们的财产和人身，而无须得到任何人的许可或听命于任何人的意志，因为根据自然，没有人享有高于别人的地位或对别人享有管辖权。

我们可以感受到，霍布斯和洛克这两个理论家所描述的自然状态是截然不同的。霍布斯笔下的自然状态是一个非常阴森恐怖的状态，是一个人们迫不及待要摆脱的状态，而洛克笔下的自然状态则是一个相对安宁平静甚至还有点儿美好的状态。大家没有一个共同的权威，这就是自然状态的基本特点。在这个自然状态下，人类的生活相对来说不像霍布斯所描写的那样不可忍受，人们是能够比较平和、比较自由地生活的。人们拥有自由，可以自由处理财产和人身，这些都是其自然权利。

但是这样的一个问题就出现了：既然自然状态比较美好，人类为什么还要脱离自然状态而进入政治社会呢？洛克说，自然状态虽然不像霍布斯描写的那样不堪忍受，自然状态虽然不乏其美好甚至温情的一面，但是仍然有其缺陷。如果说霍布斯笔下的自然状态的缺陷太致命了：所有人对所有人的战争状态，让人们朝不保夕，一个人不可能永远是胜利者，一旦失败，一切就都永远失去了。而洛克在谈到自然状态的缺陷时，用的是让人觉得比之霍布斯而言实在是轻描淡写的一个词——不便（inconvenience）。什么样的不便呢？自然状态下，人们是自由的、平等的，拥有各种各样的自然权利。但是人和人之间会发生接触和各种联系，也就无可避免地要发生各种冲突和矛盾。这时自然状态的缺陷和不便就显示出来了。那就是，它没有一个既定的法度来判断孰是孰非，没有一个公正的裁判者作出裁决，没有一种力量来支撑这个裁决得到执行。

我们经常会说，国家的一个重要特征就是它合法垄断了全部暴力。例如，在一个并非现代的国家里，一个人为报杀父之仇而杀人，好像没有太大问题，但现代国家不能容忍这样的行为，因为暴力的合法使用不能由私人而只能由国家来垄断和掌握。国家一方面有法律来作为裁断的依据，有掌握、执行、解释法律的人来做出裁断，同时，它也有一系列手段——种种专政的工具——来执行这些裁断。自然状态显然是缺乏这些手段的。人们之间有可能不乏善意，但人与人之间不可避免地会发生争议、冲突甚至对抗，一旦到了这个时候，在这种状态下，公说公有理，婆说婆有理，每个人都是自己的裁断者，每个人都可以有权来惩罚别人，这时整个自然状态就有可能陷入一片混乱。所以自然状态有其不便，而且这种不便有可能是一种非常严重的危险。可以说，正是为了弥补这样的不便，政治共同体或者说国家，才有了出现的根本理由。

在霍布斯笔下，通过契约，人们把全部权利都交给了国家，交给了主权者。因为在混乱的、一切人对一切人的战争状态下，人们朝不保夕，而主权者只有具备绝对的裁判的权力，才能确保秩序。所以霍布斯最后建立起来的这个权力，是一个专断的权力。但是洛克不一样。在洛克这里，自然状态并不是那么不堪忍受，它的确有缺陷、有不便，但是我们建立国家、建立政治社会，正是为了解决这样的不便。这个政治共同体，这个权威，它要做的只是在大家相互之间出现争端的时候作出裁断，并且它有力量能够保障这个裁断得以执行。它的权威、权力仅限于此。所以，在洛克的笔下，每个成员只是把自己权利当中的一部分交给了权威，这是一个有限的权威。在自然状态下，我的自然权利中还包括当我和别人发生冲突时，我做出判断，并处罚在我看来是违背自然法的行为。只有这一部分权利——也就是在与他人发生争端时作出判断和处罚的权利——才被交了出去,别的权利仍然掌握在每个成员自己手上。所以说,霍布斯和洛克对自然状态的设想不一样,对自然状态的缺陷描述不一样,那么用来弥补自然状态的缺陷、疗治自然状态的弊病的国家或政治共同体的权力范围就不一样。

我们再换一个角度来讲一下洛克的财产观。各种各样的财产是怎么来的?我们拥有一个神赐予我们的大自然,它给我们提供了资源、果实以及各种生产生活的最基本条件。神对于所有人来说,应该都是平等看待的,那么,为什么会有私有财产的存在?或者说私有财产为什么是合法的?或者更准确地说,什么样的私有财产是合法的?洛克的看法是,大自然的赐予对所有人都是平等的,但是当我通过劳动,使大自然的某一部分物品脱离了原本在自然中的状态,这部分物品就归我所有了。所以,私有财产是来源于劳动,是由劳动创造的。摘取果实、猎取野兽、耕种土地等,都是这种性质的劳动。我把自己的劳动施加到大自然提供的原料上,它就变成了我的财产。

但是,我是否可以无穷无尽地积累这些财产呢?比如说,我周围有很多桃树,我捡拾起了所有的桃子,它们就都属于我的私有财产,这样行不行?不行,因为还没来得及消耗,就会有很多桃子腐烂掉了。而自然或神,是不允许有这样暴殄天物的行为存在的。所以,把劳动施加到某一个东西上让它成为私有财产的条件是,这个东西可以被合理消耗掉,不会白白浪费。这样洛克就给财产权加上了一个限度,就是以供自己享用为度，不能损坏和浪费，如不能让粮食积存太多而腐烂，不能让土地荒芜等。但是，如果把财产转换成货币，就可以使它不至于损坏，就可以无限占有。财富的积累为什么成为可能？因为金银这样的货币，无论怎样积累，都不会损坏。于是，对于财富的大量占有和几乎是无止境的追求，就又变得具有了合理性。洛克反复讲，政治社会的首要目的是保护人们的财产，财产的内涵在他那里还包含除了占有物之外的人身自由等意义，但很清楚的一点就是，在洛克这里，政治权威不会像是霍布斯所设想的那样可以对人们的一切予取予夺。

一种粗略的说法认为，如果说亚当·斯密在经济学理论上奠定了现代西方社会经济秩序的基础，那么洛克的政治理论在很大程度上，同样可以说是奠定了现代西方社会政治秩序的基础。直到现在，自由主义思想尽管命运坎坷，遭受了各种挑战，发生了不同变化，呈现出不同形态，但它所蕴含的基本观念，仍然是当今西方社会主流的政治意识形态，并且在很大程度上成为现代文明社会所共同认可的基本观念和原则。

我们以洛克为例，来谈一下古典自由主义的两个理论特点：

其一，政府与国家的权威是有限的，而非全能或无限。

在洛克这里，为什么政府的权力是有限的？因为在自然状态下，人们生活得还不错，自然状态只有一些缺陷和不便，那就是当人们之间发生冲突和争执时没有人做出裁断。一个政府或一个政治共同体，其全部的价值和功能就是在这个时候做出裁断，并且有足够的手段来保障裁断得到执行。所以说，它是一个有限的政府，是一种有限的国家权威。国家是有限国家，政府是有限政府。

在早期的自由主义政治理论中，比如在亚当·斯密的经济理论当中，政府所扮演的是一个守夜人（watchman）的角色，是秩序的提供者和保障者，此外它不能够越雷池一步。人天生有各种自然权利，这种自然权利不是政府给的，也不是神给的，是人之为人生来就具有的。人们转让出这些自然权利中的一部分，使其成为国家、政治共同体的权力的来源。但是更大的、更重要的权利仍然保留在每个成员身上，是不可剥夺的。正因为每个人交出去的只是自己自然权利中的一部分，所以由这些权利集合而成的国家的权力，就不是可以为所欲为的，而是受到各种限制的。

当然，西方国家在其发展过程中也有变化。比较典型的例子，如后来的罗斯福新政时期，国家的权威、国家的活动范围就大大扩展了。罗斯福新政对于传统的资本主义理论是很大的突破，国家和政府居然开始插手原来被认为不该插手的领域，居然可以成为一个经济活动的主体，居然把它的活动范围扩大到了提供和保障秩序之外。后来20世纪80年代前后的英国撒切尔夫人和美国里根所做的事情，都是使国家从各种经济活动中大幅度撤退。所谓里根主义、撒切尔主义，也就意味着传统的国家应该尽可能少地插手经济活动的观念，在一定程度上得到复活。

不管国家的功能和作用有多大的变化，国家的权力本身是有限的，个人的基本权利不可触犯，这一点在自由主义政治传统中根深蒂固，仍然是现代西方社会最基本的政治原则。这也和传统有关，古罗马时期就有私产观念；在中世纪和现代初期，有个很著名的谚语——"风能进，雨能进，英格兰的国王不能进"，这也表明了在西方传统社会中，私产具有着中国传统中所无法想象的神圣性。

其二，在价值论上，古典自由主义是彻头彻尾的个人主义。

这里的"个人主义"是 individualism，而非 egoism，前者指个人的独立、自由、自主，是指个体乃是价值的源泉；后者是指自我中心，是指"各人自扫门前雪，莫管他人瓦上霜"。一个政治共同体是由个体组成的，最理想的状态应该是每个个体的个性、自由都得到充分的尊重，同时又能保持整体的团结、和谐等。但从逻辑上来讲，从人们政治生活的实践来说，必然有共同体和个人之间孰轻孰重的问题。究竟谁是第一位，谁是第二位？谁是目的，谁是手段？或者说，谁更多的是目的而较少的是手段，谁更多的是手段而较少的是目的？究竟是个体为了集体、为了共同体而存在，还是共同体归根结底是为了个体而存在？这些问题总是存在着，总有个优先性的问题。西方传统里面，有更多的个人主义因素，但总体上，无论是在古希腊、古罗马，还是中世纪，都更强调共同体。比如古希腊思想就强调，只有在一个美好的城邦中，每个个体才能有好的生活，个体的价值只有在城邦里才能得到更好的实现。亚里士多德说，如果一个人能够在城邦之外独自生活，那么他不是神就是野兽。个体不是独立的，而是从属于一个人际网络、一个共同体。我们可以把个人主义首先理解为一种价值论的立场，它强调个体是一切价值的源泉，共同体如果有价值的话，那也是因为它为个体的权利提供了保障，它的价值是派生的，是第二位的。

霍布斯笔下出现的是一个专断的政府，是一个可以为所欲为的权威。但是也可以说，霍布斯整个理论的基本出发点是，每个个体在自然状态下无法有效保全自己，不能免除死于他人之手的恐惧。正因为如此，人们想方设法要逃脱这样的绝境。霍布斯理论的出发点是为了每个个体的自我保全。之所以出现一个好像可以为所欲为的权威，是因为每个个体要摆脱恐惧的绝境，就得不惜一切代价。最坏的政府也好过无政府的状态；而且，如果一个政府的权威是有限的，就是不完整的，不能够真正保障秩序。从这个角度讲，霍布斯仍然是秉持了个人主义的价值立场。也可以说，正是因为从这样一种基本立场出发，自由主义理论才变成了在很大程度上容忍、同情并且为革命提供合法性的理论。

政治理论总会涉及一个可不可以革命的问题，即革命合法性的问题。洛克的《政府论》第二篇后面有关政治社会解体的章节，讲的就是这个问题。政治社会为什么会形成？因为我们大家达成了一个契约。为什么要达成一个契约？为了要弥补自然状态的缺陷，需要达成一个契约，所有人都交出部分权利，就拥有了一个共同体。政治社会为什么会解体，会分崩离析？理所当然的答案就是，如果说政治社会是为了维护人们更多的权利而创建，那么一旦它不能执行其宗旨，违背其基本目的，不但未能保障反而危及了人们的权利，它就丧失了存在的合理性与合法性，就应该解体，或者说人们完全有理由采取各种措施使它解体，包括以暴力革命的方式使它解体。洛克认为，人民是最高裁判官，如果政府违背了社会契约，人民就有权反抗。正是在这个意义上，洛克的《政府论》才被后世视为对英国光荣革命的理论辩护。

《独立宣言》与《人权宣言》

古典自由主义理论的核心是自然权利论。我们结合18世纪光荣革命之后两个重大的政治事件，来考察一下自然权利论在实际历史过程中所扮演的角色，观察一下人权观念的基本内涵。

美国革命以及《独立宣言》

美国革命一般是指1775年到1783年，由华盛顿领导的反抗英国殖民统治的北美独立战争。美国革命于1776年《独立宣言》发布进入新阶段。美洲殖民地开辟后，很长时间内与它的母国英国，保持着很紧密的联系。双方在宗教、民族、血缘、文化传统上的联系实在太紧密了，以至于双方一开始有争执、冲突和矛盾的时候，绝大部分殖民地人民都没有想到最终会走上这样一条独立的道路。后来，他们开始意识到独立是一条不可避免的道路。殖民地对英国来说非常重要，不仅可以提供大量的原材料，同时也是英国产品的倾销地。但是，一旦本土的经济利益同殖民地发生矛盾时，英国总是会采取牺牲殖民地来保全本土的手段。所以18世纪后期，英国在财政负担不断加重的情况下，对殖民地的政策越加苛刻。

殖民地人民认为，我们在英国议会中没有人民代表，凭什么向我们征税？要征税就必须让我们有代表等等。双方之间的利益冲突和政治争论日益激烈，殖民地十三州集聚在费城的会议代表们发现，他们要讨论的已经不是团结一致跟母国讨价还价的问题，而是他们必须走上一条独立的道路。《独立宣言》就是在这时发布的，独立日也由此成为美国的国庆日。

《独立宣言》的语言，继承了古典传统那种庄重而又典雅的风格。它的结构非常简单，基本上就这么几个部分：一开始是讲正当的、合法的政府应该是建立在保障自然权利的基础上的，这就好像是几何证明题中，先列出一条公理；然后是逐条讲述英王和英国政府的行事如何暴虐无道，最后得出结论：英国政府不配做我们的政府，殖民地只能合乎情理地宣布独立。我们这里只涉及它的"公理"部分，先来看看这段文字：

> 我们认为这些真理是自明的（self-evident）：人们在被创造出来时是平等的（created equal），他们从他们的造物主那里被赋予了某些不可转让的（inalienable）权利，其中包括生命、自由和追求幸福（pursuit of happiness）的权利。为了保障这些

权利，才在人们之间成立了政府，政府的正当权力来自被统治者的同意（consent of the gorerned）。无论何时，当某一形式的政府变得是危害这一目的时，人民就有权改变或者废除它，并建立新的政府。新的政府应当建立在这样的原则的基础上，并以这样的方式来组织它的权力机关，使得在人民看来那是最能够促进他们的安全和幸福的。

这一段文字中有些词我们加上了英文原文，这是为了让大家对这段文字微妙复杂的地方，有更深入的了解。这里所说的自明的真理，就是自然权利论。什么叫自明的（self-evident）？只要你具有理性，内心有自然之光，就能够清楚明白地认识到这样的道理，就像你知道两点之间线段最短那样。"Men are created equal"这句话经常被译为"人人生而平等"，那样的话，就不大看得出其中的宗教背景了。有create（创造）就有creator（造物主），creator所创造出来的就是creature（造物），这就有一个基督教的背景在里面。上帝造人，没有对什么人进行特殊看待，不像乔治·奥威尔的《动物庄园》里所说的——"所有动物都是平等的，然而有些动物更加平等。"造物主赋予人们某些不可转让的权利，"不可转让"的原文是unalienable。词根alien是"异己"的意思，就是说，不能把本来是我的权利，变得不是我的了。

造物主赋予人们一些不可转让的权利，这是人们的自然权利，包括生命、自由和追求幸福的权利。为了保障这些权利才成立了政府，政府的正当权力来自被统治者的同意（the consent of the governed）。我们原来讲过，马克斯·韦伯所说的合法权威的第三种来源，实际上就是来自同意。我之所以同意，总是有所考量的，总是在得失之间做出了衡量的，否则无法达成契约。这段话的后面几句，清楚地表明了自然权利论是一种革命理论。我给政府、国家划定了一个合法性的边界，如果越雷池一步，那么你就丧失了合法性。毛主席讲："马克思主义的道理千条万绪，归根结底就是一句话：'造反有理。'"什么时候造反有理？就是政府、国家丧失合法性的时候。

《独立宣言》的这一段文字，前面部分从正面来讲人民具有自然权利，政府是为了保障自然权利才出现的，政府的正当权力来自被统治者的同意。后面部分再接着说，如果有任何权力违背了这样的原则，人们就可以改变或废除它，可以革命。自然权利论成为18世纪以后不仅是西方而且是世界各国民主革命的最基本的理论工具。可以说，自然权利论的基本蕴含，在《独立宣言》这段文字中得到了最为精粹的表述。

法国革命以及《人权宣言》[①]

1776年，《独立宣言》发表，美洲殖民地宣布独立于英国，开始了漫长的独立战争并最终取得胜利，于1787年发布了《美国宪法》。美国是世界上最年轻的国家之一，但是这个最年轻的国家却拥有一部

---

① 全名为《人权与公民权宣言》。

最古老的宪法。这部宪法加上若干修正案后，如今仍然在使用。两年后，即1789年，法国就发生了革命。法国革命发生的一个原因是法国遇到了财政危机。美国独立战争爆发，法国出钱出力帮助美洲殖民地，以此对抗自己的宿敌英国，这是造成法国财政危机的一个重要原因，反过来让法国也发生了革命。

作为法国革命最重要的文献，《人权宣言》的篇幅比《独立宣言》短得多，在开场白之后，正文不过十几条。我们只看看前两条：

一、人生来是而且始终是自由平等的。因此，社会差别只能建立在公共事业的基础上。

二、一切政治结合的目的都在于保护人的自然的和不可侵犯的权利；这些权利是自由、财产、安全以及反抗压迫。

由这两条，我们可以看到，自然权利论同样是法国革命和《人权宣言》最基本的理论装备。大家不妨去读读《人权宣言》的全文，其中包含了非常丰富的内容，比如其中一条就明确宣布了无罪推定的原则。我们知道，这是现代法治的基本原则，在中国通过修订《刑事诉讼法》来确立这一原则不过是近些年的事情。《人权宣言》各条内容的来源比较复杂，它的思想也比《独立宣言》更加丰富，但和《独立宣言》又毕竟是一脉相承的。现代西方社会的基本政治原则，就是奠定在这样一种不可剥夺的自然权利的基础之上。

但是这种自然权利论，也会遭到各种各样的怀疑和反对。比如说人生来就是自由的、平等的，就会有人反问人生来是自由的、平等的吗？历来怀疑和反对自然权利论最有力的一个理由，就是自然权利违背现实，或者说它过分空洞和抽象。卢梭《社会契约论》的开篇说："人生而自由，却无往不在枷锁之中。"有人就嘲笑说，既然人无往不在枷锁之中，又如何说人生而自由呢？这无异于说鱼生来应该是在天上飞，却无往不在水中游啊！

但是，也可以反过来说，人生而自由、生而平等，这不是一种对事实的描述，而是一种法理、一种价值规范。当下有很多人反对特权，对"官二代""富二代"占据过多的社会资源感到不满意，认为我们不应该生活在一个不平等的社会当中。可是如果你不认可人人生而平等的原则，你能够指责这样的现象不平等并且觉得应该改变它吗？没有了这样的规范，你如何来判定当前社会的诸多改变是改好了还是变坏了？现实社会中有着各种不平等，比如生在北京，那么你考不上大学的难度远远超过了考上大学的难度，坐到清华教室里的机会，远远超过出生在别的很多地方的同龄人。可是，如果不认可人人生而平等的原则，你又如何能够指责这样的情形不公平？没有了对于平等作为一种价值的认可，那么你连分数线面前的平等都无法要求。

我们可以这样说，人生来应该是自由平等的，各种法律、制度和社会安排，都必须朝着肯定这样一种价值出发，这个社会才是一个公正合理的社会。朝着这样一个目标前进的社会，才是一个正义的社会。

对于自然权利论的另一种常见的攻击，是说它强调抽象的、普遍的权利，而缺乏现实的、社会历史的具体蕴含。保守主义的鼻祖柏克就说过这样的意思：与其谈论什么空洞的权利，不如看看能够提供什么现实的福利。马克思也曾辛辣地讽刺说，这样一种抽象而普遍的自由，不过是工人挨饿和失业的自由。

这个问题怎么看？一方面，如同我们刚才所说的，没有对于更为普遍抽象的价值规范的认可，现实社会的改善也就丧失了参照系。另一方面，对于人权的解说和界定也在不断演化，也在朝着越来越关注人的现实生存境遇和福利的方向来发展变化。

第二次世界大战中，当盟国的胜利已然曙光在望时，丘吉尔和罗斯福会晤，发表了著名的《大西洋宪章》，里面谈到四大自由：思想自由、言论自由、免于匮乏的自由、免于恐惧的自由。后面这两种自由，就和人的生存境遇有着更加密切的关联。免于匮乏，就是让人们具有基本的生活保障；免于恐惧，就是让人们不受专制极权的暴虐统治的威胁。联合国后来颁布而为诸多国家所认可的两份有关人权的重要文件——《公民权利和政治权利国际公约》和《经济、社会及文化权利国际公约》，对于人权有很多非常具体的规定，比如两性平等的工作权利、每个个体得到基本生活保障的权利等，越来越关注于人权在现实社会生活中的落实。

不过，如果仔细看看联合国的人权公约，就会很容易发现，社会经济发展的水准不一样，能够实现的人权的水准就不一样；处于社会经济发展的不同阶段，优先考虑的人权项目也会不一样。在发达国家被认定为人权题中应有之义的某些福利保障，在社会经济相对落后的国家仿佛就过于"奢侈"了。当年鲁迅就说过："我们目下的当务之急是：一要生存，二要温饱，三要发展。"

但是，是不是不同层次的人权只能按照由低到高的程序来逐渐实现呢？是不是先有了生存和发展才谈得上更多的自由和平等呢？恐怕也不尽然。

对于公民权利的认可和尊重，是中国社会释放出巨大活力，在短短几十年间取得巨大成就的源泉所在，而如何让我们的社会发展能够不断容纳公民权利意识的高涨，则是今后社会发展将面临的首要问题。

第八讲

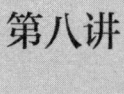

启蒙运动概说

我坚决反对你的观点,
但我誓死捍卫你说话的权利。

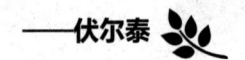

——伏尔泰

黑格尔的历史哲学，要把人类的历史发展过程做一番整体的考察，来发现其中演变的规律、过程和最终的结局。在他看来，在整个人类历史的演进过程中，不同的个体起着不同的作用，芸芸众生的所作所为就是创造基本的物质条件，为历史人物的演出提供一个物质基础。个体是这样，民族也是这样。有些民族是具有世界范围的历史意义的民族，发生在这个民族身上的事件往往能够影响整个世界的进程。而不具有世界历史意义的民族，扮演的不过是陪衬的角色。在世界历史发展的不同阶段，经常是不同的民族扮演了不同的角色。这样的观念会受到很多人的批驳。今天，无论是欧洲、美国还是东方，都会有人反对这样那样的中心论。

但事实上，在人类文明不同的阶段，不同的国家和民族扮演的角色确实是很不一样的，比如古典时期的希腊，再比如近几个世纪的英国，这两个国家地域和人口都很有限，一个是半岛国家一个是岛国，却在古典文明和现代文明的演进中发挥了重要作用。人类历史上的重大变动，往往是以某一个民族为中心来发生的。就像文艺复兴，虽然人们也会谈论北欧的、德国的文艺复兴，但我们首先想到的是意大利，是佛罗伦萨，就像我们一说起古典文明、希腊文明，首先想到的是雅典一样。同样,谈到启蒙运动,有些历史学家认为有多种启蒙运动,这些启蒙运动有着不同的思想立场和特征。无论如何,虽然今天我们也会讨论启蒙运动的不同传统,比如苏格兰传统等,但是一提到启蒙运动,人们首先想到的是法国。启蒙运动的核心地带,启蒙运动最典型的、最完备的形态,还是在法国。这一点还是毫无疑义的。

像启蒙运动和五四新文化运动这样一些思想文化的大变动,必然包含了个性风格、思想立场、基本观点、基本取向千差万别甚至水火不容的各种人物和倾向。尽管用任何一种方式来描述和概括这些运动,人们都可以随手举出反例,但是我们并不能因此就否认这些思想运动仍然具有其内在的统一性。一场浩大的思想文化方面的变动,一方面肯定包含了不同的倾向、立场、个性和风格,文艺复兴如此,启蒙运动如此,五四新文化运动也如此;但另一方面,无论是置身于这个大变动当中的亲历者和参与者,还是后世的研究者和旁观者,都会清晰地、几乎毫无二致地认定这个思想运动,也有其统一性和基本特点,启蒙运动正是这样的情形。我们来看启蒙运动的英文对应词——Enlightenment,词根是 light,光明、光亮的意思,"en"这个前缀相当于古代汉语的使动用法。"启蒙"就正是让人亮堂起来的意思。这个单词首字母大写就专指启蒙运动,就好像 Reformation,只要是首字母大写就专门指宗教改革一样。

启蒙运动既有统一性,又有复杂性和多样性,如同别的思想文化方面的大变动一样。而且启蒙运动的情形还非常特殊。我们以卢梭为例,他被公认为 18 世纪法国大革命的思想先驱、启蒙运动最卓越的代表人物之一。然而卢梭实在是一个太特殊的人物，无论是他的个性、著作、思想倾向，还是后人对他的评价。有的人认为他纯洁高尚得像一个天使，有的人则认定他是一个无耻又变态的人物；有的人认为他的思想表达了人们对自由和平等的真诚渴望，有的人则认定他所谓对于自由和平等的鼓吹，不过是要为一种极权专制来张目而已。这是一个非常特殊的人物，后世有很多不同的"主义"、不同的思想流派，都不约而同地把卢梭奉为始祖。而卢梭在生前，和启蒙运动的其他主流人物，都有很多分歧和纠葛；在他身后，人们对他的评价更是言人人殊。所以启蒙运动和卢梭的关系是一个非常麻烦的话题，因为卢梭是启蒙运动中不可绕过的一个大人物，但是他和启蒙运动的关系却很复杂，以后我们会专门辟出一讲来谈。又比如，国外的研究者谈得很多而国内学界近来也很关注的"苏格兰启蒙运动"，在很多方面又给我们原本熟悉的启蒙运动的画面，添加了不同的景象和色彩。所以我们在谈到启蒙运动的统一性和多样性的时候，会发现它比别的思想文化领域的大变动就来得更加麻烦、更加复杂。

18 世纪的法国

18 世纪的法国表面上一幅盛世景象，其实已经是金玉其外，败絮其中，但它在文化上毫无疑问仍是整个欧洲的首都。法国的专制王权是在路易十四的时候达到顶峰的。路易十四在位七十二年多，在欧洲是很少有其他君主能相提并论的，同时期中国的康熙皇帝在位六十一年,和路易十四还有得一拼。路易十四的长期统治,使得法国的专制王权极其强大,所以法国也是欧洲主要的国家当中,政府包办一切的痕迹来得最为明显的。直到今天为止,法国政府对于社会生活的管理和渗透的程度,都远远超过其他西方国家。路易十四在巴黎的郊外凡尔赛修起了一片宫殿,把很多贵族都集中到那儿去养起来,免得他们妨碍王权的行使。

国内翻译出版过一本英国历史学家①的书,那本书名字就叫作《制造路易十四》(*The Fabrication of Louis XIV*)。"制造",他用的是 fabrication 这个词,或许译成如今盛行的"打造"一词更准确。这当然不是说要把路易十四这个人给制造出来。专制王权、一个国家的权力和权威,是要落实到一个具体的人格的身上的,而这个人是个凡夫俗子。路易十四虽然不乏雄才大略,但他的外表也是非常普通的,所以这个国家机器要发动很多手段,比如给他做假发,给他画像要画得比实际更高大威武也更英俊,还要有一套礼仪,使得他出场的时候显得真像是具有太阳王一样的威仪——他是自称为"太阳王"的。这是个非常有意思的事,实际上人类的每一个政治体,为了表现这个政治体的中心权威的辉煌、光荣以及超乎一般人的伟大,经常要采取各种手法。所以对于一个政治体系来说,仪式、建筑的格局等是非常重要的。

路易十四有一句名言,叫作"朕即国家",我就是国家。国家就是我。的确,西方现代史早期发展的一个特征,就是民族国家的兴起。

---

① 指的是英国历史学家彼得·伯克(Peter Burke, 1937—),牛津大学博士。现为剑桥大学文化史荣休教授及伊曼纽学院研究员。

一个民族就是一个国家，或者说以一个民族为主就构成为一个国家，西方的主要国家是按照这样的格局形成的。美国当然是例外，它是后来兴起的一个移民国家。所以西方国家对于一个多民族而又统一的国家格局是不太习惯的，他们天然地认为，一个少数族群必然就有一种倾向要脱离以多数人为核心的这个统治架构，就有这样一种先入为主的印象。每个国家都有自己的历史和不同的经历，而人类的本性大概总会以为自己的生活才是常态，别人的生活好像就不是常态，只有别人的生活向自己的生活看齐以后，别人才显得比较正常了。

路易十四之后是路易十五，路易十五是一个比较平庸的君主，历史书上的记载常常说，他是后来法国陷入革命的罪魁祸首，但是他之所以成为这个罪魁祸首，倒不是由于自己多么残暴，而是他把自己的权力交付给一个又一个宠臣和一个又一个情妇。在我上中学的时候，历史书里面说，路易十五统治的后期，危机已经非常明显，暴风雨即将来临的征兆，大家都看得非常清楚了，可是路易十五说了一句话："在我死后，哪管洪水滔天。"后来我读到国外的著作里面有这句话的原句"Après moi, le déluge"，用英语来说应该是：

After me, the flood.

意思应该是"在我之后，洪水就要来了"。后世传来传去就变了模样。

路易十五之后当然就是路易十六。其实，路易十六如果不做国王的话，他的天赋是可以让他成为一个能工巧匠的。他沉迷制锁、开锁，能制作非常精密复杂的锁。就好像中国历史上有些皇帝，比如南唐后主李煜，只凭流传后世的三十几首词、总共一千余字，就足以成为文学史上一等一的大人物；宋徽宗也是字画一流的艺术家。造化弄人，给他们安排了与其天赋相去甚远的位置，让他们成了亡国之君。路易十四雄才大略，却也跟乾隆颇为相似，在造就盛世景象的同时也埋下了衰败的祸根。路易十五当然是一个碌碌无为的人，只知道过花天酒地的日子。其实，路易十六还是个一心想把事情办好的人，但是有时候，或者他的前人给他留下的余地已经太小了，使他来不及把事做好；或者他性格和能力当中的缺陷，使他没有办法把事做好。法国大革命，路易十六和他的王后就是天然的革命对象，他们在那场革命里面最后把性命都给丢掉了。但是今天在法国很多地方的历史遗迹中可以看到，人们对于路易十六尤其是对他的那个王后玛丽，好像反倒是一直抱有一种特别同情的态度。

路易十六当政以后，一心想进行各种改革，而且实际上也进行了不少变革。所以这就涉及一个问题，革命是在什么样的情况下发生？我们的传统观念，我们过往受到的教育总是说，反动统治者昏庸无道、残酷野蛮，平民群众活不下去，最后只好揭竿而起，革命就由此发生了。比如李自成那会儿是大家都没法吃饱饭了；陈胜、吴广更是，反正怎么着都是死路一条，还不如抗争一下。但是如果考察历史上所发生的重要的革命，也许情形不见得都是这样。

著名的政治学家亨廷顿[①]，前些年提出一个理论叫作"文明冲突

[①] 亨廷顿（Samuel Huntington, 1927—2008），美国政治学家，著有《文明的冲突与世界秩序的重建》等。

论",然后一些报纸还组织人批判。按照亨廷顿的观点,在苏联和东欧解体之后,原来意识形态敌对的两大阵营之间的冲突和矛盾,对于整个国际关系和将来的世界格局来说就不是主要矛盾了,而各个文明之间的冲突——儒教文明、伊斯兰教文明和基督教文明之间的冲突会成为世界的主要矛盾。这套理论尤其在"9·11"以后,是迎合了西方人解释现实和想象世界的需要的,当然也遭到了很多人的批驳。我们这里要说的不是他的这套理论,而是他更早时候也很著名的一套理论。

他的著作《变化社会中的政治秩序》中涉及对这样一个问题的研究:历史上在不同国家所发生的革命,原因究竟是什么?亨廷顿研究了历史上的若干场革命,后来得出一个结论,简单说来就是:有时候,革命并不是发生在人们想象中冲突最激烈、被压迫者民不聊生的地方。革命经常不是在这样的地方、这样的时候发生的。比如说法国革命,法国那时候确实有各种各样的危机,但当时法国的经济状况实际上是在转好;法国那时候是有阶级之间或者阶层之间的不平等、压迫和冲突,但是比起中欧、东欧的很多国家来说,法国的贵族或者统治阶级与普通百姓之间的冲突是比较温和的;而且法国的当政者从路易十六起,还包括当时一些重要的大臣、政治家,都在努力地改善局面。然而,为什么是法国而不是看起来情况更加糟糕的欧洲其他国家发生了革命呢?亨廷顿有一个说法认为,对于一个坏政府来说,最危险的时候就是它想要变好的时候。这是个非常有意思的说法,从前托克维尔也有过类似的说法。当然我们也可以从别的角度来说。

我们说，一场革命除了社会经济方面的原因以外，必须还有足够的思想因素在内部起作用，法国作为启蒙运动的核心地带，的确比欧洲的任何其他国家都更具备了思想的酵母。但亨廷顿的重点不在这里。为什么对一个坏政府来说，最危险的时候是它想要变好的时候？也许一个原因是，坏政府一旦成为坏政府以后，想要改好的余地太小。我们都知道"戊戌变法"以后，尤其是在义和团运动以后，清廷已经是摇摇欲坠，大厦将倾。即便清廷内部最重要的支柱人物都觉风雨飘摇，国运难以为继了。后来清廷也要开始搞预备立宪，传统的看法认为这不过是欺骗性的手法，但是现在人们有些不同的看法，觉得清政府后期有些举动也许是真心实意的，但是已经来不及了。也就是说，要采取使社会矛盾变得和缓的变革，也有个时机选取的问题。比如经济高速发展，整个社会的财富总量在增加的时候，要想使这个社会变得和谐，比碰到经济危机的时候再来着手，总是要有利得多。这就仿佛航天发射，有一个合适的"窗口期"的问题。对于坏政府来说，前面的人造孽太多，当事者能够做好的余地已经非常小了。

再有一个，亨廷顿更加强调的是以下这个因素。当时在别的中欧国家或者东欧国家或者说阴暗的俄罗斯，情况的确更糟糕，但是那里的普通民众对于现状已经逆来顺受，他们很难想象现状还会变得更好。而在法国，普通的民众，甚至不少高高在上的贵族和处于相对有利位置的人，都觉得现状是不合理的，而现实发生的变革又使得他们相信，现状是可以变好的，但是现状改善的速度、现状变好的进程，又离他们的期望相去甚远，于是他们的不满极大地增加了。也就是说，这样一种心理期待和实际变革进程之间的巨大落差，反倒是造成革命的一个极其重要的因素。

我们很概略地介绍亨廷顿的这一番理论，一方面，这与对法国大革命的解释紧密相关；另一方面，也是用一个例子来表明，我们无形之中接受的很多观念，实际上不是那么站得住脚的。

法国在18世纪中期的时候已经危机四伏，但是即便在这危机四伏的时候，也是法国整个古典文化达到高峰的一个时期。达到高峰的一个标志就是，法文在这时成了欧洲的通行文字，成了最高雅的文字。有很多例子可以证明：大名鼎鼎的莱布尼茨——德国的哲学家、数学家、逻辑学家，和牛顿同时而又独立地发明了微积分的莱布尼茨，他的很多著作都是用法文写成的。因为法国那时是整个欧洲文化和学术思想的中心地带。如果爱看19世纪的俄罗斯小说，会看到贵族之间的对话经常是用另外一种字体来印，然后每当出现这种情况的时候都会有一个"原文为法文——译者注"。俄罗斯这个民族走向现代化的过程来得比较晚，彼得大帝以后要全盘西化，以西欧为师，贵族更是在生活方式上都要学习西方，流行聘用法国人做家庭教师，贵族之间都要用当时最时尚高雅的语言——法语来对话，如果是用俄文来对话的话会被认为很不高级。契诃夫有一篇小说里面就提到，一个贵族女青年对一个男贵族还挺有好感的，后来还是不能接受他，因为这个家伙不会法语，实在上不得台面。光从法语所曾占据的位置，你也可能想象这个民族在18世纪的时候曾经达到怎样的荣光。

法国大革命

我们接着再谈一下法国大革命,因为我们要讲到的启蒙运动,以及与之相关的思想家,都和法国革命有着太紧密的联系。我们说了,美国革命和法国革命之间还有点关系,美国革命的时候得到了法国的支持,凡是法国人的宿敌英国人出事的时候,法国人总是喜欢插上一杠子来帮忙的,而这在一定程度上促成了法国的财政危机,从而也在一定的程度上促成了法国革命。法国革命是 1789 年爆发的,革命一开始,和英国革命甚至和后来的美国革命都有很多相似的地方,都是国王或当局需要花钱了,但是要花钱就需要得到代表机构议会的赞同,所以被迫召开议会。一旦召开议会,议会里面的不满分子就会借这个机会来发表意见,法国革命也是这样开始的。

很多人把 7 月 14 日巴黎人民攻占巴士底狱,看作法国革命的开始。我们今天都把巴士底狱想象成代表着落后愚昧的封建专制的一个象征。巴士底狱是一个象征,这点没问题,在整个中世纪的后期和现代的初期,巴士底狱的确是法国统治者禁锢反对派、禁锢异端人士的地方,但是到 1789 年时,巴士底狱实际上已经没有这个作用了,史籍记载,那时巴士底狱中关押的七个人,其中四个是伪造罪、两个是神经病,还有一个犯了放荡罪,没有一个是政治犯。但是没关系,攻打巴士底狱,主要是起着一种象征性的作用,象征着法国革命由此爆发。

法国革命被称为"大革命",当然有各个方面的原因。我们可以概略地说一说法国革命之"大":

第一,法国革命延续的时间长。关于法国大革命延续的时间有很多不同的看法,有观点认为应截止于拿破仑以自己的铁腕统治终于使混乱不堪的革命状态稳固下来的 1799 年,也有观点认为应该一直算到 1815 年拿破仑兵败滑铁卢、最后一点希望都破灭时。所以法国革命的延续时间非常之长,如果算到 1815 年结束的话差不多二十六年,即便算 1799 年结束也有十年。

第二,法国革命的影响范围广。法国革命一爆发,人们就觉得这是一个世界性的事件。英国革命从后来看,当然也可以说是一个世界性的事件,但是它的直接影响,在很长时期内并没有被别的国家感受到。而法国革命一开始,当时的人就评论说,这是一个世界历史性的事件。它的影响很快就蔓延出了法国本土,俄国、普鲁士、奥地利、英国等国家都被卷进来。像我们中国这样距离遥远的国家,到后世还能够清晰地感受到它的影响。从康有为到梁启超,一直到中国后来各个阶段的革命者身上,都能够清晰地看到法国革命的影子。

第三,法国革命不仅是一场政治革命,还是一场彻底的社会革命、经济革命,使法国的整个政治、社会、经济结构都发生了巨大的变化。

第四,法国革命被称为"大革命",恐怕还有一点,那就是它的残酷或者说"彻底"。革命不断地吞噬自己的儿子,到后来变成一个巨大的绞肉机,革命的人今日革别人的命,明天又被别人革了自己的命，罗伯斯庇尔就是一个典型的例子。后世流传的那位温和派的罗兰夫人①著名的临终遗言是:"自由,多少罪行假汝之名而行!"

　　法国革命已经过去很多年了,后世的人们依旧持有各种各样的态度,直到今天为止,法国革命仍然不是一个可以让人心平气和地来讨论的话题。我们爱说"盖棺论定",一个人去世了,他做的事已经做完了,他做不了别的事了,棺材盖儿一盖上,盖棺论定了。有盖棺论定这回事吗?大概没有。孔子去世两千五百多年了,盖棺论定了吗?没有。在历史上各个时期,在五四、在"文革"、在据说"亚洲四小龙"的经济成就都和儒家伦理有关的时候、在"国学"大热的今天,他的行情变化何其之大!法国革命至今也已过去两百多年了,其中的诸多人物和事件都无法盖棺论定,为什么?我们总以为,历史不过是一堆事实,事实不可改变,么历史就不可改变。是这样的吗?也许不是。我们可以就这个问题稍微做几句发挥。

　　一个方面,历史人物或者历史事件的确已经成为过去,但是影响没有过去,还在不断地发挥影响,而这种影响在变化,所以相应的理解和评价也在变化。比如孔子,已经去世两千多年了,但是他的影响不断地在变化,在康梁"戊戌变法"时的影响不一样,在蒋介石"新生活运动"时的影响不一样,在"文革""儒法斗争"时的影响不一样;在后来据说"亚洲四小龙"的兴起和孔子大大地有关的时

---

① 罗兰夫人(Madame Roland,1754—1793),法国大革命时期著名的政治家,吉伦特派领导人之一,1793年被雅各宾派送上断头台。

候行情也变化了,到了今天国学热,孔子的影响又再度改变——所以,历史人物和历史事件虽然过去了,但其影响没有结束,且一直在变化。

另一方面就是,人类的生存处境在变化,每一代人的情感、价值取向、生活理想也都在变化,我们总是要以变化了的社会情况和我们自己变化了的价值观念、情感取向,来重新看待过去的人和事件,我们对这些对象的理解、评判也就会不一样了。所以即便是以这些最简单的理由,盖棺论定这一点都不成立。

1989年法国革命二百周年的时候,全世界范围内,以法国本土为中心,对法国革命展开了很多论战。直到今天,法国著名的史学家中有些左派的和右派的研究者,有时候简直是彼此不能见面,更不能心平气和地来讨论问题。所以法国革命的确是一场"大"革命,它的影响来得太大,人们对它的评判差别太大,人们对它怀有的情感复杂性也是别的革命无法相提并论的。人们今天谈起美国革命来,即使是英国人好像也没什么太特殊的情感。美国人对于造成了自己国家内部巨大裂痕的南北战争,可能有着非常复杂的心态;但那也赶不上法国人,以及法国之外其他许多人对法国革命的观感的复杂性,这真是一个非常有趣的事情。

还可以从另外一个角度来看这一点。亚里士多德的《诗学》里面有一个说法,是说诗或者说文学比历史更真实,这话当然有它的本意,我们暂且不管,而是换一个角度来看这话怎么说。比如一部历史著作,无一字一句无来历,里面的人真的活过,他做的事、他说的话,都确有其事。你可以说这历史好像再真实不过,但是一本历史书,即使所有的细节都是可靠的,都是查有实据、真实不妄的,那么它可能像一本流水账,我看完了也就完了;而文学,比如说一部小说,虽然有很多东西是虚构的,但是也许在这虚构当中,它可以使我更真切地感受到某一个事件、某一个时代或者某一个人物在一个特定背景下的命运,从这个角度,你是不是可以说文学比历史更真实呢?也许有时候真可以这么说。

伽利略站在比萨斜塔上扔了两个铁球,然后证明亚里士多德是错的他是对的,这是没有的事。但是这件事有它另一重的真实性,现代科学精神第一个完美的人格体现就是伽利略,他就是要以自己的实验、自己的观察、自己的理性而不是权威,来解说自然现象。又比如说,牛顿躺在树下,苹果掉下来了,牛顿发现了万有引力,大概也没这个事。这是伏尔泰跑到英国向法国人民传播英国的先进科学文化时写出来的——有时候他经常会写点大概只有他自己才知道的事,例如这个事,但是它也可以有另一番真实性。

如果看过狄更斯的《双城记》或者雨果的《九三年》,会知道"双城"指的是法国革命中的巴黎和伦敦,"九三年"指的是法国革命中公安委员会专政、进行"恐怖统治"的1793年。阅读这样的著作,也许你可以更加真切地感受到法国革命是一番什么样的情景,而这两部著作也非常典型地体现了当时以及后世很多人对于法国革命的复杂观感。一个方面,革命的爆发有其合理性,普通的受侮辱与受迫害的人们要为自己的义愤要找到爆发的出口,原有社会的不公正将会受到报偿等等。但是另一方面,革命一旦爆发,暴力本身就好像变成了一个目的,革命不分对象地吞噬所有人,包括那些对平民百姓怀有最大善意的贵族,甚至"自己的儿子"。这一切,尤其是在1793年雅各宾派专政的时期达到了顶点,让人们觉得难以忍受。对革命所具有的合理性的认可,对革命的血腥和残酷的反感,对革命所揭橥的自由、平等、博爱的价值的肯定和向往,在革命中人们对于流血、杀害、阴谋和背叛的司空见惯、冷漠以待……这些东西同时呈现在人们的面前,使得当时的两位大作家,也使得后人对于法国充满了复杂的观感。

启蒙、理性和进步

我们今天先讲一些启蒙运动的基本观念,它们随西欧文明在世界范围内的传播和不断占据优势,成为现代文明社会的基本观念。启蒙运动体现了现代文明的巨大成就,然而,它遭受到的种种质疑,也表征着现代文明所面临的种种危机。所以对于启蒙运动的基本观念,我们不仅仅简单介绍,而且还要做一些评论和讨论。这并不意味我们否定这些观点,而是可以用一种更适应当今时代需要的方式,来对它进行重新思考。这些基本观念,尽管是在启蒙运动中流布开来的,但是其发端却可以追溯到现代科学理性思维的诞生。人类文明发展常见的情形是,在某一个领域出现的思想因素,逐渐地弥漫到社会的方方面面,成为整个人群的共识,这里面有一个逐步流变的过程。

启蒙

什么是启蒙？康德说，启蒙的口号就是勇敢地运用你的理性。康德接着又说，这就是要使自己的理性不再处于受监护的状态。启蒙的时代就是理性摆脱了被监护的状态，摆脱了被传统和权威束缚的状态。

启蒙运动的特点，首先是崇尚理性，理性被推崇到一个无以复加的地步。我们谈到科学革命的思想史意义时提到过，科学革命给人们造成的影响，有可能是像产生在帕斯卡身上的那样一种感受——确定的世界没有了，整个世界是由冰冷的法则支配着的，这样的世界与我们有什么关联又如何让人在其中安身立命呢？但更普遍的情形是，人们对于人类的理性开始具有了前所未有的信念。从前人的理性是微不足道的，人的智慧和支配、设计整个世界的智慧相比实在是太过渺小，人类要凭自己的智慧来了解自然界和人类社会的奥秘，也被认为是在亵渎神灵。然而科学革命的进程改变了这一切，万有引力能够揭示出天体运行的规律，而人生宇宙间，还有什么是比这更深邃的奥秘呢？科学革命的结果，使得人们开始重新理解人所具有的理性。人类的理性不是微不足道的，完全可以大有作为，完全有可能把握世界的终极奥秘。理性既然能够认识大自然的深邃奥秘，也就可以帮助我们了解自然界，了解人类社会；让我们面对大自然时能改变人类的生存状况，也让我们面对人类社会时有能力让现实的社会变得更好。

与理性被推崇到这样一种无以复加的地步相联系的,是一种进步观念:人类社会在不断演进,物质生活和科技越来越进步,社会日益和谐,每个个体的生活更加幸福,整个社会从启蒙开始就朝着越来越美好,最后建立一个人间天堂的方向前进。这样一种历史进步观,在现代史上很长的一段时期里是毫无疑义的,然而它却不折不扣地是现代文明的产物。传统的历史观更为典型的是退步观或者循环论,无论是中国还是西方都是如此。

基督教讲人类从走出伊甸园开始,就是不断堕落的过程。《论语》中孔子说自己好久都梦不见周公了,觉得这是自己精力衰退、垂垂老矣的征兆。在儒家看来,夏、商、周三代才是最美好的状态,后世就是一个衰败的过程,如何还原到三代,是很多大儒的梦想。因此,"人心不古"不是好事,因为原初状态才是一个最美好的状态。这也是一种退步观。

还有就是循环论,季羡林先生曾经说,20世纪是西方文化独大的世纪,21世纪应该是中国文化大放异彩的世纪,但是他主要的理由只是"三十年河东,三十年河西"。① 这是一种我们中国传统中常见的非常朴素的历史循环论,如同俗语所说的"皇帝轮流做,明年到我家"。中国传统理论中(如宋儒)有不少循环论的模式。西方也有类似的理论模式,比如基督教传统中讲金、银、铜、铁四王国的轮回往复。所以中西方传统中所盛行的都是退步观或者循环论,那么为什么到了启

---

① 季羡林著有《三十年河东,三十年河西》。

蒙运动的时代开始有了进步论?

从科学革命开始，人类认识到理性的重要功能，理性能够帮助我们改造甚至征服自然，所以应该也能帮助我们改造社会。启蒙运动让理性挣脱了被束缚的状态。随着知识的传播和积累，每一代人的理性可以在前人的基础上起步，这就给人类不断迈向进步提供了保障。人类历史是一个不断登上高峰的历史，每一代人、每一个个体都尽可能地积累到他的时代所取得的成就，自身又再做出最大的努力，使自己能够成为人类进步过程的又一个阶梯。在基督教传统中，个体的价值来自神对他的认可；到了启蒙运动，人的价值在于他对社会、对未来所可能做出的重大贡献。我的牺牲、我的努力和奋斗之所以有价值，是因为这使得我推动了人类的进步。从启蒙运动开始，这样一种进步观念深入人心。未来一定会更美好，几乎成了一种新的宗教信念。过往的人们，比如说传教士，可以为了上帝而牺牲，启蒙运动时代的人们或者后来的很多意识形态的信奉者则是为什么而牺牲？很多都是为了一种美好的未来而牺牲，因为相信进步，相信美好的将来一定能到来，相信自己的牺牲一定能够换取一个更加美好的将来。进步观在很大程度上替代了基督教里上帝的作用。

启蒙运动的又一个基本观念，是相信启蒙的作用，认为通过启蒙，人类社会就可以更加美好，我们可以简单地称之为"启蒙救世"。思想史和文化史上总有这样的时候，人们觉得人心不古，要挽救乱世，一变而为治世。大家看先秦各家的著作，孟子、墨子等诸子们，大都是恓恓惶惶地来往于各地,通过兜售自己的理论来救世。在启蒙思想家们看来,人类之所以这样黑暗、愚昧、无知、野蛮,一切的根源都在于理性没有得到发展,而人类理性的充分发挥靠的是启蒙,启蒙是改变和改造世界的不二法门。

理性至上、进步观、启蒙救世,这些东西我们今天一点也不陌生,因为我们今天文明的基础和假设就是启蒙运动所奠定的。恢复还是反思、推进还是抵制启蒙运动的那一套现代性方案,至今还是争论的焦点。但无论采取什么样的方式,我们仍然是现代文明的一分子。对于这些观念,我们今天应该如何来看待?我们从不同的视角对它进行讨论,我们的讨论更多地关注这些观念中值得我们反省的地方,不过这并不意味着我们要否定它的价值,尤其是对于当代中国社会所具有的价值。

理性

什么是理性?对于"理性"这样一个"大词",我们可以从一些不同的方面来讨论。人是不是一个理性的动物?人区别于其他动物的到底是什么?古希腊的思想传统,从苏格拉底开始,都要追求定义。比如正义是什么,爱是什么,人是什么,人的最基本的规定性到底是什么?后世有一种说法,人是能够制造并使用工具的动物。可是现在,科学家已经确认了,大猩猩也会制造和使用工具。我在北大读书时的逻辑学老师爱举例说,人是会写剧本的动物。结果发现把大多数的同学都排除在人之外了,这当然是老师的一个玩笑。儒家认为,"人之所以异于禽兽者几希"①,人和动物的区别就只有那么一点点,那就是人有仁义道德。这一点其实也非常之可疑,比如禽兽出于本能,为了群体的大我而牺牲小我,这样的情形也不少见。还可以反过来说,人身上的不道德所造成的破坏,远远超过动物很多倍。

通常的看法认为,人有理性而动物没有,这是使人区别于动物的一个特征。那么,人是被理性所支配的吗?理性是驱动人们做出选择的人类精神结构中最有利的那一部分吗?对于启蒙运动时代的很多人来说,这一点是毫无疑问的。但19世纪后期以来的非理性主义思潮,却揭示了人类精神结构中诸多非理性因素的重要作用。按照弗洛伊德精神分析学说的理论,人类的精神结构里面,有着明确意识的部分相比于更为庞大的潜意识和无意识的部分,就仿佛冰山露出海面的一角,而驱使人们进行活动和做出选择的,更是海面下远为庞大的被掩盖起来的本能的东西。照类似的看法,在人身上,理性并不比非理性更有力量,相反的情形倒是更有可能。

究竟人是不是被理性所主宰和支配,这本身变成了一个疑问。如果是的话,也许现在的人类社会就不是这样,人类社会的很多事情会以不同的方式发生。如果人们完全是理性的,技术手段也高度发达,那么我们可以设想,两国的战争完全可以让大型计算机来模拟演示,根据结果双方提前做出妥协。但是现实生活中不会这样,否则就没有

---

① 出自《孟子·离娄下》。

"知其不可为而为之"这样的说法了。

我们现在确知，地球气候在发生灾难性的变化，如果人是足够理性的话，那么大家为什么会毫无作为？比如，我们看历次应对气候变化的大会上，各个国家都在打着自己的算盘，完全无法达成任何有实际意义的协定。这样的情形，正像是一条不断漏水的船上，所有人都因为自己的利害盘算，而最终无法共同采取任何补救的行动。尽管所有人都清楚，船一旦倾覆，任何利益也成了泡影。再比如，地球上存有大量的核武器，将其当量换算成常规武器的话，地球上平均每个人头上有三千多斤的炸药，这个量足够把整个地球毁灭很多次。那些各色名号的战略，像相互确保摧毁战略（Mutually Assured Destruction），都是各国的战略家、思想库殚精竭虑想出来的。可是，换一个角度，这不就好像两个人要打架，先磨刀，最后两个人都磨好了七八十把无比锋利的刀。你要毁灭对方，犯不着准备能够毁灭地球几十次的武器吧？何况，核威慑的前提是大家同归于尽，人类的整个家园都要毁于一旦。这要是搁在日常生活中是我们无法理解的。什么是理性的？什么是非理性的、不理性的或者反理性的？这样的问题总是无法轻易作答。或者说，某一个事情、某一个对象，我们从一个角度看来是再理性不过的，然而我们再换一个侧面来看，它又是反理性、非理性、不理性的。

人有理性，理性是人的精神结构当中很可宝贵的一部分，这没有问题。但是，人是不是就被理性支配着，或者说理性是不是就是驱动人类作出行动和选择的最为巨大的力量？这恐怕是一个不那么好解决的问题。奥古斯丁的《忏悔录》谈到人性当中的恶时说，他小时候和小伙伴总想去摘别人家的梨，完全是为了作恶而作恶。罗素后来讨论说，人性里面本来有一种破坏的欲望，你看非常小的小孩，我们总觉得他心里面没有什么邪恶的欲望，但是他会以踩死一只蚂蚁为乐。当然这样的举例也许有点小题大做，但是未始不可以从别的层面，来让我们对人性有别样的看法。有一个著名的笑话，可以说明人性中的嫉妒或者说恶劣的情绪是如何支配人的。有一个人受到了上帝的垂青，上帝告诉他说："你想要什么东西告诉我，我立刻就可以给你，但是你的邻居都将会得到双倍。"这个人开始高兴了半天，后来痛苦万端，最后做出一个选择，然后说："神啊，请弄瞎我的一只眼睛吧！"所以恶意、冲动、欲望，这些支配着人类、驱动着人类的行为和选择的力量，也是我们不可小觑的。

　　前面提到过第二次世界大战中，纳粹对待犹太人的种种行为。大屠杀后来成为一个专门的学问，不同学科的学者都会在其中找到自己的论题。人们总是会产生这样的疑惑：那些人和现在走在街头的德国人也没什么不同，唯一的不同是他们听了更多的贝多芬，背得出更多的歌德的诗篇，然而他们为什么会做出这样惨绝人寰的事情来？大屠杀需要非常复杂的技术条件才能完成，需要很少的人把众多的犹太人管理起来，尤其是要靠犹太人自我管理，要有效地利用有限的运输力量把他们运到东边的集中营去。不过这些车回来的时候都是空的，没有证据证明那些人在东边还生活着，人们当初就是由此推断出大屠杀的发生的。比如把汽车的车厢还有澡堂改成毒气室，还要非常有效地把尸体处理掉，所以整个大屠杀这样超出人的理性理解范围的事情，每一步都是以德国工程师的理性来完成的，非常精确严密。

为什么很多平时看起来友善的、有教养的德国人会做出这样的事？人们百思不得其解，后来有很多心理学家怀着这样的疑问来进行研究。美国一个心理学教授米尔格拉姆①（Milgram），就设计了一个著名的实验。他有一个这样的现实前提：人的行为跟行为所产生的后果之间的关联方式不一样，对人的心理和道德感的冲击也是不一样的。同样是杀死一个人，拿着砍刀砍一个人，和狙击手在一公里外扣动扳机，让一个远处的"黑点"倒下，或者飞行员在万米高空中按动按钮，让价值一百万美元的精确制导导弹击中一顶价值十美元的帐篷，可以想象这里面当事人的感觉是很不一样的。传统社会人与人的关系非常直接，个体的行为和后果往往有着紧密而直接的联系，一个人的道德义务和道德承担会以非常清晰的方式显示出来。而现代社会是一个高度中介化的社会，个体的行为与后果之间往往被很多链条隔开。人的行为一旦远离了后果，他的道德感就会有很大的不同。

米尔格拉姆的实验把志愿者分成两组，一组为施暴者，另一组是被虐者，前一组的人让后一组的受电刑。一开始，虐待别人的人只要按下电钮就能看见对面的人痛苦万分的情状，听得到他的惨叫，这时候人们就都不愿意下手；实验条件改变了，受刑者的模样看不见但是声音听得见，会有更多的人选择下手；但是，如果既看不见模样也听

---

① 米尔格拉姆（Stanley Milgram，1933—1984），美国心理学家，在社会心理学领域从事了大量研究，由于对从众行为的研究而著名。

不见声音,虽然明知道电闸一拉对方就会陷入极度的痛苦,所有人却都可以下手做这样的事情了。这个时候他的结论是,所有人都可以当党卫军。如果人是理性的,这种条件的变化不应该使人们产生这么大的变化。

马克斯·韦伯把理性分成工具理性和价值理性。有一个目标是我选取的,我认定了这样的目标本身是有价值的,是值得我追求的,这是价值理性。我不管目标何在,我要盘算的是如何以最有效的手段达到这个目标,这是工具理性。在不少人看来,启蒙运动以来现代文明的症结所在,就是工具理性压过了价值理性。大屠杀就是一个最鲜明的例证。对于一个产生了马克思、弗洛伊德、爱因斯坦的民族进行种族灭绝这样不可理喻的事情,却以最为精密合理的工作步骤和环节来有效地实施。我们今天无法再像启蒙时代那样对于理性抱持单纯而乐观的看法,需要对它进行更加深入的反思。正如同帕斯卡所说过的,排斥理性和只承认理性,都是堕入了极端。

进步和进步观

什么是进步?这个世界真的是越来越进步,变得越来越好吗?18、19世纪的人们都相信进步,相信理性万能和科学万能。但是一方面,人所追求的目标是多元的,本身有可能发生冲突;而另一方面,理性至上也会发生变化,到19世纪就成了科学主义了。19世纪的一大变化就是科学引导技术的发展，技术的发展直接导致了社会的变化。如今欧美的课堂上要求学生读经典文献的时候，还是要读《共产党宣言》。写于19世纪中期的《共产党宣言》是这样来描述那个时代所发生的变化的：

> 资产阶级在它的不到一百年的阶级统治中所创造的生产力，比过去一切世代创造的全部生产力还要多，还要大。自然力的征服，机器的采用，化学在工业和农业中的应用，轮船的行驶，铁路的通行，电报的使用，整个大陆的开垦，河川的通航，仿佛用法术从地下呼唤出来的大量人口，——过去哪一个世纪料想到在社会劳动里蕴藏有这样的生产力呢？

新的生产方式、科学技术的发展，使得人类的物质财富极大地增加，超出了从前人们所向往的可能的程度，也使得早期的资本主义社会有了更大的余地来让自己变得更加人道，远远脱离资本主义刚产生时那种野蛮和血腥的形象。

科学主义讲的就是科学管用，科学万能，进步当中出现的问题要靠进步来解决，发展当中出现的问题要靠发展来解决，而这些都离不开科学技术的进步。科学万能、科学能够解决一切问题这样一种思潮在19世纪末20世纪初盛行一时，但是科学发展带来的最终结果却使科学万能的美梦在欧洲破碎了。最早打破这场美梦的就是第一次世界大战，从1914年到1918年的这场大战，其残酷和血腥远远超过了从前，化学武器、坦克和飞机首次运用于战场，参战各方伤亡惨重。大家可以去看霍布斯鲍姆的《极端的年代》，你可以深切地感受到这场战争对于欧洲的巨大创伤。不过当时的人更没有想到，仅仅二十年之后，第二次世界大战就让第一次世界大战变得小巫见大巫了。

第一次世界大战中，武器的巨大威力和人们付出的惨痛代价，使人们意识到，科学技术的迅猛发展，也使人类屠杀自己同类的能力大幅度增长。第一次世界大战的硝烟还没有完全散尽，中国的好几位著名知识分子就去欧洲考察，梁启超是其中之一。他回国后写了一篇《欧游心影录》，他说："当时讴歌科学万能的人，满望着科学成功，黄金世界便指日出现，如今功总算成了，一百年物质的进步，比从前三千年所得还加几倍，我们人类不惟没有得着幸福，倒反带来许多灾难。"从前欧洲人觉得科学万能，但是科学带来了飞机大炮和化学武器，带来了惨绝人寰的战争，科学万能的迷梦被打破了。梁启超由此强调中国固有价值和精神文明的美好。

当时的北大教授张君劢来清华做以人生观为主题的讲演。他说，科学能够解决物质层面的问题，比如如何制造杀伤性武器，但不能解决人生观的问题。这个观点引起了广泛讨论，包括胡适、陈独秀都参加进来，后来就出了个小册子叫《科学与人生观》。一种看法认为，科学能够解决我们面对的物质世界的问题，但它不能解决人生、道德和选择什么价值、重视什么价值的问题；另外一种看法认为，科学不仅能够解决自然界的问题，如果高度发展起来，还能够解释人类社会发展的规律，我们应当按照它所揭示的规律来建立我们的人生观。这是 20 世纪 20 年代初中国思想界的一场论战，涉及怎么来看待科学、看待人性和看待进步。

对进步观，我们也可以做一番讨论，倒不是说进步观是虚假的，而只有退步观和循环论才是真的。但是我们可以说，"进步"这个词也是需要我们细细思量的，它也和"理性"一样暧昧、复杂。一方面，在人类生活的物质、技术层面，我们大概可以在衡量其中发生的变化时，用上"进步"这样的词，比方说，苹果手机，iPhone13 比 iPhone12 大有进步；但在人类生活中的文学、艺术等层面，恐怕就很难说陶渊明比屈原、苏东坡比李白、歌德比但丁就进步了。另一方面，任何进步——如果我们肯定它是一种值得向往的过程的话，总是相对某个参照系而言的，我们朝着某种值得向往的目标越来越近，就是进步。那么，人类的历史过程是不是越来越进步？可是，站在以赛亚·伯林的价值多元论立场上来看，值得我们向往的价值是多元的，人类所要追求的美好的价值之间经常是相互冲突的。如果人间事物的情形真是像伯林所认为的那样，我们朝着某些更美好的价值越来越近的同时，也是我们离某些同样美好的价值渐行渐远的过程，那么，这个时候单纯地、片面地看进步，就显得过于肤浅和乐观了。

启蒙时代的人们对进步怀有真诚的信念。启蒙思想家孔多塞[①]是法国革命初期的温和派吉伦特派的一个重要人物，后来成为革命对象，

---

① 孔多塞侯爵（marquis de Condorcet，1743—1794），18 世纪法国启蒙运动时期最杰出的代表之一，同时也是一位数学家和哲学家。1782 年当选法兰西科学院院士。

他到处逃跑，到处躲藏。就在四处躲藏的时候，他还写了一本书《人类精神进步史表纲要》，乐观地预言："这一天终会到来，届时阳光将只照耀在崇奉理性的自由人身上，届时暴君与奴隶、教士与他们虚伪的工具，将只存在于史书中或戏剧里。"在生命岌岌可危的时候他还在想着，尽管自己会死掉，但是理性已经登上了人类历史的舞台，人类的进步指日可待，将会把人间建成一个天堂，他后来就是怀着这样一种对于未来无比光明的信念而走向死亡的。

人类历史是在不断进步的吗？我们提出对这样的问题需要加以重新考虑，并不是说相反的答案就是对的，而是说问题没有那么简单。我们在离某些美好的东西越来越近的时候，离有的东西也越来越远。我们在整个世界变成一个地球村，几天就可到达任何一个地方的时候，相应地，我们也失去了另一些体验和感受。

莫扎特要坐在邮政马车上颠簸一两个星期，才能到达另外一个城市，然而也只有在缓慢的生活节奏中，才可能有心境创造出梅纽因和爱因斯坦都称赞的无一字一句不美的音乐。当初手机还是奢侈品的时候，名唤"大哥大"，普通人用的是寻呼机，这对于年轻人更是古董了。那时有一句广告词："摩托罗拉寻呼机，随时随地传信息。"自从"随时随地传信息"变得很容易以后，"家书抵万金"这样一种美好的体验和情感也离我们渐行渐远。这当然不是说逝去的东西就一定应该保存，而现有的东西就应该拒绝，但是至少我们应该体会到，在我们有所得的同时，也永远地失去了很多美好的东西。更何况，人类在几十年里面，迅速并大量地消耗掉地球花了几十亿年形成的化石资源,而在享受着前所未有的丰裕的物质生活的时候,能源危机、生态危机、资源危机,见不到蓝天和白云而引起的心理失调的危机等等,也在扑面而来。进步总是相对于人们所认可的某些规范和价值的进步,我们不能轻率地、简单地给任何变化贴上一个进步的标签,便万事大吉。

启蒙思想家们相信,对社会成员进行普遍启蒙,开启人们的理性,是解决人类社会所有问题的不二法门。我们就此也说几句。理性既能了解自然界最深邃的奥秘,帮助我们掌控、利用乃至于征服自然界,也能够帮助我们认识人类社会,从而把人类社会变成一个美好的天堂。因此,最关键的就是要启蒙,提高人的受教育程度,使人类的理性充分地发展起来。当然,人类要发展,一个民族要发展,提高每个成员的知识水平和理性能力,是题中应有之义。

然而,是不是启蒙、是不是理性的发展就能解决一切问题呢?启蒙经常被理解为人们知识水平和理性能力的提升,而人类社会的进步,每个个体的生活要更幸福,就意味着整个社会道德水平也要有不断的提升。这里,我们就碰到了这样一个问题:知识和道德之间是什么样的关系?曾经有一个时期流行一句话,叫"知识越多越反动",这种说法认为知识和道德之间是一种负相关的关系,当然靠不住。那么,认为这两者之间是正相关的说法就一定正确吗?知识水平越高,理性越发达,一个人所具备的道德和对世界的善意就会更高?启蒙运动的主流思想对这一点是持肯定态度的,没有任何怀疑。但卢梭的看法就非常不一样。在他那里,未经文明污染的人类本真纯朴的道德情感才是最值得珍视的,而教养、文化和代表着文明成就的城市,却往往意味着道德的堕落。我们还会详细地讲到他的论点。但是,一旦认识到,人类的不幸并非单纯来自理性的不够发达,启蒙救世的信念就不会是不言自明的了。

启蒙运动以来这些构成现代文明基本预设的观念,用当下西方左派激烈的说法,它们和西方文化经典谱系中其他的构成成分一样,都来自具有这样一些特征的人物——白的、死了的和男的(white, dead and male)。然而,这样一些观念距离我们当下的社会生活和思想观念并不遥远,在当下中国的语境中的境遇还往往与其在当下西方的境遇大为不同。启蒙运动的这些观念曾经对现代文明的进程产生了巨大的影响,但在现代文明发展了几百年之后也出现了一些负面效应,导致后世对于启蒙运动基本观念的进一步反思,进而构成了当代学术思想的重要理念。结合启蒙运动以来文明演进的轨迹,对这些观念进行反思,并不意味着否定和拒斥它们,反而有助于我们更加清晰地了解现代文明的症结。

第九讲

孟德斯鸠

一切有权力的人都容易滥用权力,
这是万古不易的一条经验。

——孟德斯鸠

人类从蒙昧进入文明，要在多个方面实现重大的突破。人类首先要以群体的方式生活下来，从自然界获取基本的生活资料，给人类创造历史提供一个基本的前提。在这一过程中，人类不断地驯化各种各样的植物和动物。在中东的两河流域，人们驯化了小麦；在长江流域，人们驯化了水稻。后来不同的人群、不同的地域之间的交流，很重要的一个方面就是物种不断地迁移、交流。比如原产美洲的农作物进入别的大陆，尤其是玉米、土豆、番薯等进入中国，这些作物可以在山区种植，产量很大，使得单位土地能够养活的人口大大增加，引起了明清之际的中国人口大爆炸。这样的因素对于人类文明面貌的变化起了重要作用。这些事情并不像金戈铁马的战争、翻天覆地的革命那样轰轰烈烈，具有戏剧性，但是细究起来，也许它们反而对人类形成如今的生活风貌，产生了更大的影响。

驯化植物之外，人类也要驯化动物。早期人类依靠自己的自然力所能做的事情非常有限，所以要驯化动物，作为可以保证的肉食来源，也作为扩展人力的方式。牛、马在人类文明发展的早期，就成了耕作、作战、运输的重要工具。

人类文明演进的过程中，还面临着如何处理个体与群体、个人与他人、个人自由与政治权威的关系问题。进入文明之后，人类不是以个体的姿态面对自然，而是以一种群体的形式。一旦形成群体，就会产生政治关系、统治权力、统治者和被统治者，就会出现权威的形式是何等模样，个体的人身安全、财产、自由如何得到保障，政治秩序在何等程度上是安稳可靠的等等这样的问题。人类文明史上，权力从来都是一把双刃剑。人类要以群体的形式面对外来世界，组成共同体，成为共同体的一员，就需要能够在共同体中得到有效行使的权力，来维护共同体的生存和发展，但是，权力的行使也可能非常暴虐，从而对群体和成员造成恶劣的后果。

去河南安阳看过殷墟的人都知道，殷墟是商代文明的遗址，是中国文明史的一个重要起点。大家都知道甲骨文就是从殷墟出土的。甲骨文的研究和清华也有很大关系，因为甲骨文研究是在清华国学院四大导师之一的王国维那里有了重大突破的，使得我们对中国的上古文明开始有了比较可靠的认识。

但是，文明的历史同时也是野蛮的历史，你也可以说，这是中国野蛮史的一个起点。殷墟里面有很多东西，可以使人们大致了解到当时的政治秩序，认识到当时的政治权威是如何把人们联合成为一个共同体的。在早期文明成就的遗留之外，还有很多能给我们留下深刻印象的东西，比如成群的牛马被屠杀和掩埋，是为了给位于社会高等级的人殉葬；还有很多妇女和儿童的骸骨，他们也是因为同样的原因而丧生的。看到那么多巨大的墓坑，你会感到，暴虐的政治权力让处于文明早期的人们，付出了何等沉重的代价。政治权力的暴虐，在 20 世纪还可以举出很多例证。战争、种族清洗、政治迫害、人为的饥荒，这些让 20 世纪非正常死亡的人数远远超过历史上任何时代的劫难，都离不开政治权力的魅影。政治权力在使人们不断走向文明的同时，也使得人们不断堕入野蛮，这是一种再常见不过的事情。野蛮和文明是一枚硬币的两面，是相互联系的。

古代君主的权力是很大的，可以让人平步青云，也可以让人一无所有、身陷囹圄。中国北魏王朝有一个延续了一百多年的"子贵母死"制度，当皇子被确立为皇位继承人时，他的生母就要被赐死。为了防止外戚专政，先把皇位继承人的母亲早早地解决掉。如果从普通人的角度、从日常道德伦理的立场来看，这是一个违反人伦的野蛮手段，但是从政治上来考虑，可以付出相对较小的代价而保证政治秩序的正常运行，所以文明和野蛮从来都是相伴的。

权力不受约束地使用，使得历史和现实中的人类，付出了惨重的代价。所以人类文明就面临一个重要任务——需要像驯化植物、动物那样来驯化权力。人类社会离不开权力，但是没有边界、不受约束地行使权力，会带来极大的伤害，所以驯化权力是人类文明演进的必要问题。在政治思想史上，孟德斯鸠最为人熟知的就是"三权分立"的理论，我们正可以从驯化权力的角度，来接近和了解他的思想世界。

孟德斯鸠的生平与创作

孟德斯鸠[①]出生在贵族之家，一生无衣食之忧，这和启蒙运动的其他几位重要人物很不一样。孟德斯鸠的先祖购买了一块土地，就是孟德斯鸠领地，孟德斯鸠的姓氏即来自于此。孟德斯鸠的祖父是波尔多议会的议长。在大革命以前，法国的议会是非常奇怪的，它一方面是贵族的代表机构，另一方面也是法院，执行司法审判的功能。因此，议会的议长同时也就是法院的院长。按照法国当时的制度，所有的财产和官衔，凡是能够传给后代的，都由长子来继承。孟德斯鸠的父亲不是长子，所以是孟德斯鸠的伯父继承了财产及其领地、爵位、官衔。但是，后来他的伯父又将这一切传给了孟德斯鸠。因此，孟德斯鸠成为了男爵并且拥有了丰厚的财产。

此前，孟德斯鸠就长期担任议会的议员，接触到了众多的上层人物，对于法国的政治生活有比较深入的了解，对于法国社会和政治的弊端也有了切实的认识。孟德斯鸠从小就接受了很好的教育，对于希腊罗马的经典，尤其是罗马的历史著作熟悉。他的主要兴趣并不在于从政，而在于对政治思想进行深入的研究和思考。长期的政治生涯使他感到厌倦，政治生活与他的天性不合，另外，当时的君主专制已经发展到了极点，在孟德斯鸠看来已经毁灭了人类政治生活的基本自由。

---

① 孟德斯鸠（de Montesquieu，1689—1755），法国启蒙运动时期思想家、社会学家。西方国家学说以及法学理论的奠基人。

后来他干脆卖掉了议会议长的职务，换取了一份非常优厚的财产，专门从事研究。因此，孟德斯鸠是启蒙运动的几位领军人物中生活最有保障，经济最为宽裕的一个。

和伏尔泰一样，他的一些重要理论观点也来自在英国的经历。"三权分立"的理论，就是他在对英国政治制度进行解说的时候提出来的。伏尔泰是小贵族出身，完全是依靠自我奋斗，依靠自己的伶牙俐齿、机智才华而受到贵族社会的赏识，才跻身上流社会，来往于贵妇们的沙龙。而后又因为开罪了比自己地位高得多的贵族，被迫逃到英国去避祸。所以，他在亲眼看到牛顿因为科学成就而享受国葬的哀荣的时候，就很容易会联想到，像自己这么聪明智慧的人物却在法国社会中落到这等境遇，从而对两国制度的优劣高下有了切身的体会。卢梭则出身贫寒，一辈子活得很辛苦，大多数时候都处在贫病交加的境地。不同的境遇和经历，与个人的思想状态难免会产生各种关联。

《波斯人信札》

1721年，孟德斯鸠化名出版了他的第一部名作《波斯人信札》。这是一部书信体的文学作品。主角是两个波斯人，他们是好朋友，到法国旅行期间与家人不断地通信，彼此之间也书信往来。既然是以波斯人的名义写的，孟德斯鸠就可以用文学的笔调，以异乡人的视野来观察当时法国的政治和社会状况。这时是在路易十四后期，太阳王的统治还勉力维持着国力强盛的表象。但是，专制王权以各种方式装饰自己的排场同时，危机已经悄然孕育。《波斯人信札》的大多数篇幅，描述的都是路易十四统治后期的各种现象，针砭专制统治所带来的社会风气恶化和政治腐朽的状况。

启蒙时期的思想家对东方尤其是中国，怀有各种不同的想象。当时的欧洲通过传教士和旅行家的记录，对中国多少有些了解。人们就凭借有限的材料来创造一个自己想象中的中国。不少人对于中国充满了好感和向往，几乎要把中国美化成一个天堂。因为一个由虔诚的宗教徒组成的社会，很难想象一个不信仰人格神的社会、一个由无神论者组成的社会如何还能够维持道德，而中国似乎提供了一个样板。对科举制度的描述，是令中国成为羡慕对象的主因之一。"朝为田舍郎，暮登天子堂"的传奇，与当时还等级森严、严重欠缺社会流动的欧洲恰成对照。而更加让人称羡的是一套训练有素的文官队伍统治着这个国家，这些官员通过考试才能进入官僚体制，而考试的内容是对儒家经典的掌握，这些经典的教育则是让人们领会和掌握若干道德品质的。伏尔泰拿来盛赞的，让西方政治制度相形之下黯然失色的，就是这样一个对照物。但也有人不这么看，孟德斯鸠的眼中，东方包括中国的政治，首要的特征就是专制主义，一个个体的任意的权力支配、主宰着整个社会的一切，他不相信这样的社会会是一个健全的、有道德的社会。

《波斯人信札》出版后，一时之间洛阳纸贵。尽管这本书是匿名出版的，但孟德斯鸠还是因为这本书而开始享有了文学界以及思想界的盛名。

《罗马盛衰原因论》

1734 年，孟德斯鸠的另一本重要著作《罗马盛衰原因论》出版了。以罗马史为讨论主题的论著在当时并不少见，因为 18 世纪的欧洲上层社会，贵族阶层接受的是古典教育，一开始读的就是柏拉图、修昔底德和西塞罗，他们的思维和语言的训练都来自希腊文化。后来那位写《论自由》的小密尔（严复译成穆勒），从小就被他的父亲老密尔和边沁训练。经常给他一个题目，让他像柏拉图一样写出一个对话，要考虑双方的论点，演习相互的进攻和防御。

启蒙时代的人对于罗马历史非常熟悉，也时常会进行讨论。为什么大家都对罗马史感兴趣？因为这是大家共同的知识储备，正可以借他人之酒杯，浇自己之块垒，谈的是罗马的兴衰之道，想的是当时社会的危机和救治之道。近些年来托克维尔研究法国革命的名著《旧制度和大革命》突然在中国得到各界的关注，就是类似的现象在不同时空的重演。人们讨论罗马的兴衰，是想借罗马来说现实。

启蒙时代，英国重要的思想家、历史学家爱德华·吉本[①]写过卷帙浩繁的《罗马帝国衰亡史》。吉本把罗马帝国的兴衰与天主教的兴衰联系起来。罗马原本是由一个粗朴的、精神健全的民族而兴起，而天主教的兴起使得它丧失了生命力。在此之前，马基雅维利在以对李

---

① 爱德华·吉本（Edward Gibbon, 1737—1794），英国历史学家，著有《罗马帝国衰亡史》。

维《罗马史》的评论来展开自己的论点时认为，罗马作为一个共和国时，公民们保有共和政体下所具有的为公精神、男子气概、尚武、重义等品质，罗马就兴盛发达；一旦失去了这些品质，罗马就衰亡了。

在孟德斯鸠看来，罗马之所以兴盛，是因为最初实行的是共和制度，统治者贤明，法律严格，秩序井然，人民充满爱国心，对于公共事业充满热情，个个都勇武好战，民风淳朴；而共和制被破坏也就导致了罗马的衰败。因为这之后建立起来的是专制的君主制度，执政者的个人品质极端恶劣，对外穷兵黩武；淳朴的民风丧失殆尽，人民毫无爱国心可言。罗马共和国的权力被专制的统治者僭越，变成一个帝国，专制的奴役造成了整个社会的松弛和败坏，罗马帝国就此衰亡。所以，自由被专制剥夺而不复存在，是罗马衰亡的根本原因。

《论法的精神》

孟德斯鸠最重要的著作是《论法的精神》，严复译作《法意》。在孟德斯鸠看来，法律就是人类的理性，每个国家的法律不过是把这种人类理性运用于个别情况。法律与一国的气候、土壤、面积大小、生活方式、宗教、人口、风俗习惯等等，都有着密切的关系，此即"法的精神"。

孟德斯鸠在其政治生涯结束之后，搬家到巴黎，后来又游历欧洲各国，进行考察了解。他对于英国社会和制度尤为感兴趣。他在英国居住了两年，一方面了解洛克的思想，了解英国当时科学的发展；另一方面也考察了英国的制度。他听过英国议会中托利党和辉格党之间的辩论，对英国的宗教宽容和政治自由羡慕不已。在英国逗留的两年对他的影响非常大。英国在17世纪就完成了光荣革命，在整个欧洲最早确立了君主立宪制度，那个时期，英国人民所能够享受到的政治自由，的确比别的任何国家都更多；英国在科学、政治方面的发展，也令欧洲其他国家的不少人羡慕不已。

伏尔泰由于在法国蒙难而一度居住在英国，在英国写作了《牛顿哲学原理》和《哲学通讯》，向他的同胞们讲述英国的政治制度、哲学思想和科学成就，尤其是牛顿的科学成就。孟德斯鸠《论法的精神》对于英国的制度也是推崇备至的，书中有一部分专门讨论英国的政治制度，三权分立的论点就是在其中提出来的。但当时和后世很多人都认为，英国的政治制度并非如此，孟德斯鸠是误读或误解了英国的政治制度。可这是非常了不起的误读、创造性的误读，催生了西方现代政治文明中最具智慧的制度设计。

《论法的精神》篇幅巨大，我们在阅读的时候往往会觉得头绪众多，内容散乱，不是很好把握。但是孟德斯鸠又一再强调，他在这本书中是有一个基本意图的。如果我们掌握了他的基本意图，就可以抛开纷乱的头绪，把某些细节性的东西纳入一个更大的整体当中加以把握。《论法的精神》充满了各种洞见和智慧，但是其主题还是非常清楚的。

《论法的精神》一共三卷。第一卷在对何为法律以及法律的精神做了一个开场白以后，主要讨论的是政体的问题，尤其是对于专制主义做了很多精辟的分析。《论法的精神》的第二卷考察的是政治自由究竟是什么，什么样的法律才能够保证政治自由。我们今天所熟知的"三权分立"理论，主要是在第二卷里面提出来的。第三卷进行了多方面的考察，孟德斯鸠认为一个特定国家、特定社会的法律状况，与其所处的地理状况、气候条件、土壤条件、人口、宗教、风俗等状况分不开。这些因素对于人类社会的法律、政治制度都有着不可忽视的影响，其间有着种种复杂的联系，这些联系就是孟德斯鸠所谓"法的精神"。第三卷所讨论的也就是这个问题。

所以，我们也主要从政体与专制主义、政治自由与三权分立、地理环境与政治状况三个方面来了解和评论孟德斯鸠的政治思想。

孟德斯鸠的政治思想

政体与专制主义

首先看孟德斯鸠关于政体的理论。在孟德斯鸠看来，国家的政体大概可以分为三类：共和政体、君主政体、专制政体。

共和政体，就是统治权掌握在所有人或者一部分人手里。如果是掌握在所有人手里，这样的共和制度就是民主制；如果只有一部分人参加统治，就是贵族制。贵族制和民主制分别是共和制的两种不同形式。君主政体由一个人按照固定的法律和法规进行统治。专制政体同样也是由一个人掌握至高无上的统治权，但和君主政体有一个莫大的区别，就在于专制政体既没有法律也没有任何规章可循，而是由单独的一个人按照一己的意志、按照他自己反复无常的性情统治一切。

分类是人类思想发展的第一步，也是我们把握对象时必需的一步，但是对任何对象的分类，都应该抱持同样的标准。在孟德斯鸠对于政体的分类中，共和政体与后两种政体（君主政体和专制政体）之间的分类依据似乎是统治者人数的多寡。而后两种政体，即君主政体和专制政体之间的依据却是统治者在实施统治时是否依据固定的法律体系。对于任何分类体系来说，这都可以说是很严重的毛病，但是，这种分类对于孟德斯鸠深刻地批判和分析专制制度，却是非常方便的。

在孟德斯鸠看来，每个政体都有自己的原则。所谓政体的原则，就是促使整个政体运动起来的人类的感情。因为政治制度归根结底是要由人来运作的，政体的有效运作是离不开人类的思想感情的。

共和政体的原则就是品德。因为，如果是民主政体的话，所有的统治者同时又都是被统治者，所有的人都掌握权力，执行法律的人本身也要遵守法律，社会成员必须以良好的品德把握自己、约束自己，这种政体才能够正常地运转下去。贵族政体也是如此。尽管贵族政体是一部分人进行统治，但是这一部分人首先需要抑制自己的种种欲望，调整自己的内部关系，以保证整体的正常运行。因此共和政体最基本的原则就是品德。

促使君主政体运转下去的最关键的原则就是荣誉。在君主政体下，人们都要追求优越的地位，追求社会更高的等级、更高贵的出身和更显赫的社会地位。这一切就促使人们不断奋斗、不断努力，所以荣誉是驱使君主政体运转起来的基本原则。

专制政体的原则是什么呢？专制政体不需要品德，因为专制君主是按照一己反复无常的意志来统治人民的。专制政体也不需要荣誉，荣誉反而是危险的；因为荣誉常常可以驱使人们为了追求一个别的原则而舍生忘死，这一点对于专制政体来说最为危险。专制政体所具有的最大威胁，就是可以任意剥夺别人的生命，但如果连丧失自己的生命都在所不惜，那么专制政体就再也没有什么可以威胁别人的了。《老子》里面说："民不畏死，奈何以死惧之？"也就是说，人民连死亡都不怕，专制政体就无法向人民施加其最为有效的力量了，这也是专制政体最为脆弱的地方。

专制政体的基本原则乃是恐怖。专制政体是由一个"独夫"按照自己反复无常的意志来进行统治的。人们在此种统治下，不知道自己的生命、自由和财产何时会遭到剥夺。除了专制的统治者本人以外，所有人都是平等的，没有人比别人更优越。因为人人都是奴隶，人人都是奴才，从这个角度来说，人人都是平等的。专制政体要用恐怖压制人们的勇气，使所有的人禁锢自己的野心。专制统治下的人的命运就像是动物一样，只有本能、服从和惩罚。

那么，专制政体为什么会让人们觉得恐怖呢？因为它没有任何法律规章制度可循，反复无常，不可预测。中国传统中讲到皇权时，我们都很熟悉"天威莫测""伴君如伴虎"这样的说法，这与孟德斯鸠所说的专制制度中的恐怖所表达的可以说是相同的意思。而且，我们回忆一下马基雅维利的说法，这恰恰是统治者防止别人觊觎和分享自己的权力的一种统治术。韩非子爱讲，君臣上下"一日百战"，他强调，君主不能让手下的人掌握自己的性情和喜好，要保持一种神秘感，要让臣下缺乏安全感，只有这样才能保证自己的最高权威。在专制制度下，君主的意志就是法律，一旦发出，所有的人就必须绝对服从。这没有什么好商量的，这就是最高统治权的唯一表示，必须得到不折不扣的服从。孟德斯鸠举例说，在古代波斯的专制制度下，即使君主是在醉酒甚至精神失常的状态下所发出的命令，仍然要不折不扣地执行，否则就会与专制政体的原则本身互相矛盾。

　　孟德斯鸠对于专制政体的认识入木三分，他对于专制政体的批判也非常深刻。他的第一本著作《波斯人信札》里面，实际上针对的就是太阳王路易十四。他曾经说过，这么一个君主，他好大喜功、穷奢极欲、穷兵黩武，把整个国家拖入到苦难之中。他还谈到，这么一个君主由于拥有绝对的权力，不受任何约束，因此可以按照自己反复无常的意志为所欲为，他对于一个为他立下汗马功劳的大将的赏识和赐予，甚至比不上一个逗他开心的弄臣。这都是专制制度本身所必然带有的弊端。在孟德斯鸠看来，即使是一个相对来说比较圣明的君主执政，手下的官吏们也无法明确了解君主的具体意图，由于缺乏一个明确的法规，所以最后大家都是不得不按照自己的意志来办事。因此，专制制度的结果，就是在君主制下还有无数大大小小的暴君。在专制制度下，只有擅长阿谀奉承的大小官吏才能够获得生存。他们在各种情况下就成为君主在各地的执行者。他们都是按照一己的意志来行事。

专制政体使得大大小小的官吏德行卑下,只擅长搞各种的阴谋诡计。孟德斯鸠说,东方专制国家的后宫乃"是欺诈、叛逆和奸计在不声不响地支配着的地方。在那里,一个年迈的君主一天比一天昏庸起来,便是宫中的第一个囚犯"。其中描述的图景,就是一个昏庸、年迈的独裁者锁在深宫之中,却主宰着千百万人民的生活。

专制制度在形式上虽有法律,但在实质上却无法可依。专制制度所依赖的乃是君主反复无常的意志,因此法律往往是含混不清的,往往得不到真正的落实。所以种种刑罚往往也是任意的、不可靠的。孟德斯鸠在《论法的精神》里面多次谈到中国。在启蒙运动时期,中国对于许多启蒙思想家来说,简直就是一个美好的化身,但是在孟德斯鸠这里却很不一样。那些启蒙思想家——比如伏尔泰等,所看到的中国并不是现实的中国,而是用一个理想化的中国来和他们所不满的现实社会做一个比照。

在孟德斯鸠看来,中国是一个专制政体根深蒂固的地方,它所实行的刑法往往是非常残暴而又任意的。他根据到中国旅行的人带回去的材料说,在中国存在着"大不敬"这一项罪名,人们由于对君主的不敬会被判刑,而对于怎样算是不敬却没有一个明确的界定。因此,人们就常常会由于一个微不足道的理由而被扣上"大不敬"的罪名,最后丧失自己的生命甚至会株连九族。这是他在书中多次对中国的专制制度进行批判的例证之一,也是他对专制制度进行分析和批判的一个部分。在专制政体下,整个社会的风气非常恶劣,贪污盛行。专制制度要消灭一切独立的思想和意志,要求绝对服从。因为独立思考与绝对服从之间是水火不容的。专制体制的首要任务就是把恐怖植于人们的心中，不断地降低人们的心智。

孟德斯鸠进一步指出，暴君当然要使得所有服从于他的人都成为十足的奴隶，但是暴君同时也成了奴隶，因为绝对服从就意味着服从者是愚蠢的，若要绝对服从必须做到没有自己独立的意志和思想；甚至于发命令的人也是愚蠢的，因为他无须思想、怀疑和推理，只需表达一下意愿就足够了。这是孟德斯鸠所阐释的一个非常深刻的观点，专制制度所进行的不仅是一种愚民政策，到最后使暴君自己都变得愚蠢起来。这种观点与黑格尔后来所阐发的一些见解非常相似。

孟德斯鸠政体理论的核心就在于对专制政体的分析和批判。孟德斯鸠关于专制政体的基本原则乃是恐怖的观点，是非常有见地的。马克思在批评孟德斯鸠的时候曾经说过，孟德斯鸠对于专制政体和君主政体之间的区分，似乎是没有十足的理由的。实际上君主政体与专制政体的要害，都是由一个人掌握了至高无上的权力，无论他是否按照已有的法律进行统治，其实质都没有太大的区别，这是马克思的观点。但是马克思在批评孟德斯鸠的这段话里面，一开始是这样说的："君主政体的原则总的说来就是轻视人，蔑视人，使之不成其为人。"这一观点与孟德斯鸠是一致的，甚至可以说是对孟德斯鸠观点的精辟的发挥。轻视人、蔑视人、使人不成其为人，正是通过恐怖才得以实现的。

政治自由与三权分立

在他早期的著作比如《罗马盛衰原因论》里面,孟德斯鸠认为最美好的政体只能是共和政体。这种观点在《论法的精神》里面略有改变,他心目中的理想政体变成了君主立宪政体。发生这种改变的原因,是他通过在英国的考察,发现这样一种政体可以成为政治自由的有效保障。孟德斯鸠在《论法的精神》第二卷里面所探讨的就是什么是政治自由,以及什么样的政体能够更好地确保政治自由。正是在这一卷的第十一章,孟德斯鸠提出了著名的三权分立的观点。孟德斯鸠和伏尔泰一样,最为关注的就是自由。伏尔泰的名言是:"我不赞成你的意见,但是我会用生命捍卫你发表意见的权利。"人的自由是多方面的,伏尔泰更加关注的是言论自由和信仰自由,他一生中最让人动容的行迹,就是好几次冒着风险,为反对宗教迫害、争取宗教宽容而奋战的经历。这方面的内容可以看看傅雷翻译的法国传记名家莫罗阿的《伏尔泰传》。

一、自由

什么是自由?孟德斯鸠说过:"没有哪个词如自由那样,被人们如此多地谈论,并被人们如此深地误解。有人认为,自由就是可以收回官员手中的权力;有人认为,自由就是可以选择自己认可的官员;有人认为,自由就是可以拿取武器保卫自己的权力。"在英文里面,自由有两个不同的对应词，freedom 和 liberty。曾经有一部电影叫作《勇敢的心》，电影里苏格兰的民族领袖华莱士，最后被处死的时候喊道："Freedom！"在他这里，自由就是只接受本族人的统治。自由在孟德斯鸠之后变得更加复杂了；在黑格尔那里，掌握和利用必然性就是自由；洛克以来的观点，自由就是不受强制（absence of constraint）、不受阻碍地做事情。但是在有的人那里，自由是能够实现最好的自我。人们有着各种不同的自由的观念。如果你想吃就吃，像一个动物一样不节制欲望，这难道是自由吗？真正的自由是什么呢？在一个有法律的社会里，自由就是做法律所许可的一切事情的权利。这就是孟德斯鸠对于自由的界定。也就是说，自由并不意味着为所欲为，总是要受到各种限制，但是这种限制不能够来自别人包括最高统治者的意志，而只能受到明确的法律的事先的限制。

二、民主和自由的关系

我们稍微绕开主题，来简单地说一下民主和自由的关系问题。民主、自由这两个词经常被相提并论，但是两者不见得是一回事，毋宁说它们之间还有一种紧张关系。比如说，古希腊的雅典就有民主，至少在拥有公民权的成年男子内部是有民主的，但多数人来做主不见得就能带来好结果，多数人的决定就让苏格拉底走上了不归路。民主还有过其他不那么好的记录，希特勒登上权力宝座时，拿到的选票是非常高的，而且和萨达姆的选票高还不一样，萨达姆靠的是监控、威胁，希特勒虽也耍了些手段，却是大多数德国人真心实意选择的。多数人的选择，并不代表道德上更优越、智慧上更高明。单纯多数人说了算的民主，完全可能会剥夺少数人的自由。托克维尔的《论美国的民主》就讲，美国已经实现民主了，但民主制度有一种内在的不断平等化的趋向，在人们不断被拉平的情况下，如何给个体的自由和个性的发展留下更多的空间，成了一个最严重的问题。可以说，托克维尔这部著作所关注的，就是民主和自由之间的张力。

在亚里士多德的著作里面，民主是一个贬义词。一个人的独裁统治或者少数人的寡头统治很可能是暴政，多数人统治也同样可能是暴政，也就是所谓"多数人的暴政"（tyranny of the majority）。主张自由、宽容的人，不见得就会倾向于民主政体，伏尔泰最理想的政体是"开明专制"，梁启超也写过《开明专制论》。专制统治者如果足够开明，掌握大权者如果有着良好的用心和足够的智慧，当然不失为一种很好的情形。所以想要肯定每个人的自由，不见得就会赞成民主制度，这二者之间没有必然的关联。民主制度要成立，必须要有思想前提和一些基本的价值原则。我们可以假设，一种政治制度应该为政治共同体的成员创造更好的福利，实现更好的利益，这大概没有疑问，但是一个人的利益在哪里由谁说了算？你的真实利益在哪里，你知道吗？

有一种倾向于父家长式的论点：人民或者说很多个体，由于见识等方面的欠缺，没有能力来分辨出自己真实和长远的利益何在，所以高明而贤德的统治者，应该代替所有人对他们的利益作出判断和选择。这和众多强迫孩子练习钢琴的家长逻辑非常一致。如果你是这一种论点,就不应该同意民主政体。当代史上一些无法和民主联系在一起的领导人,比如新加坡的李光耀、韩国军事独裁时期的朴正熙,就都被广泛认为是以专断而强有力的统治,促进了整个国家的现代化进程。

另一方面,人们也可以认定,人人平等,与此同时,每个人都是自己利益最好的判断者,任何个体不能因为处于更高的社会地位,或者认为你对他的善意超过他自己而替他做出选择。如果承认这一点,并认为政治生活涉及每个人的实际利益的产生和分配,那么,所有人都应该以直接或者间接的方式参与到政治过程之中,就是当然的推论了。民主政治需要的,正是这一前提。

"开明专制"并不坏,但麻烦在于一旦"专制",就难得指望更无法保障"开明"。对民主制度合法性的认识是,它并非最理想的,但却是现实中所可能找到的最不坏的政治制度。民主制度会有很多问题,但是可以通过改良和创新,通过各种制度设计来限制其缺陷。正是出于这样一种视角,民主和自由才得以相互联系起来。

回到孟德斯鸠所关注的问题:人们的自由怎么样才能够得到保障呢?人们处于什么样的状态下才算得上是得到了真正的自由呢?孟德斯鸠说:"一个公民的政治自由,是一种心境的平安状态。这种心境的平安就是从人人都认为本身是安全的这个看法产生的。"人们要觉得自己安全,这一点在专制制度下是做不到的;因为专制制度的原则就是恐怖,是以反复无常的意志进行统治的,这种统治使得人们朝不保夕,使得人们对于自己的生命和财产的安全毫无信心。在这种"伴君如伴虎"的情形下,人们所拥有的一切,都有可能随时被以各种名义所吞噬掉。在这种状况下生存的人们是与自由无缘的。

三、三权分立

界定完政治自由之后,孟德斯鸠所要探讨的下一个核心问题就是,什么样的政治制度才可以保障人们的政治自由呢?他有很清晰的思路来解决这个问题,那就是:"要享有这种自由,就必须建立一种政府,在它的统治下,一个公民不惧怕另外一个公民。"

在孟德斯鸠看来,历史上的每个国家、每个民族都有其不同的宗旨。罗马建立的目的就是扩张、打仗、开疆拓土。犹太建立律法的目的就是确保宗教。中国法律的目的就是确保太平。在他看来,只有一个国家的直接目的就是政治自由,这个国家就是他居留、考察长达两年之久的英国。在他看来,英国的制度是最为完美的。因此他要仔细考察英国政治制度是以什么样的机制来确保政治自由的,这也成了他提出三权分立学说的出发点。

对于权力本身,人们有着各种看法。从不同的角度出发,对于政治制度有着不同的设想。对于权力,有运用(use),就有滥用(abuse)。我们的传统似乎不大考虑权力滥用的可能性和对此进行防范的必要性。传统儒家的思路总是希望依靠统治者个人美好的品德来进行统治。统治者个人具有仁义礼智的萌芽,他把这些萌芽充分地发挥出来,推而广之,使整个社会变得美好和谐。这种思路是把政治共同体的美好前景寄托在统治者的个人品德上。但是这种思路中所难以避免的一个最为脆弱的地方就在于,人们总是无法确保是由品质良好的人来掌握最高的权力,也无法确保品质良好的人在掌握了绝对权力之后,还能依然保持原有的美德。

中国传统的皇权继承制度是世袭制,而几千年的君主制度下,能够真正称得上圣君明主的统治者为数寥寥。因此这种制度实际上是靠不住的。对于个人的品德的寄托是无法作为一个完善的制度的基础的。西方的传统,也许因为有基督教原罪说的背景,更倾向于将政治权力看作一种必不可少的恶。权力的存在对于共同体而言必不可少,但它本身不是好东西,需要加以防范和限制。就此而论,尤其是在孟德斯鸠这里,西方现代的政治智慧达到了一个新的高度。孟德斯鸠明确地说:"一切有权力的人都容易滥用权力,这是万古不易的一条经验。"这种看法构成了孟德斯鸠构筑一套政治制度的基础。在他看来,有权力的人会无休止地使用权力,一直要到遇到阻力和边界为止。也就是说,权力本身就有一种被滥用的危险,你无法寄望于个人的品德来防止这种风险。他说:"从事物的性质来考虑,要想防止权力的滥用,就必须以权力来约束权力。我们可以有一种政治制度,不强制任何人去做法律所不强制他做的事,也不禁止任何人去做法律所许可的事。"

后来英国著名的政治思想家、历史学家阿克顿勋爵[①]有一句绕口令风格的名言:

[①] 阿克顿勋爵(Lord Acton,1834—1902),英国历史学家、理论政治家。19世纪英国知识界和政治生活中最有影响的人物之一。

Power tends to corrupt, absolute power corrupts absolutely.（权力导致腐败，绝对的权力导致绝对的腐败。）

这种观点是和孟德斯鸠一脉相承的。这是西方现代政治智慧中一个值得我们学习和借鉴的地方。

权力具有腐蚀性。坏人拥有了权力当然会用来做坏事，但是，好人一旦拥有了权力也会被权力所腐蚀，倾向于滥用权力。完全不受约束的权力就会导致绝对的腐败。面对这种情况，人们是否有解决的办法呢？孟德斯鸠坚信，可以通过一种制度防止权力的滥用，以权力约束权力，以权力平衡权力。权力的制衡（check and balance）就可以成为政治自由的可靠保障。在孟德斯鸠眼中，英国的政治制度之所以能保障政治自由，就是因为完美地做到了权力的分立和平衡。

分权的思想并非孟德斯鸠的首创，在西方的传统里面就有这种思路发展的一个脉络。早在亚里士多德的时候就曾经提出了混合政体的思想，在古罗马的时候得到了进一步的发展。马基雅维利也曾经谈到过，一个政体如果能够结合贵族制和共和制的原则，会是一种很理想的情形。明确提出分权原则的是洛克，他曾经提到，一个国家的权力是由立法权、行政权、对外权三个方面构成的。孟德斯鸠的贡献就在于，他更加明确地提出了权力制衡的原则，并更加严密地论证了如何通过切实的制度安排来实现这一原则。

孟德斯鸠是在考察英格兰政治的这一节里面，详尽地阐释了三权分立思想。他说，每一种国家都有三种权力——立法权、司法权和行政权。这三种权力必须掌握在不同机构的手中，因为如果同一个机构同时掌握了两种甚至是三种权力，最后带来的必然是公民政治自由的丧失，必然导致灾难性的后果。当立法权和行政权集中在同一个人或同一机构之手，自由就不复存在了，因为人们不得不害怕这个国王或者议会将要制定暴虐的法律并要暴虐地执行这些法律。因为两种权力由同一批人执行的时候，相互的制约就不存在了。孟德斯鸠还谈到，如果立法权不与行政权和司法权相分离，那么自由也会不复存在。如果司法权同立法权合二为一，它们将对公民的生命和自由实行专断的权力，因为法官就是立法者。如果司法权同行政权合二为一，法官便将掌握压迫人的力量。更为可怕的情形是，如果由同一个人或是由重要人物、贵族或平民组成的同一个机关行使这三种权力，即制定法律权、执行公共决议权、裁判私人犯罪权，政治自由便会荡然无存。也就是说，保障政治自由的关键就在于，一个国家的三种基本权力必须由不同的同一机构、不同的人分别掌握，而且需要有一种制度安排，以确保在这三种权力之间形成一种相互的约束和平衡。

权力制衡学说是孟德斯鸠在政治思想史上最为重要的贡献，也是西方政治制度里面非常值得借鉴的地方。按照古典自由主义学说，权力的产生是为了更好地服务于社会成员的利益，要怎么样才能确保权力不会被滥用，怎样才能使之服务于公共的目的呢？孟德斯鸠认为需要设计出一套制度,以权力制约权力,以权力平衡权力。这是非常重要的一个思路,他对于制度性因素的强调,是政治思想史上的一个新发现。卢梭曾经感叹说,一种美好的政治生活,非得要其中的成员由天使和神明组成才行。在他看来,只有像天使一样纯洁、像神明一样道德高尚没有污点的人,才可能组成一个理想的政治共同体。但是后来,康德又针对卢梭说,不需要是一群天使和神明,哪怕是一群魔鬼也可以,只要他们有足够的智慧。也就是说,哪怕是一群魔鬼,只要他们有足够的智慧,同样可以组成一个良好的政治共同体。康德在这一点上又前进了一大步。这种思想和孟德斯鸠是相通的,那就是,人们是可以依靠自己的智慧,可以通过制度的安排,使得无论在人性上还是在品德上都能组成一个至少是可以接受的社会。

我们可以举一个例子,来对这个问题做进一步的说明。自由主义理论的代表人物约翰·罗尔斯在他的《正义论》里面就谈到,一个国家的制度要确保正义,就必须有一个程序上的公平,或者说必须有一个制度上的公平。我们用比较流行的例证来解说他的意思:十个人来分一块蛋糕,最后要让我们认为这块蛋糕得到了公平的分配,我们要采纳什么样的办法呢?或许我们可以找一个大家认为道德品质最好的人来切蛋糕。这当然也是一种办法,但是如果人都是有私心的,而且这种私心无法加以控制,我们就很难期待得到一个好的结果。按照罗尔斯的意思,如果我们制定这么一个规则:可以由任意一个人来切蛋糕,无论其道德品质如何,但是有一个制度上的规定,那就是他本人来拿最后一块蛋糕。这样的制度安排，就使得切蛋糕的人如果想要争取自己的最大利益，就得把蛋糕切成平等的十份。这个例子可以给我们很多启示：在人类社会组织当中，制度的设计和安排往往可以起到非常重要的作用，仅靠人类的道德品质，靠统治者或者掌握权力的人的道德品质，不足以保证一个社会的健全运行。但是，如果有一套切实的制度安排，用人类的智慧创造出一些有效的制度，是可以起到非常良好的效应的。

三权分立的学说就体现了这样的一个思路，一经正式提出就产生了巨大的影响。美国独立战争取得胜利之后，1787年宪法就全盘采纳了孟德斯鸠的观点，以三权分立的原则作为立国之本。直到今天为止，美国仍然是在政治制度上把三权分立的原则贯彻得最为彻底、最为典型的国家。集中地体现了三权分立的政治运作原则的著名实例，有尼克松的"水门事件"和克林顿被弹劾事件。克林顿在任总统时作为主角发动北约对南联盟的战争，但也发生了和女实习生的绯闻，这肯定不是一件光彩的事情。但是换一个角度来看，克林顿在当时一方面能够作为美国总统和北约这一战争机器的最高决策人来行使他的权力，另一方面同时又因为自身的绯闻而受到严厉的司法审查，面对一个独立检察官的追究而在全世界的电视屏幕上窘态毕露，这本身是一个权力受到制约的非常形象化的体现。

我们国家的根本政治制度是人民代表大会制度，不搞三权分立。但是从另外一个角度来看，我们要吸收人类文明的一切成果，不仅包括科学技术、管理经验等，还应该以更为健全、更为开放的心态看到，在其他文明的政治智慧里面也有我们可以汲取启示的地方。对三权分立这样的政治制度，我们当然不可能照搬照抄，但是其中的一些思路和原则，对于完善我们的民主政治，应该说还是有着值得吸收和借鉴的地方。

四、地理环境与政治状况

孟德斯鸠在《论法的精神》中还集中探讨了一个国家的法律、政治、制度与其所在的地理环境等因素的关联。孟德斯鸠多方面地分析了气候、土壤、面积、宗教的、民族的语言风俗习惯等给人民的生活造成的多方面影响。他对地理环境因素对于人类生活面貌的影响有时强调到了过度的地步。

比如，他甚至是有些牵强武断地说，生活在北方的人，由于要抵御严寒，因此身体非常健壮，动作比较笨拙、迟钝，对于快乐不是那么敏感，但是他们精力充沛、刻苦耐劳、热爱自由，绝对不甘心成为别人的奴隶；相反，生活在热带南方的人，体格纤细而又脆弱，动作敏捷，对于快乐非常敏感，但是他们精神萎靡、缺乏自信心，怯懦而又懒惰，甘愿被奴役，所以他们常常成为专制制度的牺牲品。不同的气候使得人们产生不同的性格，所组成的政治社会也从而表现出不同的性质和特点。

孟德斯鸠对于气候因素的强调有时达到了极端的地步，甚至以气候条件来解释人们的思想状况。他以气候原因解释过佛教的产生。他说佛教之所以出现在印度，是因为印度的气候非常炎热，人们动一动就会大汗淋漓，因此运动是一件非常痛苦的事情。于是人们就产生了一种观念，认为无为、静止乃是一种最高的境界。这样的解释在今天看来尽管有其合理的成分，总体来讲也是非常牵强的。

在孟德斯鸠看来，不同的气候使人们产生了不同的需要，从而产生了不同的生活方式，进而导致人类社会出现了不同的法律体系。除了气候，土壤的条件对于人类的生活也产生了巨大的影响。

孟德斯鸠的上述观点和20世纪著名历史学家汤因比的观点很有些相通之处。汤因比在他的著作《历史研究》里面提出一种理论：人类的文明是在挑战和应战中形成的。所谓挑战与应战（challenge and response）就是说，自然环境给人们提出一种挑战，如果这种挑战过于严峻的话，人类就无法创造出高度的文明来；比如因纽特人，北极地带的极寒天气使得他们只能勉强糊口，无法再有所作为，不能创造出高度的文明。如果这种挑战非常有限，比如南太平洋上面的众多岛屿，人们只需捡拾野果就可以做到饱食终日，自然环境并没有给他们构成任何严峻的威胁，这种条件下挑战的力度太小，无法激发出人的努力和创造力，因此文明也不能充分地发展出来。只有在那种挑战既足够大又没有严峻到令人无法应对的地方，比如古代近东的两河流域、埃及的尼罗河流域、中国的黄河长江流域等。这些大江大河周围土地比较肥沃，但经常会出现旱涝灾害。这样的自然条件，一方面是人们在经过努力之后可以应对的，另一方面人们又可以在应对挑战的过程中不断提升文明的水准,所以文明就会在这种挑战和应战的不间断的过程中迅速地发展起来。

汤因比的论证当然要比孟德斯鸠的论证严密、精致得多,但两者之间还是有着很多的相通之处。孟德斯鸠还认为,非常小的国家就适合于共和政体,一个中等面积的国家适合于君主政体,而一个庞大的国度就只能实行专制政体。孟德斯鸠的这些思想在后来往往被贴上一个标签:地理环境决定论。

孟德斯鸠思想的影响

孟德斯鸠是启蒙运动中非常重要的思想家,他在《论法的精神》里面对于专制政体的揭露、对地理环境对于人类行为的影响的探讨,尤其是关于三权分立的思想,直到今天还有着很多积极的、值得我们思考的地方。他的思想构成了启蒙运动的一个非常重要的组成部分,对于后来的历史发展进程起了非常重大的作用。

孟德斯鸠去世于1755年,在他身后仅仅二十年,美国独立战争爆发,胜利后美国所颁布的宪法,在政治制度的设计上,就严格遵循了三权分立的原则。1789年,法国革命爆发,这场革命的经典文献《人权宣言》里面提到"没有分权就没有宪法",这也明显地受到孟德斯鸠的影响。西方各国的资产阶级革命,以及落后国家中所发生的带有资产阶级民主性质的革命,都在不同程度上受到了孟德斯鸠思想的影响。

在中国也是同样的情形。康有为、梁启超在戊戌变法的时候所提出的君主立宪思想，部分就来自孟德斯鸠。中国重要的启蒙思想家严复所翻译的著作里面就有孟德斯鸠的《论法的精神》。孟德斯鸠的权力制衡学说也影响了孙中山等人，对于民国初期政治制度的设计起了非常大的作用。孟德斯鸠身上所体现出来的制度智慧，也是值得我们借鉴的。

第十讲

卢梭

人生而自由,却无往不在枷锁之中。

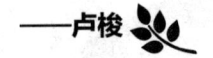

——卢梭

现代社会的分工越来越复杂，从事知识创造的行业，也分得越来越细致。从前，一个社会中有知识的人只是全部人口中的少数。20 世纪上半叶，有文化的、依靠文化知识来养活自己并为社会提供服务的人，被称为知识分子（intellectual），除了知识素养和专门技能之外，他还有超脱自己的利益立场，为一个社会应该追求的理想和价值来辩护、来抗争的功能。因此，就有了"知识分子是社会的良心"的说法。

现代社会的发展让这一切发生了巨大的变化。知识和文化越来越普及，在西方早就实现了高等教育的民主化，在中国 20 世纪 90 年代后期，起初是为了解决就业不足的问题而扩大了高校的招生，但同时也使大学教育迅速地变得非常普及。这也产生了各种各样的后果，大学文凭变得不值钱了，"知识改变命运"也从一句催人奋发的箴言变得好像不那么理所当然了。即使受过良好的教育，也只能在社会大机器中发挥一个零部件的功能，这使得拥有知识和文化的人，很大程度上不再具备社会良心的功能，而是离这样的东西越来越疏远了。

隔行如隔山，不仅是在学科之间，学科内部也会出现这样的情形，历史学的内部、哲学的内部也完全可能如此。比如我所在的清华历史系，规模虽然不大，但是也有这么十来位国内外知名的学者，他们互相之间大概也不一定看得懂对方的研究成果。研究某一时期江南地区经济史的人看不懂研究古文字、研究清华简的论文，研究清华简的估计也看不懂研究拜占庭时期中西文化交流史的论文。而前面提到的这些我全都看不懂。

随着知识生产门类的分化，人们变得对越来越小的事情知道得越来越多。在这种高度细化的分工的情况下，如果出来一个人敢写一本中国通史，是会受到质疑的，好像一个经过专门的学术训练的人不应该做出这样的事情。知识的综合变得越来越困难。曾经有一些伟大的人物，似乎能够以一己之力包揽人类某一文明全部的或主要的知识，比如亚里士多德。黑格尔也是上知天文下知地理，他的历史哲学还不止于"前知五百年，后知五百年"。马克思也有一个传说，他说写作《资本论》的时候太累了，消遣就是换一种思考方式，去做做微积分。甚至20世纪初期很多受到良好教育的人，他们的训练也基本涵盖了人类知识进展的不同侧面，但现在这样的情形很难发生了。

面临这样一个知识高度细分的时代，一方面我们需要专门的训练来获得特定的技能，另一方面，受过良好教育的人、对自己有职业之外期待的人，应该具有对人类过往面临的一些基本问题的敏感和意识，了解过往的头脑是如何解决这样的问题的。所以要开设一些超出专业的、大而无当的课程，就有这样的意义。但是任何别人的讲解，都代替不了自己的阅读。一门课程能够带来的东西，无论多或少，都无法替代自我教育和阅读，永远无法替代自行扩展的知识边界和提高自己的判断力，这是大家现在都应该明确的问题。

一个很好的样板就是卢梭，他身上有很多普通人的缺点，但是他有一个非常令人钦佩的优点，那就是无论环境如何艰难，他都没有放弃自我教育，都坚持着对自我思想的磨砺、对自身知识边界的拓展。他有丰富的底层生存的经历，但是他一出现在巴黎，人们立刻就感受到他的知识和才华的光彩。

卢梭的复杂性

我们习惯摆事实讲道理，好像只要人们认可同样的事实，就总能导出一致的结论。但这样的看法是过于单纯了，同样的事实，人们完全可能有着不同的解读，从中引出完全不同的意义。历来人们了解卢梭其人与生平，大都是通过卢梭的作品。可同样是读卢梭的自传《忏悔录》，不同的人也可以得出不同的印象。对于卢梭，读者的印象往往非常极端。有的人认为他是短暂地真实存在过的天使，在托尔斯泰和巴金眼中就是如此。他仅仅为了自己犯下的微小过错，就那么坦诚地撕开自己的伤口，敞开自己的灵魂，而那些过错原本可以归咎于黑暗的社会现实。但也有别的人认为他就是个不折不扣的心理变态和伪君子，比如罗素。

有一些文化史、思想史上的天才人物，如果没遇上那么有利的条件，他的天才没有得到合适的土壤来成长，那么可能会籍籍无名，我们永远不知道曾经出现过这么一个原本是可能成为伟大人物的人。但是像卢梭这样的人，我们禁不住会感叹，无论外在的环境如何严酷、生平的遭际多么坎坷，好像他最后总是能够破土而出，留名青史。尽管后世对他的人格和思想会褒贬不一，争议非常大。

卢梭的思想是启蒙运动的一个非常核心的组成部分，他本人也是启蒙运动最重要的代表人物之一。但是他的思想立场有时候和启蒙运动的一些基本信条不太一样，甚至是背道而驰。他和启蒙运动的主流人物如伏尔泰、狄德罗[①]等人之间的关系，也经常充满了冲突和矛盾。对卢梭的思想该如何解释和评判，至今也仍然是众说纷纭，后世很多截然不同甚至完全对立的思潮都把源头追溯到卢梭。

在很多人看来，卢梭是自由的捍卫者，《社会契约论》的开篇，就是人们传诵已久的名句："人生而自由，却无往不在枷锁之中。"但是以赛亚·伯林在他给英国广播公司（BBC）的广播稿中，又把卢梭列为"自由的敌人"。有人认为卢梭以他的人民主权论为民主制度做了最深刻的理论辩护；但是在不少人的眼中，卢梭显然是民主的敌人，甚至有人发明了极权主义民主（totalitarian democracy）这样的术语来指控卢梭所代表的"民主"。在文学上，卢梭被很多人认为是浪漫主义的先驱，但是他又同样被认为是自然主义以及别的这样主义那样主义的先驱，而这些主义本身是不大好融合在一起的。所以，这是一个非常有趣而又奇特的人物。

因为我们主要涉及的是卢梭的社会政治思想，可以举一个例证来说明这样的情形。罗素的名著《西方哲学史》是在第二次世界大战进

---

① 狄德罗（Denis Diderot, 1713—1784），法国启蒙思想家、哲学家、戏剧家、作家，百科全书派代表人物。

行当中写就的，在这个背景下他谈到卢梭的时候说："如果说罗斯福和丘吉尔乃是洛克的结果的话，斯大林和希特勒就是卢梭的一个结果。"当然，他把斯大林和希特勒放在一起，这一点另当别论，在此不多说。但是他表达的意思非常明确，那就是，自由、民主这样一些后来在西方乃至文明世界得到普遍认可的制度和价值，和卢梭好像是一种敌对的关系。这也是长期以来，特别是冷战以后，非常流行的一种解释。对于思想史上的同一个人物，针对他的同样一些文本，对这个人的人格、思想倾向的解释，差别却如此之大，的确是非常罕见。

卢梭的著作非常多，大都有不错的中文译本。他的不少著作同时也是文学史上的重要作品，像《忏悔录》《新爱洛伊丝》，都非常好看。仿佛是要完全从纯粹的学理上来谈问题的，就是他那本最出名的《社会契约论》，这本书实际上是最不具备卢梭风格的。有兴趣的同学不妨去看一看卢梭别的著作，比如《忏悔录》，看看通过自己的阅读，卢梭在你的心中又呈现出什么模样。

巴黎市中心有一座非常重要的建筑，中文一般翻译成先贤祠，里面安葬着法国历史上有着突出贡献的一批伟人。当然，法兰西是一个重视科技和文化的民族，所以很多大作家、科学家都在先贤祠里面有自己的一席之地，像巴尔扎克、大仲马、居里夫妇等。伏尔泰和卢梭的灵柩也在其中。卢梭和伏尔泰的个人关系，以及他们思想之间的关联，可以说是复杂又曲折。然而有意思的是，两人的灵柩一左一右，正对着摆放在先贤祠里最中心的位置。他们生前有声气相通的时候，但更多的时候是针锋相对，他们的个人关系到后来弄得很僵，但是他们去世以后，却在这崇高肃穆的地方，相对而立。

卢梭的灵柩上面浮雕的文字是："社会秩序不是源于自然，而是奠基在约定之上，奠基在契约之上。"这是卢梭《社会契约论》这本书的一个核心思想，当然也是契约论这种理论传统的一个基本主张。伏尔泰的灵柩旁有一个汉白玉的全身雕像。雕塑下刻的是伏尔泰的一句话："宁愿冒着放过一个罪犯的危险，也不惩罚一个无辜之人。"

卢梭的创作与生平

我们来简单介绍一下卢梭的生平。卢梭出生于日内瓦，这是他平生引以为傲的一点，他是日内瓦的公民（citizen），而不是一个臣民（subject）。日内瓦在现代早期的欧洲，是一个非常特殊的地方。加尔文是法国人，但加尔文的宗教改革并不是在法国展开的，而是主要在日内瓦发展起来的，直到现在法国还是天主教占上风的这么一个国家。加尔文到了日内瓦，以日内瓦作为他宗教改革的中心，所以日内瓦后来长期是一个神权共和国的体制。

卢梭的家庭比较特殊，他的母亲生下他不久就去世了，他的父亲是手艺人，在一次与人发生冲突后被迫流落他乡。卢梭的父亲虽然是一个地位低下、经济窘困的手艺人，但是非常爱读书。卢梭曾经记载说，他和父亲遇到喜欢的书曾经两个人轮流捧读，一直读到早上。卢梭特别喜欢读普鲁塔克的《名人传》，这是古罗马的一本名著，写的多是为了捍卫罗马的共和而不惜抛头颅，洒热血的英雄。那些为了自由、为了共和忠贞不渝、英勇不屈的英雄，让卢梭和他的父亲读得热血沸腾。卢梭还记载说，他在讲述英雄的壮举时为了表演逼真，竟然把手放到火盆上。

父亲避难他乡以后，卢梭的生活可以说是颠沛流离，历尽艰辛。他曾经在亲戚家寄人篱下，也做过仆人，当过学徒，经历非常坎坷，所以他对于下层社会非常了解。但难能可贵的是，卢梭从来没有放弃过任何学习的机会，他在非常艰苦的条件下，不断地学习，不断地阅读，这可以说是自我教育的一个让人惊叹的成果。无论是卢梭自己的著作，还是介绍卢梭生平的著作，都会提到一个贵妇华伦夫人。卢梭曾经有一段时间在她家里面当仆人，而且和华伦夫人发展出了一种特别亲密的关系。这段时间他过着非常平静的生活，这对于他学养的提高，对于他磨砺思想，都起到了非常重要的作用。卢梭还学习了其他很多东西。卢梭还是简谱的发明者之一，他大力推广但是并没有被当时的音乐界所接受，比之欧洲，现在简谱在东亚更流行。他也创作过音乐作品。

成年的卢梭对于社会政治生活有了深入的了解和思考，尤其对于社会底层的生活有非常切身的感受。他又通过长年坚持不懈地自学和思考，有了足够的知识积累。好像一切都准备好了，只差一个合适的舞台和时机，卢梭就要在欧洲思想和文化史上大放异彩了。

于是他来到整个欧洲的首都、欧洲文化的中心——巴黎。虽然我们知道18世纪中后期的法国，已经是一个金玉其外，败絮其中的王国，但巴黎毕竟是一个文化高度繁荣、思想高度自由交流的中心。巴黎的贵妇沙龙里面，来往的是像狄德罗、伏尔泰这样妙语连珠的文化人。卢梭这样一个土头土脑的乡下人，初到巴黎大城市，不知道等待着他的将要是什么。所以卢梭和后来很多重要的思想史、文化史、政治史上的人物一样，终身对于都市生活充满了微妙的疑虑、鄙夷、恐惧甚至仇视等情感，这当然有思想上的原因，也有个人经历的原因。

卢梭到了巴黎，在勉强维持生计的同时，也开始和别人交往。让伏尔泰等人也开始了解到，这个其貌不扬、在沙龙里面根本没有任何魅力可言的乡下人，却有着非凡才能，他们开始与他有了各种各样的交往。狄德罗、达朗贝尔①这些百科全书派的主要人物，都在一定的程度上接纳了卢梭，作为他们思想交流的一个伙伴和对象。这些交往，开阔了卢梭的眼界，启发了他的思想，一切就好像就在等待着一个时机，让卢梭的思想和才华喷涌而出。

某一年，狄德罗因为写了一首诗，讽刺当时的摄政王，被关在巴黎郊外的一个监狱里面。卢梭常去看望他，路上又累又无趣，那时候巴黎的人烟比现在稀少得多，他就带了一本杂志，那天卢梭在杂志上看到了第戎科学院的一个悬赏征文的通告。征文的论题是

---

① 达朗贝尔（Jean Le Rond d'Alembert, 1717—1783），出生于巴黎，法国物理学家、数学家和天文学家。

《论科学与艺术的复兴是否有助于敦风化俗》，这是一个看上去和现实没有太大关系的论题，但是我们可以想象，这样的题目是可以让人对现实发表各种意见的，从而使之成为和当前政治高度相关的议题。

"科学与艺术的复兴"，指的是文艺复兴以来，整个欧洲在科学艺术方面所取得的巨大进步。"是否有助于敦风化俗"是说，是否使得人们的道德风尚变得更加美好、更加淳朴。可以想见，伏尔泰、狄德罗等人对这一论题的基本立场。因为启蒙运动的基本信条是崇尚理性，而理性得以从蒙昧当中被解脱出来，都是拜文艺复兴以来西方社会文化之进步所赐，而科学艺术的进展所代表的就是理性进步最可宝贵的成就。一旦理性得到充分发挥，一旦人们从愚昧黑暗当中被解放出来，我们就不仅可以对自然界有更好的把握，也能够了解人类社会政治的种种奥秘，就可以把现实世界改造成一个人间天堂，进步因而就是可以预期的。那么，从这样一种角度看来，科学和艺术的复兴必定是有利于人类生活更加美好，更加幸福，这其中当然包括了道德风尚的不断改善。

有趣的是卢梭在《忏悔录》里面回忆说："一看到这个题目，我登时就看到了另一个宇宙，自己变成了另一个人。"他见到狄德罗的时候神情还激动得近乎发狂。他跟狄德罗说明了原因，并说出了自己的构想，狄德罗很赞赏，并鼓励卢梭发挥下去。后世关于这个问题还有很多争论。针对当时流行的一般意见，卢梭要反其道而行之，从反面来发表自己的看法。

就狄德罗支持卢梭的构想这件事，有人会觉得，这是完全靠不住的错误记载。也有人会争论说，狄德罗本来就觉得这个乡下佬挺有才华的，希望他能够出人头地，现在有了这么一个机会。这是一个悬赏征文的题目，如果顺着来写，就不够有特色，大概是没有拿奖机会的，所以狄德罗在这个意义上，才赞成了卢梭从剑走偏锋的角度来写这样一篇文章。

无论如何，这篇论文是按照这样一种路数写下来了。这本小书都实在称不上一本书，翻译成中文，大概也不过三万多到四万字。这大概也是卢梭主要的著作里面，篇幅最短而论证最不严密的一本，但是影响极大。这本书经常被称作卢梭的第一篇论文（The First Discourse），简称《论科学与艺术》。

这里，我们可以对这样一个问题做一些讨论：知识和道德之间是一种什么样的关系，科学艺术的进步和人类的幸福之间是一种什么样的关系？都是一个耐人寻味的问题。从启蒙运动的时代，一直到19世纪，人们普遍地相信它们是正相关的。科学、艺术的进步，表明的是人类理性的充分发展，意味着人类的生活更加美好、更加幸福，当然也意味着人类社会的道德风尚日渐提高和改善。但是，是不是科学和艺术的进步，是不是理性在人类生活当中发挥更大的功能，就真的意味着这一切？第一次世界大战以后，西方世界对这一前人认为当然的观点开始了普遍质疑。

卢梭的《论科学与艺术》，在西方现代的思想史上，第一次对文明的价值正面地提出了怀疑。实际上，早期的人类文明对于知识、对于人类的理性就有着一种矛盾的态度。我们知道根据《圣经》里面的叙述,亚当和夏娃之所以被赶出伊甸园,就是因为他们吃了知识树上的果子,有了智慧,开始知道善恶,明晓是非。一旦能够辨别善恶是非,这就是人类丧失天真无辜的美好状态的开始。中国古代传说文字是仓颉创造出来的,而《淮南子》中说仓颉造字之后,"天雨粟,鬼夜哭"。有了文字,民智一开,淳朴美好的状态一去不复返,人类从此没有好日子过了,连鬼都要替人类哀鸣。

科学和艺术的发展,让人类脱离原初蒙昧却淳朴的状态,是不是意味着人们一定会变得更加幸福,具有更好的道德风尚?这是一个比较麻烦的问题,后来的黑格尔和马克思用过一个概念叫作"异化"(alienation),这个词的词根 alien 的意思是"异己的,不是我的"。

什么是异化?我们举个最通俗的例子来说。我买一辆汽车是为了让我的生活更加方便,但是我买了汽车以后,便要挣钱来养它,要交保险,要加油。我还得挣足够的钱,买价格高一点的,让别人看着这车就知道我混得不错。我本来是让车来服务于我的,结果很大程度上变成了我服务于它,这可以说就是一种异化。从黑格尔到青年马克思都认为,资本主义社会的一个非常重要的弊病,就在于产生了越来越多的异化现象。机器工业的大生产,在为人类创造出越来越多财富的同时,也把人越来越严酷地束缚在社会生产这个大机器里面,使得人成为一个必不可少的环节。

卢梭没有用这样的概念,但是我们可以说,他具有了类似的论点。

在卢梭看来，科学和艺术的进步，使得人类脱离了原初的那种朴素、混沌未开的相对美好的状态，开始被功利的盘算、机械的考量所束缚，这使得他们变得越来越不完整，这使得他们离真正的幸福、离美好淳朴的道德状态越来越远。可以说，西方现代思想是到了卢梭，开始振聋发聩地提出了对文明的价值、对科学艺术进步的价值的疑问。

中国先秦时期，就有了非常类似的思想因素。道家中，老子讲小国寡民，讲："大道废，有仁义；智慧出，有大伪；六亲不和，有孝慈；国家昏乱，有忠臣。"讲的是，一旦人们在谈仁义道德的时候，就说明最朴素、最美好、最完整的那种状态已经不存在了。《庄子》里面有一段寓言"抱瓮灌畦"的故事，说孔子的学生子贡在一次出远门的时候，路上看到一个老者在抗旱，他抱着一个大罐子不断地装水来浇地，效率非常之低下。子贡就去告诉他说，你这个办法太笨了，我们那有一种先进的机椁，一天能浇一百畦。结果老者回答说："有机械者必有机事，有机事者必有机心……吾非不知，羞而不为也。"使用的器件复杂了，心思也就变得复杂了。这些说法表明了，不同的文明、不同的文化传统里人们共同的一些疑虑和思考。

《论科学与艺术》出来以后，卢梭声名鹊起，大家都知道巴黎的文化界里面出现了这么一个人物。但是对于《论科学与艺术》里面所表达的基本思想，大概并没有人太当真。伏尔泰就没有太当真，狄德罗大概也没有太当真，否则的话，我们就不大能够想象，卢梭的第二篇应征论文出来之后,他们何以有那么激烈的反应。

几年之后,另外一个悬赏征文的题目出来以后,卢梭写就了《论人类不平等的起源和基础》。为了方便,我们把它简称为《论不平等》。看得出来,这个题目是很容易导致人们对现实社会进行抨击、发泄不满,很不利于社会稳定。论题就预设了,社会现状乃是人们之间的不平等。起源和基础是两个问题,"起源"要解决的是一个发生学的问题,是讲不平等发生和发展的过程;"基础"是讲出现这种状况的合理性在哪里,或者说如果它没有合理性的话,合理的状态究竟应该是什么。所以说,这个题目里面反映出来的是双重的问题。卢梭就此写了一本比《论科学与艺术》的篇幅大得多的书,文辞讲究得多,思想深邃得多,逻辑也要严密得多,但是这本书没得奖。尽管没得奖,这个时候的卢梭已经有足够的名气和足够的思想深度,让人们对他的这本书不敢小觑。

进入18世纪60年代,一方面,卢梭进入了思想和创作的高峰期,他的很多重要著作都是在这个时期创作出来的,另外一方面,他外在的生活又到了一个动荡不安的时期。卢梭到了巴黎以后,曾经和一个女仆同居,并生育了五个子女,然而直到1768年卢梭才和她结婚。他们的孩子生下来后都被送到了育婴堂,那时候的育婴堂和后来的福利院条件无法相提并论,很多孩子是无法存活下来的,所以不少人因此指责卢梭。卢梭在《忏悔录》以及别的作品里都会振振有词地说,自己被迫把孩子送进去,都怪这个社会太黑暗。当然有很多生活境遇比卢梭差得多的人,也照样把自己的孩子抚养长大了。卢梭因为这些事情，也因为个人的性格和思想趋向，同启蒙运动的那些重要人物之间的关系越来越紧张，直至到了分道扬镳的地步。

他的很多著作就是在这个动荡不安的时期写出来的，包括《新爱洛伊丝》。《新爱洛伊丝》写了一个年轻的家境贫寒的家庭教师，和他的学生一个贵族小姐彼此相爱，最后当然是一场爱情悲剧。小说取材于中世纪少女爱洛伊丝和一个年轻神父的爱情悲剧，就像中国的梁祝一样，这是一个长久以来吸引人的主题，不断有人以这样的题材来创作各种各样的文学作品。就好像浮士德的故事从中世纪以来就流传着，只不过歌德的《浮士德》如此之成功，以至于人们忘了他并不是歌德创造出来的人物。

这个时期卢梭还写了一本书叫作《爱弥儿》，副标题为"论教育"。爱弥儿是主人公，这部著作是一部夹叙夹议的小说，也有很多篇章是卢梭在发挥他的思想。他讲一个小孩子要在什么样的环境下，以什么样的教育方式，才能够发挥最美好的天性。他的《社会契约论》也是在这个时期写出来的，这些著作尤其是《爱弥儿》出来以后，卢梭思想的激进性受到了巴黎教会当局的仇视，销毁了他的著作之余，还要通缉卢梭本人。卢梭仓皇逃跑，逃到了他的母邦日内瓦，但是发现日内瓦也在烧他的书，只好又跑回法国躲躲藏藏。他认识了正在法国访学的英国哲学家、历史学家休谟，休谟帮助卢梭逃到了英国。这个时候的卢梭精神状态已经不太正常了。他觉得，整个世界都好像在团结起来迫害卢梭这位伟大而正直的天才；而清醒过来的时候，又会感觉到非常抱歉，因为他在不正常的时候把休谟也看作这个阴谋最危险的一部分。这样的生活无法持久地持续下去，后来他又回到了法国，晚年是在贫病交加之中死去的。他晚年还有一些著作，《一个孤独的漫步者的遐想》也可以说是《忏悔录》续篇。《卢梭审判让·雅克》，可视作他最后的思想告白。这些都是卢梭研究中重要的材料。

卢梭 1778 年去世，仅仅过了十一年，他曾经呼唤过的那场革命就已经狂飙突起。在法国革命最激烈的时期——以罗伯斯庇尔为首的雅各宾派当政时期，卢梭获得了最为崇高的地位，《社会契约论》成了指导纲领和旗帜，卢梭的遗体也在革命的高潮时期被迁进了巴黎的先贤祠，他得到了生前从未享受过的哀荣。但是后世对卢梭思想和对卢梭本人人格的评价，也往往和法国革命最恐怖最极端的这一个时期联系起来，这也是一件难以评判的事情。

卢梭的基本思想

我们现在来谈谈卢梭的基本思想。其实，刚才我们已经对这一论题有所涉及，谈到了从《论科学与艺术》到《论不平等》中卢梭的一些基本论点。眼下，我们从卢梭的"自然"观谈起。自然和人为之间存在着分野，这一分野，是卢梭的著作里面反复出现的一个论题。卢梭在《爱弥儿》的开篇里面就认定，"出自造物主之手的东西都是好的，而一到了人的手里就全变坏了"。也就是说，人为的东西，乃是对自然的东西的败坏，而自然的东西本来就是美好的。科学和艺术当然是最能体现人为因素的人类文明的创造。在卢梭看来，科学和艺术的复兴，助长的是虚荣，助长的是人们对于不那么要紧的东西的渴求。

《论人类不平等的起源和基础》

现代社会是一个消费社会，消费社会的特点之一就在于制造出欲望。人本来的自然欲望没有那么丰富，比如最初只想吃饱穿暖，这一切不成问题之后，开始想吃得更好一点，想穿得更好一点，后来发展成一定要一顿吃掉普通人几个月的收入，一定要穿别人一望而知的奢华品牌，现代消费社会就在不断地制造出新的欲望和需求。要在卢梭看来，这肯定就是反自然的。和人为的这样一种不那么美好的状态相对的，当然就是原来混沌未开、淳朴美好的那样一种自然状态，这就是他在《论不平等》这本书里面，首先谈到的那样一种状态。《论不平等》要讨论不平等是经由什么样的一个过程来发生发展的，它的基础何在或者说它究竟是不是合理的，所以其中就会花很多笔墨来讨论自然状态。

卢梭的讨论，会让我们想起非常熟悉的洛克和霍布斯笔下的自然状态。霍布斯笔下的自然状态，是一种让人难以忍受的、人对人就像狼对狼一样的彼此为战的状态，人们最根深蒂固的动机就是恐惧，害怕会暴死于他人之手。洛克笔下的自然状态是一种相对要和缓得多的状态，人们之间不乏善意，然而这样的自然状态也有缺陷，人们之间如果发生争执和冲突的时候，没有人来做出一种裁断并且有能力让争执的各方来服从这个裁断，这是一个致命的缺陷，必须要靠一个权威的产生、靠政治秩序的建立来弥补。

与他们笔下的自然状态相比，卢梭笔下的自然状态，几乎像田园牧歌一般美好。人类的本性是温和的，人与人之间不乏善意，人有一种本能，在自爱的同时也爱别人，他能够对别人的快乐和痛苦感同身受。在这天然而美好的状态下，人们有明辨是非的本能。与卢梭的这样一种看法相适应的是，无论是在《忏悔录》还是在别的著作里面，他都反复谈到，社会的底层，尤其是乡村的朴实的民众，没有受到文明的污染，他们有明辨是非善恶的能力；而城市的生活代表着文明一切的罪恶，充斥其中的是道德的沦丧，是虚荣和无知的泛滥，是仁义理智的外貌下面男盗女娼的现实。那么，既然自然状态像田园牧歌一般美好，简直像是一个黄金时代，堪比陶渊明笔下的桃花源，人们不免要问，为什么自然状态会一去不复返，还有什么必要进入一个社会状态而脱离那样一个纯真美好的自然状态？

在卢梭的笔下，自然状态经历了一个变化的过程，这是跟霍布斯和洛克很不一样的。霍布斯和洛克笔下的自然状态是恒定不变的，卢梭笔下的自然状态则是不断变化、不断发展的。在自然状态下，人们有各种各样的秉性，有明辨是非善恶的能力，能够倾听良心的呼声。人还有各种各样的潜能，那就是他的可完善性（perfectibility）——营造社会生活的潜能，有发展语言的潜能，有和别人交通和交流的潜能等等。这样一种能力，恰恰是使得他脱离自然状态的一个重要契机。

卢梭笔下的自然状态的丧失，是一个必然会发生的过程。自然状态下人们的生活非常美好，但是人类繁衍得越来越多，就会产生种种不美妙的后果。在人烟非常稀少的时候，伸手就可以够到果子，下河就可以捞到鱼，人多了以后，生活物资变得越来越难以得到了，人们的生存压力变大了。随着人口越来越多，人们相互之间的接触也越来越多，相互之间的来往越来越多，就会发展出一种不那么美好的情感。在后来人类的生活当中表现得越来越明显的是，人们越来越在乎别人心目当中对自己的看法，人们变得越来越为了别人看待自己的目光而生活，而不是为自己而活。"在自然状态下，野蛮人过着他自己的生活，而社会的人则终日惶惶，只知道生活在他人的意见之中，也可以说，他们对于自己生存意义的看法，都是从别人的判断中得来的。"虚荣心等不那么美好的情感的出现、人类潜能的日渐苏醒，仿佛就注定了田园牧歌一样的自然状态，终究不是人类能够长久逗留的这么一种状态。

自然状态是怎样过渡到社会状态的呢？卢梭用文学家一样的笔调来描写这个过程："谁第一个把一块土地圈起来，并且想到说，这是我的，而且找到一些头脑十分简单的人居然相信了他的话，谁就是文明社会真正的奠基者。"卢梭笔下的自然状态中的人类，真是很傻很天真。《论人类不平等的起源和基础》曾经受到后来马克思主义经典作家的高度评价，大概就是因为，私有财产的出现，在他看来是人类步入文明、步入政治社会的起点。如果说人类在原始的淳朴而又美好的自然状态下是相互平等的话,那么私有制的出现则使得人类原初的这样一种平等不可能再维持下去了。因为私有财产出现以后,人与人之间就会开始出现贫富差别。从前,所有人,对大地上的所有的物产都具有同等的权利,人们之间不存在贫富的差别。但是私有财产的出现,就导致了这种分化和不平等成为现实。他是这样总结的:"使人文明起来而使人类没落下去的东西,在诗人看来是金和银,而在哲学家看来是铁和谷物。"即使在这样一本高度理论化的著作里面,卢梭经常采用的还是一种文学家的笔调,这是在《社会契约论》里面很少能够看到的。

不平等有一个愈演愈烈的演化进程:土地和初期的人类产品的私有制,导致人们贫富之间的差别,是这个进程的第一步。随着贫富差别而来的,是强弱之间的差别。强者凌辱弱者,为自己能够更加稳固地维持对于弱者的优势,他们就会建立法律,以之服务于巩固自己的地位。类似的思路古希腊就有,古希腊的智者在讨论法律的起源时,就有不同的观点。法律是什么?一方认为,法律是强者为了更好、更稳固、成本更低更有效地掠夺弱者并凌驾于弱者之上,而编织出来的一套东西。相反的一方则认为,弱者被欺辱得太惨了,就找出一套法律、一套道德来限制强者,使得他们在欺辱自己的时候,不要做得太过分。强弱之间的差别是不平等进程的第二步。使得不平等的状况更加恶化、达到最终和最高状态的,是政治权威的建立,是专制统治的出现。专制统治下,一个统治者具有最高的权力，使得人类的不平等达到了巅峰。

下面这段话，如果不注明是卢梭说的，我们很可能以为是孟德斯鸠说的，因为这和孟德斯鸠对专制制度的抨击，几乎是如出一辙。卢梭说："在这里（指在专制制度下），一切个人之所以是平等的，正是因为他们都等于零，臣民除了君主的意志以外，没有别的法律，君主除了他自己的欲望以外，没有别的规则，这样，善的观念，正义的原则，又重新消失了。"也就是说，专制政体使得人类的不平等，达到了一个巅峰状态。

不平等有一个逐步演化的过程，这就是卢梭对不平等的"起源"的讨论。至于不平等的"基础"问题，在卢梭看来，不平等显然是缺乏合理性的。在他设想的自然状态下，人们本是自由平等的。和后来的社会状态相比，在自然状态下人们所具有的某些品质，仿佛只能让后世的社会人羡慕不已。

这样一本书出来以后，必然引起不同的看法和反响。卢梭在这里面所秉持的，是从《论科学与艺术》以来的一个基本的看法：文明的进步、社会的发展仿佛使得人们离纯真美好的道德风俗，离真正的幸福渐行渐远了。而启蒙运动坚定秉持的对理性的推崇、对进步坚定不移的信念，都因此受到了质疑。

伏尔泰对这本书的态度，就是当时很典型、很有代表性的一种。收到了卢梭寄给伏尔泰的这本书以后，伏尔泰的回信里面，以他一贯的嬉笑怒骂的语调写道：

"我收到了你反人类的新书，谢谢你，在使我们都变得愚蠢的计划上面运用这般聪明伶俐,还是从未有过的事,读尊著,人一心向往四脚走路。"

伏尔泰还接着说,可惜自己已经年老了,没法做到四肢爬行了。可见他对卢梭这本著作是非常之反感的,因为他认为这样的书反理性、反进步。

《社会契约论》

我们接下来就要从《论不平等》过渡到《社会契约论》。在《论不平等》里面,卢梭也确立了他的一些基本看法。人的本质是什么?人最本质的规定性是什么?这是社会政治理论作为出发点的一个根本问题。对这个问题的回答,也往往决定了不同理论各自的倾向性。

柏拉图曾经有一个定义:人是两足而无毛的动物。这符合他的弟子亚里士多德讲的"定义就是种加属差"。一个事物与同属于一个大类的别的事物之间的差别,就构成它的本质所在。但柏拉图的定义碰到过一点麻烦,因为有人把一只拔光了毛的鸡提到了他面前。

儒家的传统,也讲人和别的动物的区别,也是从这种区别来界定人。"人之异于禽兽者几希",人和禽兽差别太小了,这仅有的差别是什么?人有仁义道德,具有仁义道德是人的最基本的规定性。人之区别于动物的地方,在不同视角下,还可以有不同的观察结果,比如人有语言，人会使用工具，人有理性等等。

卢梭的看法是，人不同于所有的动物的是自由。可是，自由一词有着相去甚远的各种各样的内涵，卢梭所说的自由究竟是什么呢？

我们先来看卢梭的一段话："在一切动物之中，使人区别于其他一切动物的，与其说是人的悟性，不如说是人的自由活动者的资格。自然支配着一切动物，禽兽总是服从，人虽然也受到同样的支配，却认为自己有服从或者反抗的自由，而人特别是因为他能意识到这种自由，因而才显示他精神的灵性。"这段译文中的"悟性"，实际上就是understanding，指的是人的理解能力、人的理性。

自由有各种各样的内涵。比如洛克式的自由就是人的行动不受到强制。但是这样的自由是不是卢梭心目当中的自由？大概不是。卢梭的看法中，动物好像是自由的，动物想干吗就干吗，想吃喝拉撒睡就吃喝拉撒睡。但是卢梭以及后来的康德的看法是，动物从表面看来仿佛是可以为所欲为，但实际是被自然的必然性和自然的欲望所驱使着的，这恰恰表明它是不自由的。而人，正因为可以不被自然的欲望所驱使，所以才是真正自由的。这是非常不同的一种自由的观念。

我们可以举一个例子，比如说求生是人的本能，动物也具有强大的求生本能。寻找食物、寻找异性这样的本能，动物都有，人是一个动物，也受到这些本能和欲望的支配。但是人可以杀身成仁，可以舍生取义，可以有所为有所不为。恰恰是在人可以不被自己的欲望和本能所驱使、所支配的这样一种意义上，我们看到了人的自由。动物没有自由，因为它被自然的本能和欲望所驱使；而人可以说不，人可以不服从于自然的本能和欲望，甚至可以连生命都放弃来完成某种道德义务，来追求某种目标。恰恰是这样的时刻，才显示出了人的自由。

人是自由的吗？人有没有自由意志（free will），可以自主地做出选择？这本来是一个人们在不断讨论的问题。有很多理论、很多宗教，都坚信人是有自由的。因为如果没有自由的话，人类还有什么道德责任、法律义务可言？如果我杀人放火，和野生动物里面的老虎吃了人，同样是一个自然事件，那么凭什么谴责和处罚我？道德和法律就没有了它的基础。同时也有很多否认人有自由意志，或者说认为自由意志并不像我们想象的那么起作用，比如说，对于支配个人行为和选择的种种内外因素了解得越多，我们也许就会发现人的自由越来越小。我们了解了一个人的经历，了解一个人祖传的基因后，会发现他自由选择的余地比我们想象的要小得多。我记得有一年看一个电视节目，说的是美国的一对父子，孩子出生就没见过父亲，大概一个东北一个西南隔得非常远。但是后来这个孩子长得和这父亲几乎完全一样，而且他们几乎以同样的血腥手段害人性命，然后都被判终身监禁。这档节目给我留下了很深的印象：对于那儿子来说，这好像就是他天生的宿命一样。这当然是非常极端的例证。但是对于人的内外因素了解得越多，仿佛人的自由意志所剩下的范围就越小,甚至有人就认为,自由完全是一种假象,那是因为我们没有完全充分地了解到支配人、驱使人的种种因素,才编造出了自由这个词。极端的说法就是,我们认为有着自由的地方,就是我们的知识没有到达之处。

日常中我们常说一句话:你怎么能够这么做?!这里的潜台词就是说,你本可以不这么做的,也就是说,你是可以有所选择的,并不是非如此不可。我们赞扬或者谴责一个人,都有一个潜台词:他本可以这么做而没有这么做,或者本可以不做而他竟然做了等等。按以赛亚·伯林的说法,这表明,自由意志的观念是我们日常生活的一个基本预设。卢梭在《社会契约论》里开篇就说:"人生而自由,却无往不在枷锁之中。"在他看来,自由是人的最根本的规定性,没有了自由,人就不成其为人,因而他不可能认同奴隶制的合理性。而此前的政治理论家像普芬道夫①和霍布斯,都认为奴隶制是合理的。道理就在于,我和你打仗,我战胜了你,我本来可以杀掉你却没有杀,而是让你变成了我的奴隶。你以丧失自由为我效劳换取了性命和生存,这就是奴隶制合法性的来源。卢梭反驳这种理论,他说没有任何奴隶制是站得住脚的,没有人能够出卖自己的自由,丧失了自由,人就不成其为人了。

"放弃自己的自由,就是放弃自己做人的资格,就是放弃人类的权利,甚至就是放弃自己的义务,对于一个放弃了一切的

---

① 普芬道夫(Samuel Pufendorf,1632—1694),德国法学家和史学家,以对自然法的辩护而闻名。

人，是无法加以任何补偿的，这样一种弃权是不合人性的，而且取消了自己意志的一切自由，也就是取消了自己行为的一切道德性。"①

这段话中，我们也可以注意两个层面的意思。一个层面是说放弃了自由，人就没有成其为人的资格，这点我们不用多说。另外一个层面，他说取消了意志的自由就是取消了行为的道德性。这一点怎么来理解？我们谈道德有一个前提，就是人是自由的，否则的话，道德的基础何在？你总得在一定程度上是可以自由选择的，无论外界和你内在的因素对选择的影响有多大，你最终还是有自由，可以做也可以不做，如果没有这样的选择权限和范围，道德就没有了根基。这是以后我们还要讲到的，康德伦理学的一个根本原则——必须肯定意志的自由。

人是自由的，没有了自由，人就不成其为人。人类又不可能在自然状态生活下去，人类必须以共同体的形式存在下去，既要成为一个有着紧密关联的共同体，成为一个政治社会，又要保障人们彼此之间还有从前那么多的自由。这就是卢梭在《社会契约论》中为自己提出来的一个核心任务，是卢梭所构想的社会契约所要解决的一个极其艰巨、极其麻烦的问题。

他说："要寻找出一种结合的形式，使它能以全部共同的力量来卫护和保障每个结合者的人身和财富，并且由于这一结合而使每一个

---

① 出自《社会契约论》。

与全体相联合的个人,又只不过是在服从自己本人,并且仍然像以往一样地自由。"

这好像是一个不可解的问题。在霍布斯那里,最坏的政府也好过无政府状态,好过人人彼此为敌的战争状态,人们无法忍受这样的情形,所以大家一股脑儿地把自己的权利全部交出去,给了一个集权的权威。在洛克那里,自然状态足够美好,只是有种种不便,所以我们只是把涉及和他人相关的一部分权利交出去,而把绝大部分权利仍然保留在自己身上,所以洛克的契约下成立的政府和权威,是一个有限的政府和有限的权威。政府的权力来自人民转让的权利。但是无论如何,我现在至少一部分权利是被让出去了。卢梭这里要解决的是一个比较麻烦的问题:我要有一个共同体,要有强有力的权威,但我要仍然和以往一样的自由,这就跟美国电影《碟中谍》的名字一样——Mission Impossible,仿佛是一桩不可能的任务,不可能的使命。

卢梭解决这个问题的逻辑非常之怪异,所以后世对《社会契约论》的理解很不同,对他的思想倾向的解说也很不同。他说,这个契约应该是这样的:"我们每个人都以其自身及其全部的力量,共同置于公意的最高指导之下,并且我们在共同体中接纳每一个成员,作为全体之不可分割的一部分。"这里面的句子和词都有点麻烦。公意(general will),也可说是总的意志,普遍化的意志。我们大家结合成了一个共同体,我们就获得了一种总的意志,一种公意,一种普遍的意志。按卢梭的意思,比如说我是张三,我和李四、王五等形成一个共同体，一股脑儿地把自己的权利交出去，但我们又是这个共同体中平等而自由的成员，所以交出一切的同时也有所得，因为李四、王五他们交出去的，我也同样作为共同体的一个成员获得了。我失之东隅，收之桑榆，算起来好像没亏，所以大家都"仍然像以往一样地自由"。

但是这里就有一个问题：我们大家集合在一起形成一个共同体，我们有了一个集体的意志或者说公意，这个公意从哪里来？卢梭在有的地方好像是说，公意就是所有成员的意志中将其中相互抵触的东西减掉以后，剩下来的东西。但是他在别的地方又否认这种说法，认定一个共同体的公意，不会是单个意志的简单总和就能够形成的。卢梭心目中的公意，既要有足够的智慧又要有足够的善意，也就是在道德和智慧上都无可怀疑。他反复地说，公意是永远正确的，是不会犯错误的。这就会产生一个问题：每个个体都是有私利的，都有可能是目光短浅的，有私利而又可能目光短浅的个人，构成了一个共同体，这一共同体的普遍意志，又如何能够完全避免构成它的每个成员的特性呢？

这是一个比较麻烦的问题，也是卢梭竭力想解决的一个问题。我们要形成一个共同体，形成一个公意，这个公意要无比的完美，然而构成公意的每个人好像又都不达标、不称手，在智慧和道德上都是有欠缺的。所以，卢梭会感慨说，要有一个完美的政治共同体，要有一部完美的宪法，必须所有的人民都是天使，都是神明才可以。为什么？因为天使或神明才会既有足够的智慧，又足够道德纯洁，这样一批人形成的共同体，才是一个可靠的、信得过的共同体，他们所形成的公意才会是完美无缺的。

自由既然不是肆意妄为，不是想干什么事就干什么，所以自由和服从并不是必然对立的，而是可以一致的。只不过，在卢梭这里，自由就意味着服从的是我自己而不是他人，自由就被解释成了自律（autonomy）。自由并不是可以任意妄为，自由也不是说没有强制。我们刚才说过，在卢梭以及后来的康德那里，自由不是服从自己的自然欲望，而恰恰是在不计生死成败、利钝荣辱都要完成自己的某个目标，履行自己的某种义务的行为中，得以彰显出来。只不过这个义务，这个目标不是别人给我的，而是我为自己制定的，这才是自由的真意。自由是自律，是服从于自己给自己立下的命令，立下的准则。

那么，卢梭为什么认定他的社会契约可以保障人类的自由？因为我们大家自由地订立了一个契约，然后我们形成了一个公意，我们共同服从它，既然我们服从的是我们自由地形成的这个公意，所以我们仍然像以往一样自由。卢梭就是以这样的理论逻辑来说明完全自由的个体，虽然服从于他们所建立的共同体的公意，依然主张他们像以往一样地自由。

这就涉及历来的政治理论在不同层面上都会遇到的一个问题。回溯过往，柏拉图的理想国，为什么最后要由哲人王来统治？因为他是王，他有进行分配的权威；因为他是哲学家，他有足够的智慧；照苏格拉底的观点，知识就是道德，哲学家能够清楚地认识什么是善，也能够践行善。所以哲人王就结合了智慧、道德和权力三者于一身。可以说，历来对政治权力的理想化构想，都是希望能够结合智慧、道德和权力这三者，从伏尔泰到梁启超的"开明专制"都是如此。

而卢梭的公意，想达到的也是这个结果。所以，一方面是每个本身都有欠缺的个体要结合成一个共同体；另一方面，又希望作为这个共同体的统一的人格化的体现——公意能够具有最完美的品质。要将这两者调和起来，实在是让卢梭伤透了脑筋。他说："人民总是愿意自己幸福，但是人民并不总是能够看清幸福；人民绝对不会被腐蚀，但人民却往往会受欺骗；公意永远是正确的，但是为指导着公意的判断并不永远都是明智的。"你看，他也很头疼，所以他最后要感慨，只有一群天使才能够形成一个完美的共同体！这是后世的社会政治运动当中，一些充满了理想主义情怀的政治领袖也经常会发出的感慨。

我们可以回到常识的基础上，来解说一下卢梭的思路。比如说，我们若干人形成了一个共同体，我们都认可要追求所有成员的最长远的利益和幸福，但是再往下就会出现不同的看法了。比如，我站出来说，我的学历比你的高，比你更有知识；我的年龄比你大，比你更有经验；然后我还以各种理由证明，我对你的命运比你自己更关心；所以我应该替你做出决断，共同体的一切应该由我说了算。

直到现在为止，中国的父母对于孩子的教养过程，大多数都是这样的一种看法。我认识一个热爱音乐的老先生，有一次去看他，他极其痛苦地说，楼上的孩子实在没有弹钢琴的天赋，弹钢琴像敲锅似的。但那孩子的父母照样坚定不移地送孩子去学琴。为什么？因为我比你更清楚地知道你需要什么，我比你更关切你自身的利益，即使现在要忍受被强迫练琴的痛苦，我也认为这是为了你长远的幸福和利益。这是一种很普遍的看法。

但是你也可以有另外一种思路：人人都是自己利益的最佳判断者，所以我自己才清楚地知道我需要的是什么。你不能够以任何理由来代替我做出裁断，任何人都没有代替我做出裁断的权利。

这是两种不同的思路。对前一种思路，人们当然会有很多疑问。即便像父母对孩子这样基本上是具有无可置疑的善意的情形，都不见得就一定会对孩子带来长远的好处，假冒的善意、伪善的关心更是会带来很多恶果，何况善意未必就能够与智慧相伴随。但是现实生活中也有无数例证可以表明，个人的确不见得就是自身利益的最好判断者。所以这是两个很不同的前提，不同的前提引出来的就是不同的结果。如果每个人都不是自身利益的最好判断者，那么哲人王的统治、开明专制的统治、至高无上的永远正确的公意的统治，就是唯一的出路。

如果说每个人是自身利益的最好的判断者，那也可以有别的思路，那就是说，既然政治过程关系到每个人的利益，每个人就都应该而且有权利直接或者间接地参与到政治决定的过程，而这正是民主制度的一个基本前提。下一讲我们会看到，功利主义的一个基本前提恰恰就是，对于我自身的利益，没有别人能够代替我做出决断，只有我才能为自己做出决断。后来,正是功利主义的第二代传人约翰·密尔,为现代代议制民主制度进行了理论论证和辩护。

卢梭的《社会契约论》篇幅不长,内涵却极为复杂,我们只涉及了其中的一小部分。后世对他的非常正面的评价中,常常包含了对他的人民主权论的肯定。他强调人生而自由,为了自由才结成一个契约,形成一个共同体,形成了公意。政府本身是公意吗?不是,政府是公意委托它来管理大家的,它是受托者。如果这个政府违背了授予它权力、赋予它合法性的公意,人民就可以起来推翻它。后来《人权宣言》里面所明确宣布的"国民是主权之源",表示的就是这样一种人民主权论。

但是我们一开始谈到,后世对于卢梭的评价,比如说我们仅限于对他的社会政治学说的评价,差别就非常之大。固然,你不能把卢梭身后从雅各宾的恐怖统治一直到希特勒的暴政,都归因于卢梭,恐怕卢梭没这么大的能量,也是卢梭担当不起的。事实上,没有一个思想家,能够或者应该对与他的思想相关的社会政治实践完全负责。但是从另外一个角度看,我们有足够的理由要求一种政治理论的基本原则,在现实政治当中能够有实践的可能性。比如说,权力总是容易被滥用,绝对的权力导致绝对的腐败;由这样的认识,我们可以得出权力必须制衡的结论,然后可以有各种各样不同的制度设计。

但是如果你说,一个共同体的最高的权威应该是公意,应该是这种普遍化的意志;同时这个普遍化的意志是每个人本身、每个个体都配不上的，然而又是永远正确的；这样一种公意你如何可能在现实政治社会当中获得？如果不大可能通过现实政治过程获得，就会面临麻烦。所以"公意""人民"这样的词，在后世尤其在法国革命时期，有时候就变成了一个抽象的词，甚至变成了被少数人盗用的一个借口。这样一种理论上无比高超的公意，在现实政治生活当中却无法落到实处。所以从这个角度来说，卢梭的社会政治理论受到后世的一些批评和诟病，也当然是有其自身原因的。

第十一讲

功利主义

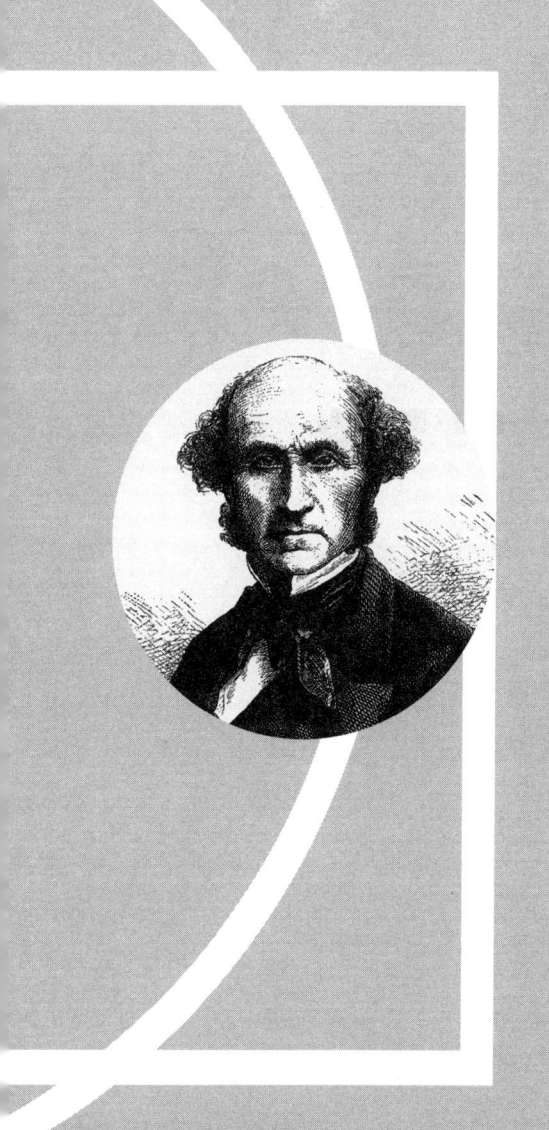

敢于特立独行的如此之少,
乃是这个时代主要危险的标志。

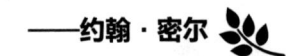

——约翰·密尔

在谈功利主义理论的基本内涵之前，我们先从另外一个角度来说一下问题。

连续好几讲里面都涉及一个概念——自由。从现代初期直到当代，西方主流的社会政治理论和主流的政治意识形态，都是以自由主义作为基础的。这其中，自然权利又是最为核心的一个价值理念，而且在很大程度上，自然权利论所阐发的人权观念，成了当代文明世界都共同接受的基本观念。但是无论是从过往的思想史来看，还是从当代思想论争的这个角度来看，对于自由，对于人类的个体和社会之间的关系，人们还是会有不同的看法。

按照《独立宣言》这样的经典政治文献所反映的观念，每个个体天然地就具有某些不可转让的自然权利，政府、共同体、政治社会就是为了更好地保障我们每个个体所具有的权利不受侵害而形成的。也就是说每个个体的自由和各种各样的权利，在价值上是第一位的。

我们都知道，洛克所设想的自然状态为什么要让位于一个政治社会？是因为在自然状态下，固然有千般好万般好，但是为了有效地保障每个个体的各种权利，我们必须让渡出一部分权利，来成立一个共同体，产生一个政府，建立公共秩序。每个个体的自由是社会和共同体要为着它而服务的最终目的。

洛克式的"自由"往往表现在不受强制,不受干预。在没有妨碍别人的前提下,别人没有权利来干预我的行为、我的选择。不受到外在的强制和阻碍,是这种自由的一个根本内涵。在个体和共同体、个体和社会、个体和群体的关系上,古典自由主义强调的是个人,个人毫无疑义是第一位的。群体、共同体、政治社会、政治权威的存在,都是为了服务于这样的个体。

但是还有没有另外的思路或想法呢?比如在古希腊,苏格拉底、柏拉图、亚里士多德师徒之间尽管可能会有一些差异,但是他们在某些方面还是非常一致的。我们知道古希腊的基本政治单位是城邦,亚里士多德的说法,只有神或者动物才在城邦之外。因为神太高贵,太有智慧了,用不着待在城邦里面,用不着成为一个共同体的成员;禽兽呢,又太低下了,不具备成为城邦成员的资格。只有既非天使亦非禽兽的人(用后来帕斯卡的说法),这样一种"高不成,低不就"的存在者,他天然地就是一个政治动物,就应该生活在城邦之中,成为政治共同体的一员。

照有些人的习惯思路,也许会觉得,亚里士多德的"人天然是政治动物",说的就是人天然地是要算计人的,人天然地就是要通过各种政治活动来获取各种资源的。并不是,他是说人天然就有一种本性,要过一种群体生活,要成为政治共同体的一员。人只有和别人待在一起,才成其为人。也就是说,共同体本身就有价值,甚至于每个个体只有在成为城邦的一员,作为共同体的成员,生活才有了意义,生命才有了真正的价值。把个体短暂、脆弱而有限的生命，融入一个更为广大持久的整体之中，才能提升个体的价值，成员身份（membership）本身成为价值的一种来源。

这样的观念当然是古典自由主义所不能够涵盖的，但是别的人从不同的角度，也会有类似的看法。比如说卢梭所构想的政治共同体中，产生了在道德和智慧两方面都让人无可置疑的公意。成为这样的共同体的成员，生活才得到了充实，短暂的生命才真正地有了意义。

也许对这样两种不同的思路，我们都可以有深切的同情和了解。因为，任何一个群体归根结底都是由个体，由具体的张三、李四你我他构成的。一个群体、一个共同体如果号称是为了每个个体而存在，却没有任何一个个体真正地享受到了来自它的保障和福利，那么这个共同体就只有虚幻的价值。

然而，一个人的生命终究是短暂的，一个人的力量终究是脆弱不堪的。倘若一个个体能够使自己的全部生命和力量，加入到一个更持久、更坚实、更宏大的事业之中，他是不是会觉得，自己的生存获得了前所未有的意义，自己的价值有了更大程度的充实和体现呢？当然完全可以有这样的情形。

从这样一种角度出发，完全以共同体、以政治社会、以政治权威来服务于个体的那样一种思路，也许就有它的缺陷。也就是说，除了给个体提供服务之外，共同体本身就有独立的价值，甚至于个体因其作为共同体的一个成员，才获得了更高的价值。这样一种思路也是有可能的。

我们说得可能比较玄远，比较理论化。后面这种思路，从古希腊就有，而在当代，和自由主义在一定程度上形成论战的某些思潮，就持有这样的看法。比如说有这么一种思潮——社群主义或者说共同体主义（communitarianism），词根 community 是共同体、群体、社群的意思。这种思想强调的就是这一个方面。为什么？因为自由主义走到了头，就会暴露出它的缺陷。个人的价值强调得过度，社会就会缺乏足够的凝聚力。每个成员互相承认彼此的价值和权利，是不是就能够出现一个有凝聚力的、能够提升人的生活和生存价值的共同体？这是人们很可以怀疑的。而社群主义实际上更多强调的是亚里士多德以来的那样一种传统。在那种传统看来，共同体不但要为个体服务，而且共同体有义务指引成员过更高的生活，追求更美好的生活目标。

自由主义强调的是什么？一些研究这方面的学者说，自由主义要做的是提供一个平台，尊重和保障大家的基本权利，然后在遵守这一平台的基本规则的前提下，可以选择自己的生活方式。没有也不需要任何权威来指引你什么东西才是好的，什么样的生活才是值得过的，只有极权主义才这么干。当然历史上和现实中的确出现过很多这样的情形：某种权威给你指示社会演进和个体生活的目标，最后却被证明是一场噩梦，是一场骗局。

但是，是不是除了个体自由的选择以外，就真的没有某种可以提升我们的生存意义，让我们可以较之现在更靠近美好价值的政治共同体的生活呢？当然这是一个两难的局面。这是我们顺便提出来的一个方面,和我们从一开始提到的,思想史和文化史的一些基本的对于人类社会政治性质的思考相关。另外一方面,它也和当代西方的一些重要思潮有着相关性。也就是说,无论是过往已久的还是当前的,很多看似玄远的理论表达出来的这些思路,实际上是我们从现实生活的角度,可以理解和把握的。

功利主义的流变

我们要粗略地讲一下功利主义的流变。功利主义(Utilitarianism)这个词,词根是 utility,效用、功利的意思。经济学里经常会提到"效用"这个词,比如边际效用。功利主义就是由这个词引申出来的。

我们中文的习惯里,功利常常不是一个褒义词。如果说这个人太功利,那就是说他做什么事都有很强的目的性,想迅速捞好处。而且我们的传统是轻视功利甚至于反功利的。"正其谊不谋其利,明其道不计其功"[①],就是说我们要以正确的方式来决定我们的行止,选择我们的道路,而不是对利益荣辱的算计。所以在中文里面,功利主义这个词,如果望文生义的话是有一层贬义的。当然我们主要看它在学理上的内涵。

功利主义的代表人物是边沁和密尔父子。老密尔一辈子对功利主义做出了两大贡献。第一桩,他和功利主义的开山人物边沁[②]是终身

---

① 出自《汉书·董仲舒传》。
② 边沁(Jeremy Bentham, 1748—1832),英国哲学家,功利主义哲学创始人。

挚友。他和边沁的关系有点像恩格斯和马克思,是思想同道,是后者思想的阐扬者和生活上的守护人。老密尔对功利主义的另外一个贡献,就是生养了功利主义的传人小密尔,后者使功利主义发生了巨大的变化,也得到了新的发展。

自由主义在历史上也曾经呈现过不同的形态,我们这里要说的,就是曾经呈现为一种功利主义形态的自由主义。这是 18 世纪末到 19 世纪,主要在英国发生的事情。

边沁是一个非常有创造力的思想家,同时也是一个非常羞涩的人。他不停地思考,不停地写作,但是他没有发表的习惯,或者说不太好意思把自己写作的东西整理出来。幸亏有小密尔的父亲老密尔,不断地把边沁不准备发表的东西收集起来发表,才成就了边沁开创功利主义的这样一桩事业。

说到自由主义,我们总是想到洛克,想到《独立宣言》,想到自然权利论。然而我们也谈到过,随着法国革命的推进,随着革命变成一架巨大的铰肉机不断地吞噬革命者,法国革命在很多人心里面留下了负面的印象。高举自由、平等、博爱的大旗的这场革命,最后好像变成了对自由、平等、博爱的最残酷的剥夺,最剧烈的破坏,最巨大的讽刺。社会政治的变动,经常也使得与之联系在一起的各种观念的命运也发生很大的变化。法国革命是和自然权利论联系在一起的,而法国革命所暴露出来的血腥、恐怖的一面,不人道甚至是反人道的一面,也经常在那个时代所流行的舆论气候下,被归咎于自然权利论。所以在 19 世纪,曾经有很长一段时间,抵制和反对自然权利论,在欧洲特别是在德国等地方是非常盛行的，而功利主义就是在这样一种气氛下诞生的。

所以我们会觉得奇怪的就是，我们前面说功利主义是一个特定阶段下的自由主义，但是功利主义在一开始，是以反自由主义的根基即反自然权利论起家的。边沁的一个鲜明的思想特色，就是他花了很大的力气去反驳自然权利论。对于自然权利论，当然有各种各样驳斥的方式。我们之前讲过，马克思、柏克都曾经批评过自然权利论。

边沁专门写过一本小册子，将自然权利论斥为"nonsense upon stilts"。这个 stilts 是高跷的意思。踩着高跷说的胡话，可见胡说八道都不止了。用金庸小说中韦小宝的话来说，那就是胡说九道了。他认为自然权利论靠不住，说的是空洞的自由、抽象的平等。而边沁认为，必须把道德学说、社会政治理论，建立在一个真正的科学的基础上。

实际上霍布斯曾经想做的也是同样的事情。霍布斯设想的就是，反观自己的内心，由此发现人性的根本法则，再从这一根本法则出发，建立起一个可靠的、合理的社会。我们都知道，他反观自己的内心，得出的结论是，驱动着人类行为选择的最大动力是一种负面的情感，是一种负面的心理动因，那就是恐惧，是害怕暴死于他人之手的根深蒂固的恐惧。那么，边沁走的什么样的路数呢？法国革命以及法国革命所宣扬的那样一些自然权利论，在他看来，是一种无政府主义的谬误，是一些虚幻靠不住的东西。那么，要以欧式几何、伽利略、牛顿那样的方式，来建立起一套真正科学的道德、法律和社会政治的理论，该怎么做呢？首先也还是要对人性有一个精准的判断。所以我们再一次看到，对于人性的基本预设，成为一种学说、一种理论、一种思潮最为核心的成分。从这一点来说，虽然功利主义是在边沁这里形成理论的，但是功利主义的思想源流，可以往上追溯一直到古希腊，这是没有问题的。

边沁的人性假设是什么？那就是人都是追求快乐、避免痛苦的，是趋利避害的。这点好像倒没有什么太新奇的。可是，"快乐"这个词就比较麻烦了。pleasure、happiness 都有快乐的意思。但是，"pleasure"好像更多指的是，我得到满足了，心里处于一种愉快的状态。"happiness"这个词有多层内涵，一层是我得到了满足，我很愉快；另外一层是我很幸福。什么是幸福？对此说法就非常之不一样了。把有限的人生投入到无限的为人民服务中去，这是一种幸福观念。亚里士多德讲什么样的人生才是最值得过时，最后得出的结论是，对世界做一种沉思、做一种静观，我作为一个旁观者来思索整个世界的奥秘，这甚至是人都不配享有而只有神才配享有的幸福。所以幸福这个词可以有很不同的内涵。这一层幸福的内涵就和 pleasure 很不同了。比如说 20 世纪著名的哲学家维特根斯坦，他把自己本来有条件享受的人间的物质性的快乐都抛弃在一边，最后临死的时候说："告诉他们，我度过了快乐的一生。"为什么是快乐的一生？因为他充分地享受到了思考的乐趣。这种快乐大概这就是 pleasure 不能完全说明的了。这两个词在边沁的书里面有时候是混用的。

边沁最重要的一本著作是《道德与立法原理导论》，我们通过一段话来看看他对于人性的基本看法，看看他赖以建立起他所谓道德与立法原理的起点是什么。

"自然把人类置于两位主公——快乐和痛苦的主宰之下。只有它们才指示我们应当干什么，决定我们将要干什么，是非标准、因果联系，俱由其定夺。我们所行、所言、所思，无不由其支配，我们所能做的力图挣脱被支配地位的每项努力，都只会昭示和肯定这一点。"

这"主公"译得有点古怪，让人一看到就想起刘备。我们揣摩这段话的意思，也就是说，人类的行为看起来千奇百怪，好像有时说不清究竟是什么在支配着人的行为；但是边沁肯定地说，支配着人类行为的两个主宰者，分别是快乐和痛苦。

这段话中有两组短语值得我们加倍注意——"应当干什么""将要干什么"和"是非标准""因果联系"，很多人马上会觉得，这两组短语前面两项和后面两项，应该属于不同的范畴。"应当干什么"和"是非标准"，这是属于要做出价值判断、道德判断的范畴。"将要干什么"和"因果联系"，是用来解释事实上人们为什么选取了某种行动。可是，在边沁这里，这两者完全是可以统一在一起的。也就是说，表面看起来，一个人的行为也许与快乐、痛苦没关系，但是只要深入考察、不断地反省、精心地研究，就会发现，人类所选择去做或不做的每一项行为，人类对某一件事、某一个人的是非善恶的判断，无非都是按照追求快乐、避免痛苦这样的方式来做出的，这是边沁的基本判断。

由这样的思路出发，边沁就得出了功利主义的最著名的命题——"最大多数的最大幸福"（the greatest happiness of the greatest number）。如果一个行为，使得行为的当事人或者使得当事人所从属的某一个群体遭到了损失，甚至遭到了灭顶之灾，为什么我们还有可能认为它是善的？因为归根结底，它有利于最大多数的最大幸福。这可以说是是非善恶的标准。一个社会、一个政治共同体或者说一个政府，制定、选择、安排各项政策与制度的时候，应该以什么样的目标作为准则呢？那也还是"最大多数的最大幸福"。

但是，"最大多数的最大幸福"这么一个公式，看似简单，却有复杂的蕴含。我们来仔细分解一下其中包含的一些基本内涵。讲最大多数人的最大幸福，就会碰到一个问题——幸福是什么？快乐是什么？人可以有各种各样的幸福。对于我来说，下了课，飞快地跑到万人食堂①，顺利地买到了一份红烧肉，感觉到非常满足，这可以是幸福；听肖邦的某一首夜曲，旋律非常哀婉，甚至为之掉泪，但是我感觉到一种洋鬼子爱说的"sweet sorrow"（甜蜜的哀伤），这也可以是一种幸福感。大多数人都认同幸福是复杂的，幸福的量可以有多有少，幸福的强度可以有大有小，幸福的质地也多种多样。那么，你要说最大多数人的最大的幸福是一个衡量标准和追求目标的话，在质和量等各个方面都没有统一的标准来衡量的情况下，如何来谈最大多数人的最大幸福呢？这的确是一个比较麻烦的问题。

---

① 清华大学校园内的观畴园食堂，俗称"万人食堂"。

还有一个问题，实际上我们以前也触及到了。功利主义，尤其是在其现代形式的鼻祖边沁那里，是反自然权利论的，是否定人生而自由平等这一观念的，认为是胡说八道、胡言乱语。边沁认定，人们不能依靠这些荒谬而抽象的观念来确立一个社会的基本原则和制度。

但是我们换一个角度来看，边沁说最大多数人的最大幸福，为什么不是极少数最优秀的人的幸福？为什么不是特定的上帝选民的幸福，或者说某些特定集团成员的幸福，而是最大多数人的最大幸福？比如说，拥有博士文凭的人的幸福，应该等于两个初小文化的人的幸福。为什么不是这样？最大多数人的最大幸福，看起来好像是一个抽象的法则，好像它要脱离任何其他的价值原则的支撑。但是我们也可以说，最大多数人的最大幸福这个单一的表述是不是就预设了一点：每一个个体的幸福是等值的，等价的。

如果我的幸福和你的幸福，不是等值的，我的幸福等于五个你的幸福，那么我凭什么谈最大多数人的最大幸福？是不是只有肯定了每一个人在价值上是平等的，每一个个体之间是平等的，你才能够说最大多数人的最大幸福。如果你说，元首的幸福等于六百万犹太人的幸福，所以我们应该从肉体上消灭六百万犹太人，来让元首保持愉快的心态。这当然是非常极端的例子，但是至少必须肯定每个个体之间的平等，才能够谈最大多数人的最大幸福。所以从这个角度来讲，功利主义之所以还在自由主义的传统内，很大程度上是因为它毕竟还坚守了自由主义最基本的价值原则。另外，"最大多数的最大幸福"这样的命题，在坚持了每个个体价值和人格上的平等之上，的确也对现实的政治社会的安排、政策和措施，提出了一些不同的考虑和要求。

康德的看法是，幸福是经验的。也就是说，幸福是一种现实生活当中发生在具体的情况下，在具体的人身上所感受到的东西。所以它是各不相同的，没有办法找到一个共同衡量的基础。但是，功利主义所说的最大多数人的最大幸福，一方面还是沿袭了表面上边沁所反对的自然权利论的那些价值前提，另一方面又必须想办法把幸福解说成是相同的，有统一的可衡量标准的。所以边沁就设计了一套指标，来作为衡量快乐的尺度。他要找出几个方面的衡量标准来使得人的快乐可以量化，使得不同的快乐相互之间是可以比较的。

我们看看他列出来的标准：快乐痛苦的强度，如果快乐来得比较轻微，它当然没有来得比较强烈的快乐那么让人向往；快乐、痛苦延续时间的长短；快乐、痛苦的确定性的大小，也就是说做这个事我肯定能够得到快乐还是我只有一半的可能得到快乐等等，这也是一个衡量标准；快乐、痛苦的迫近性程度，我做这个事马上就得到快乐，或者是我做了这个事，只有预期在很长一段时间之后，才能得到快乐，这也是很不一样的。

你看，边沁是要把他的那一套理论逻辑贯彻到底的。快乐、幸福在他那里必须是可衡量的。你们不是认为快乐、幸福是不同质的、不可比较的吗？我现在找一套办法，来使它变成可以衡量和比较的。这当然会遭到反对和抵斥，比如说，读诗、听音乐的快乐和吃红烧肉的快乐是一样的吗，是可以进行比较的吗？很多人，尤其是自命高雅的知识分子必定会提出这样的疑问。边沁就说，读诗和打扑克牌所得到的快乐并没有什么不同——他原文中说的那种扑克牌，中文没办法确切地翻译出来，是一种很世俗的游戏，相当于大家在宿舍里面玩的斗地主一类的。他的意思大概就是说，读诗和斗地主得到的快乐没有区别。对他这样的名言，著名的文豪卡莱尔[①]就曾经嘲讽说，这样一种哲学，你只好把它叫作猪的哲学（piggish philosophy）。因为它否认快乐有质的差别，而认定快乐只有量的差别。按照边沁给定的指标，不同人的不同种类的快乐，最终就是可以比较的，这一点究竟有多少人会在多大程度上认可呢？

另外，最大多数人的最大快乐或幸福，是不是就可以意味着，为了多数人的快乐，就可以迫使少数人付出代价。比如，我们是殖民者，有90人，你们是原住民有10个人。你们处于一种非常原始的生活状态，我们来了，战胜了你们。或者你们原来有90个人，我们是10个人，我们带来天花，把你们给害死了，你们只剩5个人而我们变成90个人了。这就是在美洲殖民史上真实发生过的那类事情。那么，为了我们中间最大多数人的所谓快乐或者幸福，是不是就有权利把你们少数人的幸福甚至是生存的权利都剥夺？小密尔就曾经论证过，西方国

[①] 托马斯·卡莱尔（Thomas Carlyle, 1795—1881），英国历史学家和散文作家，主要著作有《法国革命》《论英雄、英雄崇拜和历史上的英雄事迹》等。

家的殖民是完全正义的，因为它给不开化的、落后的民族带来了文明，那些在殖民过程中付出生命的人，似乎就成了文明进步和多数人的幸福的代价。归根结底，最大多数人的最大幸福，还需不需要某些优先的价值观念来作为一个限制，这是其一。其二，无论如何，即使边沁做了诸般努力，我们还是不太相信，按他的办法幸福就真是变成了可衡量的了。

功利主义的意义

一方面，边沁的功利主义在社会发展和文明演进上起到了积极推动的作用。的确，最大多数人的最大幸福，曾经是一个深入人心的口号，而且可以在很实际的层面落实成为社会政治政策的根本原则。决定某一项政策，制定某一种法律，"最大多数的最大幸福"可以确立为在各种可能性之间进行取舍的标准，可以作为行动的目标。

事实上，19世纪的英国在很多方面取得了巨大进步——刑法变得更为人道，城市卫生系统的建立，劳工生活条件的改善……这些变化，使得资本主义不像早期的批判者比如马克思所批判的那样，"从头到脚，每一个毛孔都流着血和肮脏的东西"；使得资本主义变得更加人道，更加文明。英国做出的这些努力，的确恰恰是在功利主义影响最大而基本上成为官方哲学的时期完成的。

这个事例也告诉我们，逻辑上不那么完善、境界上不那么高，但是对人的现实生存有足够的关怀的学说，也许对于普通人的生活境遇的改善来说，倒不见得是一桩坏事。有些方面的理论，比如美学理论，可以凌空蹈虚，可以展示思想者的空谷足音，而无须顾及常识常情；有些方面的理论，需要严格的逻辑推演，如同欧式几何一般，一旦某个环节出现了缝隙，整个理论的可靠性和可操作性就会出大问题；而在社会政治理论方面，倒是有可能看似不够高超甚至貌相平庸的理论，在现实生活中倒能有些实际的作为。

另外一个方面，功利主义无疑是有其缺陷的。这样一种被嘲讽为猪的哲学的学说，必然会遭到人们的种种诟病。后来小密尔所要做的工作，实际上是改造功利主义。但是，话说回来，功利主义能改造吗？一经改造以后，那个功利主义就已经不是原来的功利主义了。比如说，一面谈最大多数人的最大幸福，一面又说幸福（happiness）是不一样的，甚至快乐（pleasure）也是不一样的。有的快乐就是比别的快乐更加高尚，有的快乐就是比别的快乐更加低下，更加卑贱。如果你承认了快乐、幸福本身有着质地、高下的不同，那么还怎么来谈最大多数人的最大幸福？功利主义原来的那一套还勉强自圆其说的逻辑，也就站不住脚了。

我们这里只能简单提一下的就是，小密尔的的确确就是在这个方向上来改造功利主义的。他使得功利主义脱离了原来的形态的同时，实际上也使得它的基本逻辑受到了动摇，使得它的基本前提受到了质疑。

第十二讲

康德的道德学说

有两样东西，越是经常而持久地对它们进行反复思考，它们就越是使心灵充满常新而日益增长的惊赞和敬畏：我头上的星空和我心中的道德法则。

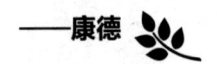

——康德

康德被称作想要学习哲学就必须通过的一座桥梁，而且要跨越这座桥梁实在是难度很大。每一门学科都有学科发展史，有时候，在某个特定的发展阶段，这门学科采取的思维方式和表达方式，会给没有经过专门训练的人带来阅读困难，康德就是这样的。但是这个人物，又是我们应该有所了解的。所以我们对他的基本哲学立场尽可能地做一些概括的介绍，同时也会选取他的哲学当中离生活比较接近，感觉会比较亲切的部分来讲一讲，也许可以引发大家对他的兴趣。

王国维与康德

康德的著作一向是以难读而著名的，他的很多皇皇巨著是以18世纪后期的德文写就的。那时候的文风本来就比较晦涩，喜欢用长句。所以后来有人开玩笑说，读康德的著作，主要的困难来自手指头太少，因为读了一个从句按下去一个手指头，再读一个从句再按下去一个手指头，十个手指头下去了，一个句子还没完。读他的著作，碰到的仿佛是超过人的生理极限的困难。但是另外一个方面，他的一些基本的思想，也许又是我们可以接触、可以有所了解的。如果读他的某些著作比较困难的话,我们可以曲线救国,换一些相对容易的著作来读。我们读这样的书,如果开始时感觉有一点困难的话,千万不要因此而丧失信心,从而对自己的智商产生怀疑。

我们都知道王国维,在清华校园里有一块他的纪念碑——海宁王静安先生纪念碑。王国维是一个当之无愧的天才,在很多方面都做出过卓越的贡献。他研究当时刚刚发现的甲骨文,将出土文献与传世文献相印证,在上古史的研究中具有里程碑的意义;后来他研究戏曲史,写了《宋元戏曲考》,被誉为"戏曲史研究上一部带有总结性的巨著";他介绍、研究西方的哲学,研究康德、叔本华、尼采,也取得了很大的成就;他写文学评论,《红楼梦评论》是中国文学研究史上第一部真正意义上的中西文学比较研究论文,《人间词话》提出了"三境界"说等等,在各个方面都取得了非常高的成就。说他是天才应该不算夸张。

王国维早年的思想受康德的影响非常大,而他自述读康德著作的经历,好像也并不是一帆风顺的。一开始读简直觉得读不懂,后来再读有点明白了,但还是不太清楚,就去读叔本华。他受叔本华的影响也很大,他的《红楼梦评论》就是采用叔本华那一套悲观主义的哲学来写的。王国维读完叔本华以后,再回头读康德,反复数次,豁然贯通。按他自己的说法,如果中间还有一点别别扭扭的地方,也许那是康德思想里边本身就别扭的地方。

如果王国维这样的天才人物读康德都会碰到这么严重的困难,那么我们一般人也碰到这样的困难时,犯不着因此对自己产生深刻的怀疑。当然，时代的背景不同了，王国维读康德碰到困难，也许有一个原因，就是他没有现代自然科学的素养。而现在的年轻人，大概都是有这个素养的。再有，那时候西学传入不久，对西方哲学一些基本范畴、观念的了解和今天不可同日而语。

我们从康德哲学的基本立场入手，然后我们主要就他的"道德哲学"，就他的伦理学来做一番解说和评论。还是从王国维说起。

王国维是自杀而死，一个不同寻常的人物自杀了，人们对他的死因总会有探求的好奇心，王国维的自杀成了很多论文的研究题目。关于他的死有各种各样的分析，有人说他是"殉清"，他留下的遗书，以及他一直不肯剪辫子等行为，好像表明对已经故去的大清王朝十分眷恋。但是这种说法不是十分靠得住，他虽然还留着辫子，表示了一些眷恋，但是也许犹如给他写碑文的陈寅恪所说，他更加留恋的是和那个王朝联系在一起的中国的传统文化，而他开始无比悲哀深沉地感受到了这个文化无可奈何花落去的宿命。也许他实际上是要为这个文化殉葬。关于他的死我们不多探究。总之，这个人是哲学的天才、文学的天才——之所以被视为天才，起码有一个原因就是在于，面对人生的困惑，他比我们寻常人更敏感。

王国维一直是处在思想的探索和不断的困惑之中。他在不同的学术领域都取得了杰出的成就，但是在不同的学术领域之间来回地转换，也表明他碰到的精神困顿，以及不断地在寻找出口。后来他曾经这样来表述自己的思想所碰到的冲突：

> 哲学上之说，大都可爱者不可信，可信者不可爱。余知真理，而余又爱其谬误。伟大之形而上学、高严之伦理学与纯粹之美学，此吾人所酷嗜也。然求其可信者，则宁在知识论上之实证论、伦理学上之快乐论与美学上之经验论。知其可信而不能爱，觉其可爱而不能信，此近二三年中最大之烦闷。

他说，哲学上的学说，可爱的不可信，可信的不可爱，我们会觉得稍微有点费解。因为哲学应该是一门概念思维的学科，哲学应该是诉诸人的理智，诉诸人的推理能力，诉诸人类思辨的能力，为什么会出现"可信者不可爱，可爱者不可信"的情形？

这有时候也很难说。比如曾经深刻影响过小密尔的英国诗人柯勒律治，这位具有哲学家气质的诗人，曾经有句名言："有人生而为柏拉图派，有人生而为亚里士多德派。"我们知道柏拉图和亚里士多德虽然是师徒关系，但是他们基本的哲学立场很不相同。要说有人生而为柏拉图派，有人生而为亚里士多德派，就好像是认定了一个人最终选择什么样的哲学，不是由理性来论证的，而是被天生的倾向注定的。有很多人有类似的看法。所以有一种极端的说法是，哲学就是找到一套理由，来相信你早已经相信了的东西。的确，任何一个学说体系都有其理性辩论的成分，你可以对它从理论逻辑上进行检验。但是它也有基本的前提，同意这个前提，你可以跟着走，不同意这个前提，那样一种体系也许对你就是无效的。所以可信和可爱之间，有时候会发生矛盾。某一种学说的境界非常吸引我，但是在理论上、逻辑上不能说服我；而别的学说，在理论上、逻辑上让我觉得无懈可击，然而在情感上完全没有吸引力，丝毫没有魅力可言。这样的情形也许真的是存在的。

我们回到王国维的话。他说，"伟大之形而上学、高严之伦理学与纯粹之美学"就是他在情感上深深地喜爱的，属于他说的"可爱者"之列。而"知识论上之实证论、伦理学上之快乐论与美学上之经验论"，在理智上能让他信服的，恰恰是这样一些相对立的理论立场。"知其可信而不能爱，觉其可爱而不能信，此近二三年中最大之烦闷"，所以他的思想发生了很大的冲突和矛盾，"可信"与"可爱"这二者之间发生了分裂，造成了王国维思想紧张的，至少这是一个非常重要的原因。

我们以这个为引子是想说，王国维所列举的，可爱者不可信的那前三者，他所"酷嗜"的"伟大之形而上学、高严之伦理学与纯粹之美学"，实际上就都是康德的学说。而相反的"可信者不可爱"的那三者中，"伦理学上之快乐论"可以说就是功利主义及其变种。我们也可以说直到今天为止，在基本的哲学问题上，形成相互对立的两极的，很多情形下，还是王国维所列举的这两组立场。当然，对于他来说可爱而不可信的，对于我们每个具体的人来说，可能并非如此。但也许给我们提供了一个契机，让我们借此来看一下，在这样一位天才人物的内心里面，那些可爱而不可信的基本观念究竟是怎样的，那伟大之形而上学、高严之伦理学与纯粹之美学，究竟是由什么样的人来奠定基本的立场和逻辑的。

康德的生平

康德的生平也非常简单：出生，思考，写作，死亡。但我们还是得多说几句，不多说几句好像配不上这个伟大的人物。康德1724年出生在哥尼斯堡，1746年离开大学，一辈子都没有离开过他居住的这个小城。他是日常生活高度规律的一个人，外在的生平极其单调，他一辈子没结过婚。极少有人会像康德这样，生活单调乏味到了极其有趣的地步。康德有一个习惯，每天在固定的时间思考、写作、上课，每天在固定的时间散步——他要是没有这个习惯的话，在当时人均寿命很低的情形下，不知道还能不能活到八十岁。他每天散步的时间都很准时，准得像教堂的钟声，以至于一条街的人都以康德的散步为标准来校正时间，结果有一次康德好几天没有出来散步，弄得大家都以为教堂的钟坏了。这不是苹果砸到牛顿头上的那种后世编造出来的故事，这基本上可以说是实有其事。有意思的是，后来各种各样的材料表明，打破康德教授日常作息规律的是卢梭的《爱弥儿》——他那几天正在读《爱弥儿》，读得太投入了。卢梭对他的确有着深刻的影响。

与这样单调乏味的人生相伴随的，却是一个波澜壮阔的时代，一个启蒙运动和法国革命的时代，这个外在生平看似没有任何波澜的人，内心却把整个时代的巨变都以自己高度思辨的方式反映出来了。康德有一篇著名的论文《回答这个问题：什么是启蒙？》，他在这里面说，启蒙就是要勇敢地运用自己的理性，要使理性摆脱受监护的状态。什么是受监护的状态？那就是盲从于权威的状态，由别人告诉你应该怎么想，应该怎么做。要自由运用自己的理性，敢于运用自己的理性。也就是康德所总结的启蒙运动的基本精神。

他受牛顿的影响也很大，早年的康德对自然科学非常有兴趣，而且很有成就。1755年他匿名发表了《自然通史和天体论》，这是科学史上很重要的一本书，运用牛顿力学基本原理提出了宇宙起源的星云假说，和后来的拉普拉斯的星云假说一起被称为"康德—拉普拉斯星云假说"，这是有关宇宙形成直到现在都非常重要的一种理论，康德在这里面曾经做出这样的论断："给我物质，我就能用它造出一个宇宙来！"但在他早年自然科学的研究里面，就已经表现出来一个非常鲜明的趋向，他不仅关注自然科学，尤其关注和自然科学联系在一起的种种哲学问题，或者说他高度关注的是自然科学的哲学基础的问题，所以我们会看到他的基本哲学立场和现代自然科学的发展是息息相关的。因此，以王国维当时的知识背景，要了解他基本的哲学立场，的确要付出非常艰辛的努力。

卢梭是康德后来非常感兴趣的一个人物。他曾经有过这样的论述，大致意思是说，在很长的一段时期内，他觉得自己要做的事儿无非就是要尽可能地了解这个世界。这一点让我们想起笛卡尔、《形而上学》中的亚里士多德，甚至歌德笔下的浮士德，对他们而言，一个人天然的使命就是要求知。康德接着说，后来是卢梭教会了他，使他懂得了要尊重人，使他觉得一种哲学，如果不是为了维护人的自由和尊严就是没有价值的。所以，康德眼里的卢梭是一个自由和尊严的真诚维护者，这是对卢梭的一种捍卫和解说。这和我们以前提到的很多人对卢梭的理解，有非常大的不同。

康德最重要的著作"三大批判"，是他六十岁左右才陆续出版的。当然，他着手写这些著作，并不是说到那个时候，他的思想才成熟了，而是他突然感觉到自己已经老了，不能发生来不及写下来人就没了的悲剧，所以很快地写了出来。我们都知道，这三大批判是《纯粹理性批判》《实践理性批判》和《判断力批判》。用最简单因而不免有所歪曲的方式来说，《纯粹理性批判》主要研究的是认识论的问题，是讨论人怎么来认识外在世界的，这种认识有没有它的限制。也可以说，它研究的是"知"的问题。《实践理性批判》可以说主要研究的是伦理学或者说道德哲学的问题，"善"是什么，正当的道德律令是什么样的。《判断力批判》要解决的，更多的是和目的论、和"美"有关的问题，美的性质是什么。人们通常会说，美有不同的范畴，比如人们一般区分崇高与优美，这好像是两种不同的美学范畴，比如说，"大漠孤烟直，长河落日圆"，它显然和"小桥流水人家""杨柳岸晓风残月"是不同的，但是这两类不同的东西都具有审美的价值，那么它们的特性究竟是什么？又比如说，大自然创造出大千世界，万千物种，尤其创造出来作为万物之灵长的人类，那么整个大自然本身有没有一个最高的目的存在呢？这些和美、和目的相关的问题，就是《判断力批判》所要解决的问题。三大批判构成了康德哲学体系中最重要的著作，它们都有相应的篇幅比较小的类似于改写本的著作。1785年出版的《道德形而上学原理》，很大程度上就是《实践理性批判》的一个改写本。

康德的生平因为这几大批判，而被分为"前批判期"和"后批判期"。这个"批判"，当然和我们中文语境中的常用意义不太一样，在这里就是严格的反思。比如《纯粹理性批判》，就是要考察人类的理性究竟有没有认识能力，如果有认识能力，这种认识能力是无限的还是有限制的等等。也可以说，批判就是这样一种反思精神。

康德的基本理论立场

我们再简单地来解说一下康德的基本理论立场。任何一本教科书都会说，康德哲学在很大程度上可以看作对经验主义和理性主义的综合，当然不是一个简单的综合，也可以说是对这两派的一个超越。我们说过，现代哲学一开始就以认识论作为最基本的问题。人类的认识从哪儿来？人类的认识功能究竟有无限制？如果人类能够认识真理，真理的性质究竟是什么？这些问题，构成认识论的主要问题，而经验主义和理性主义，分别带有英国和欧洲大陆地域色彩的哲学立场，就成了现代哲学的两个相互交流往还而又相互对立辩驳的流派。康德受这两派的影响都非常大。

我们可以设想，康德作为一个对现代自然科学充满热情而且卓有成就的自然科学家，很自然地会将这样一个问题置于自己思考的中心：

现代科学的普遍有效性来自哪里？自然科学，尤其是牛顿的那一套经典力学体系，是适用于整个现象世界的，是能够有效地解释和回答与各种自然现象相关的各种问题的，它的普遍有效性在哪里？这是康德给自己提出的问题。

理性主义的立场认为，人的理性的认识能力或者说天赋的观念，乃是一切知识的来源。但是这里面就有一个问题，如果我有天赋的观念，我有天赋的理性的认识能力，那么，新的知识从哪儿来？如果一切都是天赋的，一切都是我内在就有的，那么我如何能够得到新知？可是，自然科学是在源源不断地给人们提供新的对于自然界的认识的。然而如果从经验主义的立场来看，经验虽然可以源源不断提供新的东西，但其中也有问题。我们说到过，如果经验主义的前提推到其逻辑的极端，走到休谟那个地步，那么规律、必然联系这些就成了人类心理联想的习惯，没有什么客观性，没有什么普遍的有效性。康德早年是生活在理性主义的气氛之内的，他后来说，是休谟打碎了他教条主义的迷梦。也就是说，他读休谟，感到休谟对于因果、对于必然联系这些观念的破坏；如果你承认他的前提的话，他在逻辑上就是无懈可击的。休谟让他更深刻地感受到了一个紧迫的问题：如何给现代自然科学确立哲学基础。康德所做的努力，的确可以说是对理性主义和经验主义的一种综合和超越。

我们用最简单的方式，来说下他的基本哲学立场，有两本著作值得看看，一本是北大张世英老先生的讲稿《康德的〈纯粹理性批判〉》；还有一本是李泽厚《批判哲学的批判》，20 世纪 80 年代的大学生都知道李泽厚，即使是清华的工科学生，宿舍里面也一定会摆着一本他的书。

人的知识从哪儿来？理性主义认定，知识来自人类天赋的观念，是天赋的理性功能的产物。经验主义认为，人的感官被动地接受外界的刺激，各种各样的感觉、知觉不断地累积、加工、整理、提升，就形成了人的知识。前者强调的是人这个认识主体的功能或者说天赋观念，而后者强调的是外界对于人的感官所产生的刺激作用。在康德看来，知识既包括了来自外界的客体的要素，也包括了来自人这一认识主体的要素。也就是说，知识是客体和主体相遇、相接触、相互激发的产物，没有客体的存在，没有外在世界的存在，没有外在世界对人的知觉产生的作用，人不可能有知识。然而，人或者说认识的主体，并不像洛克所设想的那样是一块白板，是完全被动地、消极地去接受外来的刺激；相反，它有着主观的认识的功能、范畴、形式，去主动地、积极地整理、加工、建构认识对象。知识就是来自内外两个方面的因素交互作用所产生的结果。

比如，康德提出，时间和空间是认识主体本身内在就具有的认识外在世界的形式。时间和空间是具有物理学的意味也最具有哲学意味的问题，奥古斯丁就感慨过，时间是什么？你不来问我，我还清楚，一问我，我反倒糊涂了。一直到牛顿的时代，人们总是认为，时间和空间是外在事物存在的形式，空间就像一个大桶一样，所有的外物都存放在空间里面，时间也是类似这样的一个容器，只不过容纳的是事件发生的先后顺序。康德提出，时空不是外在的，时空是我们认识主体所固有的认识外界的形式。换言之，我们说，万事万物都在时空之中，这点没错。但是一般认为，万事万物都在时空之中，是因为外在的时空容纳了万事万物；而康德的说法是，就因为我们必定是带着时间、空间这样的认识形式，去认识外在世界的，所以万事万物对我们来说，就一定是在时空之中。也就是说，"万事万物都在时空之中"这句话要成立，有两种不同的方式。一种方式是，所有的事物、所有的事件，都是存在于外在的时空之中。而康德提供了另外一种方式，另外一种思路：外物本身无所谓时空，之所以万事万物都在时空之中，是因为人不是消极地、被动地接受外物刺激的，他本身具有加工、整理、容纳外物的形式和范畴，时空就是人类去认识、接纳外在世界时所固有的形式。所以，万事万物莫不在时空之中，是对于人来说，而不是对于外在事物本身来说的。

那么，除了时空之外在康德看来，像因果这样的范畴和观念，是人这个认识主体本身就具有的认识外界的范畴。因而从这个角度来说，既然所有的认识主体都是以时空的形式、因果的范畴来认识外在世界的，那么，一方面没有外在的感官经验我们就没有知识；另一方面，既然认识的主体——所有的人，都是以时空、因果这些形式和范畴去加工、整理、接受、容纳外来刺激的。所以，人类的科学知识因为不断地容纳各种经验，就会有源源不断的新知；又因为是以普遍有效的形式和范畴，去加工和整理经验，所以它就是普遍有效的，对于所有人就都能够成立。这是康德的一个最基本的哲学立场，这些立场我们尽可能简单地讲了这么多，有兴趣的同学可以去看相关的书。

由这样一种哲学立场，马上就出来一个问题：在这种哲学立场的视野下，世界是一个还是两个？在康德这里，当然是两个，有一个物自体的或者说本体的世界，也有一个现象的世界。什么是物自体，什么是现象世界？外在的世界、外在的事物本身无所谓时空，无所谓因果，它本身的样子就是本体，就是物自体，英文中称为 thing-in-itself。但是人能够认识到这样的本体或者物自体吗？不可能，因为我们在了解、认识、感受外在世界的时候，就已经不可避免地加工、整理，使得它带上了我们认识主体的范畴和形式。

我们说，外物无所谓时空，但是我们所观察的万事万物无不在时空之中。其实，这样的观念，乍一看好像和我们的常识有很大的不同，但也并不是非常难理解。举个例子，我们每个人的视觉色彩感知力肯定是不一样的，否则的话，体检的时候就不会有色弱或者色盲这一项，即使我们未必色弱或者说色盲，但是既然有这样的检测标准，我们就可以相信，每个人对颜色的感知肯定不会是完全一样的。我们就可以有把握地说，任何人眼中的这个桌子的颜色，都不会是它本来所是的那个颜色，是不是这样？这是举一个最简单的、不恰切的比喻，来说明这样一种哲学立场。由这样一种哲学立场，就有了本体和现象两个世界。

由这样一种思路出发，我们就比较容易了解康德所谓"人为自然立法"的命题。按照常识的观点，自然规律是人的头脑对于外界客观所存在的铁的法则的一种揭示和反映。但是如果从康德的立场来看，人类或者说认识的主体，不是单纯消极地反映大自然的，而是以自己的认识的形式和范畴去整理、加工、建构外在世界的。从这个意义上可以说，是人为自然立法。所以康德不无自豪地说，他在哲学上完成了一场哥白尼式的革命——整个中心变了。在康德之前，可以说，通行的看法是，知识就是人的认识与外在的对象相符合。而从康德开始，用我们所熟悉的语言来说，知识是具有主观能动性的认识主体，来考问大自然，是人为自然立法。从这个意义上来说，他在哲学上的确是完成了一场哥白尼式的革命。

我们花了一点篇幅，来谈康德基本的哲学立场。从这个基本的哲学立场当然就会导出这样的推论：人的认识有没有界限？有，为什么？我们人类所拥有的，比如说因果、必然、时空等等这样一些形式和范畴，它只能施加于现象世界。因为，只有能够成为经验的对象的东西，我们才可能产生认识。作为整体的宇宙或者世界是我能够认识的吗？不是，因为那不是我的经验所能及的。上帝是否存在，人是不是有灵魂，人有没有自由意志？这些东西就不是科学知识所能够了解和认识的，因为人们无法经验。所以，康德是给科学知识的成立提供了哲学基础，提供了一种哲学的论证，但他也给科学知识的范围划了一个界限。还有那么多涉及人生价值等方面的问题，是在科学知识范围之外而人们又期望能够有所了解的。这是康德思想中非常重要的层面，也是我们不能把《纯粹理性批判》仅仅从认识论的角度来理解的一个非常重要的缘故。

康德的道德学说

有了上面的铺垫，我们可以转到康德的道德学说。康德的伦理学经常被称为义务论的伦理学。很大程度上可以说，在现代道德哲学或者说伦理学领域内双峰并峙的，就是义务论和功利主义这两大传统。功利主义源远流长，启蒙时代18世纪法国唯物主义中的霍尔巴赫[①]、爱尔维修[②]等人也经常被看作边沁的前驱，但是可以说直到边沁的手上才正式成形，才开始具有功利主义鲜明的形态。功利主义强调，快乐和痛苦是支配人的活动的最基本的法则。功利主义的命题"最大多数人的最大幸福"，理所当然地也是功利主义本身的目标，终极的价值诉求。一个政府、一个共同体所采取的种种政策举措，应该以什么样的标准作为评判和衡量依据呢？那就是"最大多数人的最大幸福"。我们以前也谈到过，功利主义特别是边沁，是以反对自然权利论作为他的起点的，但实际上，"最大多数人的最大幸福"已经暗含了对于每个人的价值是平等的这样一些基本原则的肯定。

[①] 霍尔巴赫（Paul Henri Thirg d'Holbach, 1723—1789），18世纪法国启蒙思想家、哲学家。
[②] 爱尔维修（Claude-Adrien Helvétius, 1715—1771），18世纪法国唯物主义哲学家、启蒙思想家。

对于功利主义来说，一个道德行为所遵从的道德律令——用康德式的术语来说——是一种假言命令。如果你这么做，那么将会有什么样的结果。既然功利主义要追求的是增加快乐或者减少痛苦，既然其最终目的是最大多数人的最大幸福，那么人们应该采取什么样的行为呢？对这样的道德行为，描述的语式就是一种假言命令：如果你这么做，那么你将会获得更大的快乐；如果你这么做，那么预期的痛苦将会减少等。

在康德看来，道德律令应该是一种绝对命令，一种定言命令。必须这么做，一定得这么做，这是一种义务，不能够讲价钱也不能够以结果来衡量。也就是说，一个行为为什么是善的？为什么是好的？如果从功利主义或者伦理学上的快乐论出发，那么，一个行为是善的，是因为它能带来好的结果，能够增加快乐，能够减少或者避免痛苦。但是从康德的立场来说，一个行为之所以是善的，不在于它带来的结果是好的，而在于发出这个行为的意志本身是善的。

我们通常判定一个行为是否为善，可以有两种视角，或是看它的动机是不是善，或是看它的结果是不是善。按照这种视角，康德的立场绝对不会是一种从结果来衡量的道德学说，虽然也不能就彻底地说他所持的是一种动机论。因为他的这种善的意志，和一般具有实质性内容的道德动机并不一样。《道德形而上学原理》这本书里的很多表述充满情感色彩，而又相对容易读。下面这段表达的就是康德的这个基本意思：

善良意志，并不因它所促成的事物而善，并不因它期望的事物而善，也不因它善于达到预定的目标而善，而仅是由于意愿而善，它是自在的善。并且，就它自身来看，它自为地就是无比高贵。任何为了满足一切爱好而产生的东西，甚至所有爱好的总和，都不能望其项背。如果由于生不逢时，或者由于无情自然的苛待，这样的意志完全丧失了实现其意图的能力；如果他竭尽自己最大的力量，仍然还是一无所得，所剩下的只是善良意志（当然不是个单纯的愿望，而是用尽了一切力所能及的办法），它仍然如一颗宝石一样，自身就放射着耀目的光芒，自身之内就具有价值。

我们这里用的是苗力田先生的译文。前面几句说善良意志不是因为这样那样的原因而善，那些东西恰恰就是功利主义的衡量标准。后面几句说，善良意志即便因为种种原因，没有能够完成一个好的结局，没有得到一个好的结果，没有实现自己的目的，但并不因此而减损它自身就是善的品质。

伦理学的基本原则

《道德形而上学原理》里面，康德提出了伦理学的一些基本原则。这些原则是用一种学术化的方式列举出来的，我们可以把它转换成为日常生活当中更容易理解的语言。

第一，道德律令要有普遍的立法形式。

不同的文化、不同的传统或者不同的宗教，对于日常行为的道德准则都会有一些非常实质性的规定，比如《圣经》里面有十诫，比如各种教规或伦理说教中规定不得撒谎、不得偷盗、不得奸淫、不得大吃大喝等等。但是，人类生存的处境是千变万化的，没有任何固定的原则能够适合于所有特殊的处境。其实法律也是这样，所以任何法律的实施为什么会需要那么多的法官和律师，为什么法官有所谓自由裁量权，为什么律师总可以从不同的角度为当事人辩护？就是因为人类具体的处境总是任何普遍的原则所不能够穷尽，不能够完全涵盖的。

涉及道德判断的情形也是这样。比如不得偷盗，那么你在极度饥渴的时候，没有经过允许把别人田地里的一个瓜给吃掉了，这样的行为行不行？再说不得撒谎，一般情况下大概没问题。但是，如果王二小碰到了日本鬼子去扫荡，那么他必须撒谎才能把敌人引进八路军的包围圈。这种情况下撒谎他就是英雄王二小，他不撒谎就变成了汉奸王二小。任何一个想要普遍有效的实质性的道德准则，总会碰到难题。所以，在康德看来，任何实质性的也就是说规定了具体内容的道德准则，总是不能够适应千变万化的情形，不能够适应人类具体的处境；那么他的思路是，我要有一个普遍的立法形式。

这个普遍的立法形式是怎么样的？《实践理性批判》是这么说的：

> 这样行动：你意志的准则始终能够同时用作普遍立法的原则。

在《道德形而上学原理》里面换了一个说法，但是换汤不换药：

要只按照你同时认为也能成为普遍规律的准则去行动。

这种道德律令没有规定具体的内容，但规定了一个基本原则，就说在某一种处境下，我要做的是所有人在同样的处境下都应该这样做的。我极度饥渴的时候，把一个瓜给弄来吃掉了，我认为如果处在生命的危机之中，而未经允许吃掉瓜田里的一个瓜，所有人都可以这样做。我们遭到了非正义者的入侵，他来逼问我八路军的下落，我认为所有人在这个情形下，都应该告诉他假消息，然后把他引进包围圈。

在康德这里，道德律令的首要特点就是可普遍化。所有人在同样的情形下，都可以这样来做。其实，从这里我们也可以隐隐约约地看到卢梭的"公意"的影子。不要忘了，公意之所以不是你的意志也不是我的意志，而你我的意志都配不上它，是因为它是一种普遍的意志。

康德强调道德有普遍的立法形式，似乎这样的原则避免了实质性的道德命令的种种困境。比如不得偷盗，常规情形下是这样，但特殊情形下却可以不是。我从小爱看的电影，就是关于我党地下人员获取敌人情报的。不得撒谎，常规情形下没问题，但特定的像是王二小的情形下，不撒谎反倒是不对的。这两种特定情形下的选择，可以因为能够普遍化而被认为是正当的。但是，这样的一种普遍的立法形式，是不是就真能够解决人类面临的所有道德选择的问题呢？

人类总会面临形形色色的道德困境，我熟悉的一个老先生曾举过一个例子：当年日本人占领了北京，大概在北京城里还好一点，在北京大概还多少注意一点儿"王道"的形象，到了旁边的小县城，就可以放心地胡作非为了。百姓经过城门口站岗的地方，如果鞠躬就可以过去，不鞠躬就是一刺刀。老先生提出的疑问是：不鞠躬当然体现了民族的气节，不向侵略者低头，可是生命一下子就没了，也没能让敌人付出代价，和牺牲在抗日战场上还不大一样。这好像也是一个两难的选择。按照康德的普遍的立法形式，能够解决这样的问题吗？似乎也非常之困难。

前些年，在中国引起很大反响的美国电影《拯救大兵瑞恩》，讲的是"二战"战场上，美军为了拯救一个母亲仅剩的唯一活着的儿子，断送了更多人的更多儿子的性命的故事。应不应该去做这个事，很多中国观众在讨论这个问题。这样的道德困境，当然不是任何实质性的伦理学命题能够解决的，但也不是康德这样的普遍的立法形式就能解决的。人类总会面临一些困境，似乎得不到一个完满的解决方案；但是从另外一个角度看，这也是人生永远充满了新奇因素的一个重要原因。

康德的道德律令所要求的普遍化很容易让我们联想起孔子。他说："己欲立而立人，己欲达而达人。"这句话很积极，你自己想成就什么事，也要乐于帮助别人成就同样的事情。孔子还说过："己所不欲，勿施于人。"这句就比较消极，你不希望发生在自己身上的事情，也不要施加于别人的身上。这样的道德准则，和康德的普遍化的道德命令是有相通之处的。实际上，不仅中国的传统里面存在，世界上的各大宗教、各大文明里面，都有类似的道德准则，大致就是，你不想别人对你所做的事，也不要施加于别人身上，就是这样一种基本原则。

康德在《道德形而上学原理》里面举了一些例子，来说明普遍的道德律令的实际运用。比如，一个人无法承受现实的人生，或者觉得人生乏味，选择了自杀。康德说不能认同。因为大自然创造人类，就是要让人类繁衍下去从而造就人类文化，如果我也自杀你也自杀，最后人类都没了，大自然白忙一场。他的大意是，自杀不可以变成一种普遍的行为，否则就没有了人类，大自然就无从实现其目的。

再一个例子，借债是不是要还。我有急需的时候，希望别人借债给我，那么别人有急需的时候，我们是不是也应该借债给别人？借债不还显然不能成为普遍现象。

康德又讨论了人能否虚掷天赋。有一些人非常聪明，但是完全不把自己的天赋当回事，整天游手好闲，然后空度一生。我看到过不止一个大文学家或大学者的传记，包括歌德这样极聪明的人，都提到自己年轻的时候，身边比自己聪明许多而让自己自愧不如的人，最后都一事无成。康德论证虚掷天赋不可行，有一个基本前提，那就是大自然产生的万千事物中，作为万物之灵的是人类，大自然创造人类的目的就是要人类发展文化。如果人们都虚掷自己的天赋，就无法发展出文化。

最后一个例证是帮助他人，我们希望自己在危难的时候得到他人的帮助，所以，在他人碰到困难的时候我们当然也要施以援手。

康德举了这样一些最简单的实例，就是要来证明他那个普遍的道德律令的适用性。

当然，这一切我们也可以有一个最普遍的解释，就是人有一种单纯的本能，能够设身处地替他人着想，这是一种悲天悯人的本能，对他人的命运感同身受的本能。也许在人类分为不同民族、不同种族、不同肤色的人群时，我们这种感同身受的本能，首先是表现在自己同胞的身上。2008年发生的汶川地震造成了非常严重的伤害，但让人欣慰的是，用《时代周刊》的话来说，这场地震后中国社会尤其是年青一代的反应表明了，支撑着这个文明的若干的精神价值，并不像很多人认为的已经一去不复返了，它还顽强地承载着这个民族的生长。我想，这其中很要紧的就是对他人的痛苦感同身受的情怀。

第二，人是目的。

"人是目的"当然是相对于"人是手段"来说的。每个人都是目的，一个社会应该是一个目的的王国，由各种各样的目的所构成的一个王国。可以说，"人是目的"这样的命题，实际上是把自然权利论所肯定的人生而具有的自由和权利，以哲学语言的方式表达出来了。康德对这个道德原则的解说是："要这样行动，无论是对你还是对别人，在任何情况下把人当作目的，决不只是当作工具。"

人类社会要发展，人类要作为一个群体而生活，就必须有各种各样的分工。从这个意义上来说，人必定有要作为工具、作为手段的这个方面。比如说，有人要负责烧洗澡水，有人要负责在食堂做红烧肉，还有人要负责准时上课，否则教务处就要找他的麻烦了。社会在很大程度上就是一架大机器，它要依靠不同的螺丝钉发挥各自的作用，要依靠各个部件各司其职才能正常运转。同时，每个人也因为自己在社会上发挥的特定的功能，才能够谋生和养家糊口。从这个层面上看，人人都有他作为手段、作为工具的那个方面。

　　但不只是或者说主要不是手段或工具，而更应是目的。因此任何工具论、手段论，都是和人作为目的这一条道德原则相违背的。乍看起来，人是目的好像是个特别玄远的命题，其实不见得。我们可以举个比较切近的例子。东晋末年的大诗人陶渊明去当彭泽令，给他的儿子派回去一个仆力，同时写了一封信带去。其中有句话："此亦人子也，可善遇之。"意思是说他也是别人父母的孩子，你要好好地对待他，他不只是一个来伺候你的人。这是一个非常朴素的观念，但是我们可以说借此来说明，人不只是一个手段，不只是一种工具。

　　如果人是目的而不是或者说不只是手段和工具，我们就可以推演出一种教育的观念，与把人单纯视作工具和手段的很不一样。如果人主要是手段或工具，那么教育的首要任务就应该是培养能够保证社会这个大机器最有效运转的各种螺丝钉。我们应该培养出需要的润滑油最少、需要的动力最小又能够在最长时间内合乎要求地高效运转的零部件。

如果人是目的，他当然要经过教育掌握必要的技能，一方面他可以借此谋生，另一方面社会的运转离不开人们发挥各种零部件的功能。但是每一个人都是独特的人，都不可取代，都拥有仅此一次的人生。因此他就应该在教育中不仅获得基本的专业技能，还有对生活的感受能力，对美好事物的鉴别和品味的能力等等，他应该得到更多层次的教养。从这样貌似玄远的一个命题，我们可以得出非常不同的教育观念，"人是目的"实际上离我们并不那么玄远。

第三，意志自律。

人们对自由有种各种各样不同的界定。洛克式的自由，可以说是不受强制的自由。在卢梭以及深受他影响的康德看来，自由不是不受强制，不是为所欲为。禽兽看似可以为所欲为，饥食渴饮，实则并不自由。因为它们被自己的自然欲望所主宰和支配着，恰恰是不自由的。自由不在于任意妄为，而在于服从自己所制定的法律，服从自己所制定的规则。自由在于服从，只不过服从的不是他人，不是外在的东西，而是服从于自身的理性。

从这一点，我们也可以看出，康德不愧是为了读《爱弥儿》而放弃按时散步的康德教授。卢梭的《社会契约论》里面说：每个人加入了社会契约，但他还像从前一样自由，因为这个社会契约是每个人的自由意志所缔结的，所以他服从这个契约，只不过是服从他自己，服从于自己所制定的法律和规则，这恰恰是自由的真谛。这一点倒是康德和卢梭一脉相承的地方。意志是自律的（autonomy）而不是他律的

(heteronomy)。他律是别人说了算；或者说我完成某一个行为，不是因为我给自己制定了一个这样的规则，不是我内在的理性支配我这样做，而是为了得到外在的各种好处。

普遍的立法形式、人是目的以及意志自律，这是康德的道德形而上学的一些基本原则。由这些原则，康德也提出了一些基本的预设和前提条件。我们来谈里面最要紧的。

意志自由和灵魂不朽

此前我们多次涉及这样一个问题：人有没有自由意志？我在以前上课的时候，不止一次有同学口头或者书面对这个问题提出论点和论证，基本思路都是和18世纪的法国启蒙运动时著名的医生拉·梅特里[①]一样的：人是机器，人没有自由意志，人在很多时候看起来好像可以做出自由而自主的选择，但实际情形并非如此。驱使一个人做出具体选择的，有着内在的和外在的各种因素。外在的，一个人的生活环境、成长经历、具体处境等；内在的，比如说一个人的遗传基因、生理趋向等。一旦弄清楚这内在的和外在的种种因素，我们就会发现，人是没有自主的选择余地的，他被种种因素驱使着，一定会往某个方向来做出选择。从这种思路出发，我们认为有自由的地方，不过表明我们的无知而已；我们认为还存在着偶然和自由的地方，不过就

---

① 拉·梅特里（La Mettrie, 1709—1751），法国启蒙思想家、哲学家、医生。

是知识的边界所未触及的领域。比方说一个人刚走出教室,一滴雨落到了他的头上。他觉得这是偶然,但是有人会认为,如果完全弄清楚了自然界的运行以及这个人全部具体的规律性活动,这个貌似偶然的事件——一滴雨正好砸中了这个人的头顶——就是一个必定发生的事件。你说偶然,只是因为你对诸多细小的或者巨大的因素没有充分的把握而已。

意志自由究竟存在不存在?康德并没有论证人类拥有意志自由,他说的是,如果我们要假设道德能够成立,就必须设定意志自由。意志自由不是我们能够证明的,但是我们必须这样假定,必须这样认为。他称之为设定(postulate)。

意志自由是日常生活中道德和法律的基础。没有意志自由这一前提,我凭什么来褒奖、夸赞一个人的行为,我凭什么惩罚或谴责另一个人的行为?我之所以可以对一个道德行为有所褒贬,是因为他原本可以这样做也可以不这样做的,也就是说他是可以自由选择的。如果一个人不能自由选择,他做好事完全是被各种各样的因素所注定了的,他做坏事也是完全被注定了的。那么,他做好事就不应该受到褒奖,做坏事也不应该受到人们的谴责。

野生动物园里的老虎咬死人了,人们只会谴责动物园的管理不善,员工极其没有责任心,但是人们不会谴责那只老虎,因为那是一个自然现象。但是对于人而言,我们要求一个人对自己的行为负责,承担道德责任或者法律后果,前提是他可以不这么做而他竟然做了这样的好事或恶行。日常对话中,我们经常说这个人真缺德,这个人真高尚,这个人真了不起，这个人真差劲……这里面总有一个前提：在我们眼里，他本来是可以不这么做的，他本来不是非得这么高尚的，他本来不是非得这么卑劣的，可是他却表现得如此崇高或卑劣。日常的生活实际上包含了很多假设。有一个设定是：有一个不依赖于我的意志而存在的外在的世界，无论我在思想上怎样否定这一点，但是当我要到食堂去打一份红烧肉的时候，必定有这个信念支撑着我。又比如说，我们议论某个人的行为，像前些年我们因为地震当中的一些事情而感动，也因为一些事而愤怒，那么我们其实有一个预设，其中的当事人是可以有自由意志来做出选择的。

灵魂不朽，这是康德提出来的另一个设定。

为什么要设定灵魂不朽？一个人的道德人格的提升是永无止境的，只有灵魂不朽人们才能朝着至善的方向前行。这个设定当然有康德宗教思想的背景，特别是受他的家庭所信仰的新教派别的思想倾向的影响。与此相联系的是，康德还设定了上帝存在。古往今来，不同文化传统下的人们总是表现出这样的困惑：现实生活中总是出现好人不得好报，坏人享尽荣华富贵的现象，这个世界的公正性或者说道德基础何在？换言之，德行与幸福并非相互匹配，这是日常生活中屡见不鲜的情形，但人们总是希望，这个世界是被公正的原则所支配着的，是被一个善意的力量所主宰着的，所以需要上帝存在，上帝的存在才能保证福与德最终能够相匹配。

康德提出这些设定，也是一个非常有趣的现象。我们总认为，严格的哲学，应该和自然科学在某些方面非常相似，我们接受了它的基本前提以后，它就应该是一个严密的逻辑推演过程，但是不见得。比如说在康德的哲学中，有非常高超而严格的逻辑推演，但是在他的道德哲学中，灵魂不朽、意志自由、上帝存在，变成了预设。这让我们想到，哲学里面除了纯粹逻辑的推演以外，是否还可以有诗性的、生命的感受等因素。又比如，康德在他的《判断力批判》里面提到，要把大自然看作就像是有目的的一样，那目的就是人类文化的发展。这也不是常见的论证（argument），而更像是一种提议（proposal）。

《实践理性批判》的结语里面，有这样一段话："有两样东西，越是经常而持久地对它们进行反复思考，它们就越是使心灵充满常新而日益增长的惊赞和敬畏：我头上的星空和我心中的道德法则。"这是人大李秋零教授所译《康德著作全集》中的译文，这段话经常被人们引用。这段话一方面彰显了康德的伦理学和道德哲学的一些特性，另外一方面似乎具有一种能够激发和提高我们的精神境界的力量。对这两样东西——头顶的星空和心中的道德法则，康德用的是"惊赞"和"敬畏"这两个词。"惊赞"，星空的无垠、道德法则所彰显出来的人格力量，让我们既惊且赞。

说到"敬畏"这个词，我们会联想到，海德格尔区分过畏和怕。"怕"是害怕一个具体的东西，比如，我怕老虎跑出来把我给吃掉；在没有法制的社会中，我害怕任何权力可以在任何时候威胁到我的安全和自由。"畏"没有具体害怕的对象。"长恨此生非我有，何日忘却营营"是畏惧，"人生不满百，常怀千岁忧"是畏惧，畏惧是觉得无根无蒂，丧失了安身立命的根本，处在一种无根的游荡状态，这跟怕是不同的。海德格尔认为,后者才具有形而上学的意味。

那么,康德所说的"敬畏"是什么?他说一个人非常有权势,我们会害怕他;一个人知识广博,我们会敬仰他;但只有当一个人身上彰显出道德法则的力量——无论他是贩夫走卒还是王公贵族,才会令我们感到真正的敬畏。这种敬畏,是和我们面对头顶的星空时产生的感受相同的。头顶的星空让我们感觉到无限和有限、永恒和短暂这中间极其巨大的一个对比。满天的星光居然来自相距甚远的不同的时空,而最后竟然聚合成一幅和谐的图景,这让我们感到敬畏。一个寻常的人,在某个关头所做出的道德选择,打动了我们的心灵,让我们感受到道德法则的巨大力量,这是一种近乎神性的力量。

比如,地震中用双手护住自己学生的老师,最后因为他遮挡学生幼小身体的手臂已经严重僵硬,为了救出学生,救援人员只能把他的双臂锯掉。这样的教师,我想这大概是一个在日常生活当中最寻常不过的普通人,但是这样的情景让我们感受到的是什么?正是"敬畏"。从这样普通的生命所彰显出来的道德力量,从他所做出的这样一种选择当中,我们感受到的正是和仰望星空时相同的敬畏之情。

建议大家自己去看看《实践理性批判》的这篇结语,自己领会一下头顶的星空和心中的道德律令的内涵之所在。说到这里,也许大家又会想起,王国维对康德"高严之伦理学"作出的"可爱者不可信"的判断。我们的读者,对于康德的基本哲学立场包括他的伦理学的基本立场,是可爱不可信,可信不可爱,又可信又可爱,还是又不可信又不可爱,也许都会各有心得。

后　记

前些年，我曾连续为清华大学全校各专业的本科生讲授选修课"西方文化名著导读"。实际的授课过程中，是希望以"名著"为线索，为学生提供思想史的基本知识和问题蕴涵。此书就是以该课程的讲课实录为基础，加工整理出来的。去年年中，友人曾雪梅女士不嫌烦难，在自己本就已经很繁重的工作和家事之余，根据课程的视频材料，整理出了我授课的文字记录。我原本以为，既然不是专门的研究性著作，可以在很大程度上保存讲课时的"原生态"，改定书稿的工作量应该不是很大。一经着手，我才发现，原先对自己讲课的水平和内容的估价，过于不切实际，需要增改的地方还真不少。于是，我又集中了几个月的时间来完成此事。大致说来，书中虽也反映了自己读书研究的一些体会和心得，但又总体不脱讲台授课的风格。对于非专业的学生和读者而言，如果此书能够帮助他们对西方思想史这一领域有所了解并产生兴趣，对我而言就是莫大的功德了。

最近几年，我应钱颖一教授之邀，为清华大学经济管理学院的本科生讲授"西方文明"课程。坦白地说，此课程的开设，就我本人而言，也有一个从水土不服到颇能乐在其中的过程。去年秋季学期的课程结束时，徐晔嘉同学在陈嘉证等同学的陪伴下，送给我一个意外的礼物：一份出自他手的完整的讲课记录稿。这让我又一次有了身为教师的职业成就感，满足了一下自己的虚荣心。这份记录稿，也让我有机会将其中一些也许自己讲过就忘了的内容，加入了这份书稿。也因为这个原因，读者诸君或许会发现，书中内容会出现一些时空错乱的情形。陈栋、李任之、张云波先后审阅了书稿，提出了不少意见和建议，改正了若干错谬之处。岳秀坤的不断鼓励，对于这份书稿的问世必不可少。没有这些师友和同学的帮助，本书是无法成为现在这个样子的，我在此对他们深表谢意，尽管它目前还是让我觉得有愧于这些让我铭感在心的人们。

彭　刚
2013 年 10 月 12 日于清华园

新版补记

这本小书，如同前面所说，原本是我数年前分别给清华大学经管学院本科学生和全校本科生开设的通识课程的课堂实录。友人曾雪梅女士帮助整理的课程录音文字，是最初形成这部书稿的基础。她后来就职于人民文学出版社，让这本书有机缘以修订后的新貌面世，也让我有幸从人民文学出版社的忠实读者，又同时成了作者。在清华的讲台站了多年，我深深体会到，教学相长一词，绝非虚言。翻看书稿时，一张张鲜活生动的面孔连同他们的问题和看法，还常常从记忆深处浮出，与看学术专著稿样的感受很不一样。借此机会，要感谢和这本小书有过这样那样关联的学生和友人，是他们，让我在此刻想起一些温暖而美好的片段和瞬间。这些人生历程中的雪泥鸿爪，固然终将淡去，却又弥足珍贵。

彭 刚

2022 年 2 月 10 日于清华园